Dieter Zacharias

Chronik der Gemeinde Gülpe

von 1440 bis 2017

Umschlaggestaltung: Dieter Zacharias
Fotos im Text: Dieter Zacharias

ISBN: 9783743188198
Herstellung und Verlag: BoD - Books on Demand, Norderstedt

© 2017   Dieter Zacharias
                        67227 Frankenthal
Alle Rechte vorbehalten.

Das Werk darf als Ganzes wie auch in seinen Teilen nur mit schriftlicher Zustimmung von Dieter Zacharias wiedergegeben werden; das gilt sowohl für alle Printformen wie für digitale Medien.

Vorwort

Die vorliegende Chronik von Dieter Zacharias ist sinngemäß eine neue Chronik des Dorfes Gülpe, die von ihm mit Sorgfalt und Gewissenhaftigkeit erstellt wurde.

Die Darstellung des Autors, historische Ereignisse anhand von Bild- und Textmaterial anschaulich darzustellen, erweckt zweifellos das besondere Interesse geschichtsinteressierter Leserinnen und Leser.

Angeregt hat den Verfasser seine Mutter, Frau Luise Zacharias. Sie machte ihn auf eine beim Gülper Lehrerehepaares Anneliese und Siegfried Rabe deponierte Schulchronik aufmerksam. In der war so ziemlich alles über die Gülper Geschichte vermerkt.

Nach der Übersetzung aus der Sütterlinschrift kam es viele Jahre später zu einer Begegnung mit einer ehemaligen Bürgerin aus Gülpe, die ihm eine weitere Chronik überließ. Hieraus entwickelte er eine neue Ortschronik.

Mit der nun vorliegende Chronik ist ein großes Stück des Zeitgefühls erhalten geblieben, das als wertvolles Zeitdokument anzusehen ist.

Nichts fördert die Liebe zur Heimat mehr als Bewahrung ihrer wechselvollen Geschichte.

Die Kunde über die Heimat kann helfen die Vergangenheit besser zu erkennen, um bewusst die Gegenwart und Zukunft zu gestalten.

Diese Chronik hat nicht nur Bedeutung für alteingesessene und neue Bürger des Ortes, sie zeigt vielmehr auf, wie die Bewohner des Dorfes mit Fleiß und Hingabe ihr Dorf in bewegten Zeiten verteidigt, aufgebaut und neu gestaltet haben.

Ich hoffe, dass die Ortschronik von Dieter Zacharias viele Leser findet und auch späteren Generationen noch am Beispiel des repräsentativen Einblicks in die Entwicklung eines Fleckchens Erde im Land Brandenburg ein erweitertes Verständnis deutscher Geschichte vermittelt.

Darüber hinaus wünsche ich allen Lesern angeregte Unterhaltung und viel Spaß beim Lesen dieser Chronik sowie dem einen oder anderen zudem Anregungen für die Gestaltung eines interessanten Wochenendes in naturnaher Umgebung.

Dr. phil. Peter Dietze

Einführung

Frage: Was ist eine Chronik?

Sie als interessierter Leser werden es wissen! Sollten Sie nicht so bewandert mit der Literatur sein, so sei Ihnen gesagt: Eine Chronik ist kein Liebesroman, kein Krimi, kein Bilder- oder Liederbuch und trotzdem ist von allem etwas darin enthalten.

Im „www" findet man bei Wikipedia nachfolgende Definition:

„Eine **Chronik** (von altgriechisch χρόνικα (βιβλία) *chrónika (biblía)* zu χρόνος *chrónos* ‚Zeit') ist eine geschichtliche Prosadarstellung, die die Ereignisse
a) -in zeitlicher Reihenfolge geordnet darstellt. Chroniken können von knappen, reinen Datenlisten bis hin
b) - zu ausführlichen Schilderungen für einzelne Jahresereignisse reichen."

Würde ich den ersten Teil „a" der Definition nehmen, wäre das Buch ein langweiliges dahinplätscherndes Etwas. Keiner würde sich groß dafür interessieren.

Der zweite Aspekt „b" ist da schon besser. Deshalb habe ich auch diese Variante für Sie gewählt.

Fragt man sich: „**Gülpe**, was soll das schon für ein Ort sein? Warum sollte ich das Buch lesen?", ist die Antwort schlicht und einfach: **Gülpe** ist eben kein x-beliebiger Ort auf der Landkarte in der Mark Brandenburg. Es ist ein Ort, den man nicht einfach mal so abhaken kann!

Die Einwohner aus **Gülpe** waren über die in der Chronik dokumentierten vergangenen Jahrhunderte hinweg vor allem einfache Bauern, Fischer und Tagelöhner. Trotzdem nahmen sie aktiv am Weltgeschehen teil.

Wie das denn?

Nehmen wir die Befreiungskriege 1813 -1815 gegen Napoleon. Hier ist der Verlauf der Kämpfe von Leipzig bis hinein nach Frankreich von einem aktiv daran teilnehmenden **Gülper** brieflich dokumentiert worden. Nach dem Krieg wurde er Bürgermeister von Wesel am Rhein. Weitere 26 Kämpfer aus **Gülp**e und Prietzen werden auf einer Tafel geehrt.
Wer hat gewonnen?
Natürlich – **Gülpe**!

Nehmen wir das Jahr 1866, den „Preußisch – Österreichischen Krieg". Hieran nahmen 13 **Gülper** aktiv teil.
Wer hat gewonnen?
Natürlich - **Gülpe**!

Verheerende Feuersbrünste haben **Gülpe** zweimal fast ausgelöscht, und es gab Jahre, wo die Einwohner von **Gülpe** extremen Klimasituationen widerstehen mussten.

Es gab spektakuläre und Aufsehen erregende Morde. So zum Beispiel der Mord vom 07.10.1730 und der vom Juli 1780. Wer wurde ermordet und warum geschah der Mord? In der Chronik finden Sie die Antwort.

Das Naturschutzgebiet „Untere Havel", welches bis über die europäischen Grenzen hinaus Bedeutung hat, befindet sich hier. Der See und die angrenzenden Felder bieten abertausenden von Zugvögeln Rastplätze. Wer das atemberaubende Schauspiel, das sich da zwei Mal im Jahr bietet, noch nicht gesehen hat, hat etwas verpasst!

Oder, wie wäre es mit einem der dunkelsten Orte Deutschlands? Mit der Dunkelheit und dem damit zwangsläufig verbundenen superklaren Sternenhimmel hat sich **Gülpe** in den letzten fünf Jahren national und international einen Namen gemacht. Es wurde der „Sternenpark Westhavelland" gegründet. Jedes Jahr Ende August/Anfang September kommen hunderte Astronomiebegeisterte aus ganz Deutschland und den umliegenden Ländern zum „Astrotreff" nach **Gülpe**.

In den letzten Jahren haben Viele aus anderen Regionen Deutschlands **Gülpe** kennen und lieben gelernt, so sehr, dass Sie ihren Wohnsitz nach **Gülpe** verlegt haben!

Lassen wir es an dieser Stelle dabei bewenden. Beim Lesen der folgenden Original-Chroniktexte, beim Stöbern in vergangenen und zum Teil bis heute lebensnahen Welten wünsche ich Ihnen nun viel Freude.

Dieter Zacharias
Frankenthal - März 2017

Danksagung

Danken möchte ich Anneliese und Siegfried Rabe.
Sie haben die „Chronik von 1440 bis 1934" sowie die „Schulchronik von 1934 bis 1940" über viele Jahre hinweg sicher aufbewahrt und mir zur Bearbeitung überlassen.

Danken möchte ich Luise Zacharias.
Sie hat viele Stunden damit verbracht, die in Sütterlin handgeschriebenen Texte in eine heute gebräuchliche Schriftart umzuschreiben, was mir das Lesen wesentlich vereinfacht hat.

Danken möchte ich Monika Hirzel.
Sie hat mir ihre zur Silberhochzeit erhaltene Chronik von Gülpe zur Bearbeitung überlassen. Geschrieben wurde die Chronik von ihrer Tante und ihrem Onkel und ihr als Geschenk übergeben.

Mein Dank gilt ganz besonders der Firma PC POINT Computer- und Datendienst GmbH; hier speziell dem Geschäftsführer Herrn Dr. Burghard Zacharias. Er hat mir in technischen und gestalterischen Aspekten sowie bezüglich des Zusammenwirkens mit dem Verlag BoD sehr hilfreich zur Seite gestanden.

Danken möchte ich Frau Johanna Leu, Vorsitzende des Kulturfördervereins Mark Brandenburg, für ihr konstruktives Mitdenken bei der Gestaltung der hiermit vorliegenden Fassung der "Chronik der Gemeinde Gülpe".

Hinweis zur Schrift

Mir im Original in unterschiedlichen Frakturschriftarten vorliegende Texte sind von mir einheitlich in der Schrift „Leipzig Fraktur" in die vorliegende Chronik eingefügt, auch wenn es sich manchmal nur um einzelne Absätze handelte. Gleichermaßen bin ich mit den aus der Sütterlinschrift übertragenen Dokumenten vorgegangen.

Die mir vorliegenden Ursprungstexte beziehen sich stellenweise auf das gleiche Jahr. Um den Unterschied deutlich darzustellen habe ich diese beiden Schriftarten verwandt.

Alle aus Originaldokumenten übernommenen Texte habe ich der Authentizität wegen im Original belassen, auch wenn diese, an heutigen Rechtschreibregeln gemessen, fehlerbehaftet sind. An einzelnen Stellen habe ich die Interpunktion der besseren Lesbarkeit halber an die aktuell geltende Rechtschreibung angepasst.

Chronik der Gemeinde Gülpe von 1440 bis 2017

Gülpe von der Havelseite gesehen

Inhaltsverzeichnis

1. Das Dorf Gülpe an der Havel
   Charakteristik zum Ort und Land . . . 9

2. Der Gülper See . . . 13

2.1 Geschützte Gebiete . . . 14

2.2 Naturschutzgebiet Gülper See . . . 15

3. Sagen aus der Umgebung . . . 19

4. Flurnamen der Gemeinde . . . 23

5. Die Geschichte des Dorfes Gülpe von 1440 bis 1934 . . . 24

6. Schulchronik der Schule zu Gülpe von 1934 bis 1940 . . . 63

7. Gülpe April-Mai 1945 . . . 130

8. Fortführung der Schulchronik vom 15.02.45 bis 11.09.50 . . . 135

9. Chronik von 1945 bis 2017 . . . 141

10. Die Provinz Preußen um 1927 . . . 148

11. Die Brandenburger Hymne . . . 156

12. Quellen- und Literatur- und Bildverzeichnis . . . 158

13. Impressionen einer wunderbaren Landschaft . . . 160

1. Das Dorf Gülpe an der Havel
Charakteristik zum Ort und Land

„Prietzen und Gülpe" Walter Specht /4/
„Aus der alten Heimat" Elfriede, Hans Keller /5/

Gülpe ist ein kleines Dorf, dessen See bekannter ist als der Ort selber.

Die Lage des Ortes und der Region mit spezifischen Angaben:

Die geographischen Koordinaten, graphisch aus dem Messtischblatt von 1880 ermittelt (Grundlage: preußische Polyederprojektion, Besselsche Erddimensionen), sind:

52° 43;7' nördl. Breite und
2° 13,45' östl. Länge von Greenwich.

Geographische Höhe der Ortslage etwa: 27 m ÜNN[1]; das Gebiet relativ eben

Grundwasser und Stauwasser bestimmende Sande und Tieflehme: 28- 33 Wasserqualität stark nitrathaltig bis: 202 mg/l

Spezielle Schutzgebiete:
- NSG „Gülper See";
- Feuchtgebiet von internationaler Bedeutung (FIB)
- Naturpark Westhavelland (in Planung)
- LSG „Westhavelland";
- NSG „Untere Havel Nord".

Die Gemarkung liegt im Niederungsgebiet der unteren Havel am Rande des „Ländchen Rhinow". Klimatisch liegt die Region im stark maritim beeinflussten Binnenland mit einer durchschnittlichen Jahrestemperatur von ca. 8,4° C und 530 mm Niederschlagsmenge.

Die Gemarkung Gülpe ist 928,6 ha groß. Sie unterteilt sich in:
- Holzungsfläche   58,5 ha
- Gewässer   52,5 ha
- Umland   34,8 ha
- landwirtschaftliche
  Nutzfläche   733,4 ha
    davon Ackerland   267,7 ha
    Grünland   461,1 ha
    Gartenland   4,6 ha
- Bau- Verkehrs- und sonstige
  Flächen   49,4 ha

Die Entwicklung der Bevölkerung von 1833-1992:
```
1833    295 Einwohner
1858    340 Einwohner
1861    330 Einwohner
1895    337 Einwohner
1913    343 Einwohner
1931    297 Einwohner
1938    250 Einwohner
1949    252 Einwohner
1964    279 Einwohner
1994    184 Einwohner
```
Tendenz: fallend

---

[1] ÜNN   *Abk.* Über den Meeresspiegel

Die Entwicklung der Bevölkerung stellt sich wie folgt dar:

Bevölkerungsstruktur

in den Jahren	1964	1992
Einwohner gesamt	279	184
Kinder und Jugendliche im Alter von 0-15 Jahre	83	33*
Erwerbsfähige im Alter von 15-60/65 Jahre	142	106**
Rentner im Alter ab 60/65 Jahre	54	45

* Alter 0-18 Jahre
**Alter 19-65 Jahre

Die vorangestellten Daten belegen einen drastischen Rückgang der Einwohnerzahl um 95, das entspricht einem Wert von 34%. Infolge der gesellschaftlichen Umwälzungen, insbesondere durch den rigorosen Arbeitsplatzabbau ist ein Anhalten dieses Trends zu erwarten. Umso notwendiger ist es, das Dorf zu einem attraktiven Wohnstandort zu entwickeln und eine technische und soziale Infrastruktur und Wirtschaftsstrukturen zu schaffen.

Den 184 Einwohnern von Gülpe stehen zum gegenwärtigen Zeitpunkt 74 Wohnungen zur Verfügung, davon besitzen etwa
88% ein innen liegendes Bad und WC und etwa
29% der Wohnungen sind mit einem modernen Heizungssystem (Öl) ausgestattet.

Die Freizeit- und Erholungsmöglichkeiten in Gülpe sind zurzeit sehr begrenzt. Es gibt zwar einen Sportplatz, der aber mangels Vereine und Mannschaften wenig benutzt wird. So dient er hauptsächlich als Treffpunkt der Jugendlichen und mitunter zur Veranstaltung von Dorffesten.

Das gesellschaftliche Leben wird ansonsten im Ort durch den Verein der Freiwilligen Feuerwehr und durch den Angelverein geprägt. Die Erholungsmöglichkeiten sind im Ort zurzeit ebenfalls noch sehr begrenzt, da die entsprechende Infrastruktur fehlt. Lediglich im Gasthaus gibt es einige Fremdenzimmer. Die Erholungsfunktion bietet jedoch für den Ort aufgrund seiner landwirtschaftlich reizvollen Lage gute Entwicklungschancen und sollte unbedingt ausgebaut werden.

Der Gemeinde wurde im September 1992 eine Umfrage zur Beantwortung von verschiedenen Lebensbereichen im Dorf übergeben. Dabei wurden folgende Bewertungsnoten vergeben.
1 = sehr zufrieden, 2 = zufrieden
3 = befriedigend, 4 = bedingt zufrieden
5 = unzufrieden

Auf Grund einer sehr geringen Beteiligung der Bevölkerung, repräsentiert das folgende Ergebnis nur etwa 15 % der Haushalte.

Durchschnittliches Ergebnis

Leben allgemein	2,6
Wohnort	2,0
Wohnumgebung	2,1
Wohnung	1,9
Verdienstmöglichkeiten	3,5
Einkaufsmöglichkeiten	3,7
Öffentlicher Personennahverkehr	5,0
Schulversorgung	3,4
Krankenversorgung	1,7
Sportmöglichkeiten	4,8
Dorfleben	4,1
Nachbarschaftsbeziehungen	2,1
Kulturelles Angebot	4,9
Sauberkeit der Luft	2,6
Lärmbelästigung	2,7
Ortsbild / Straßenbild	4,0

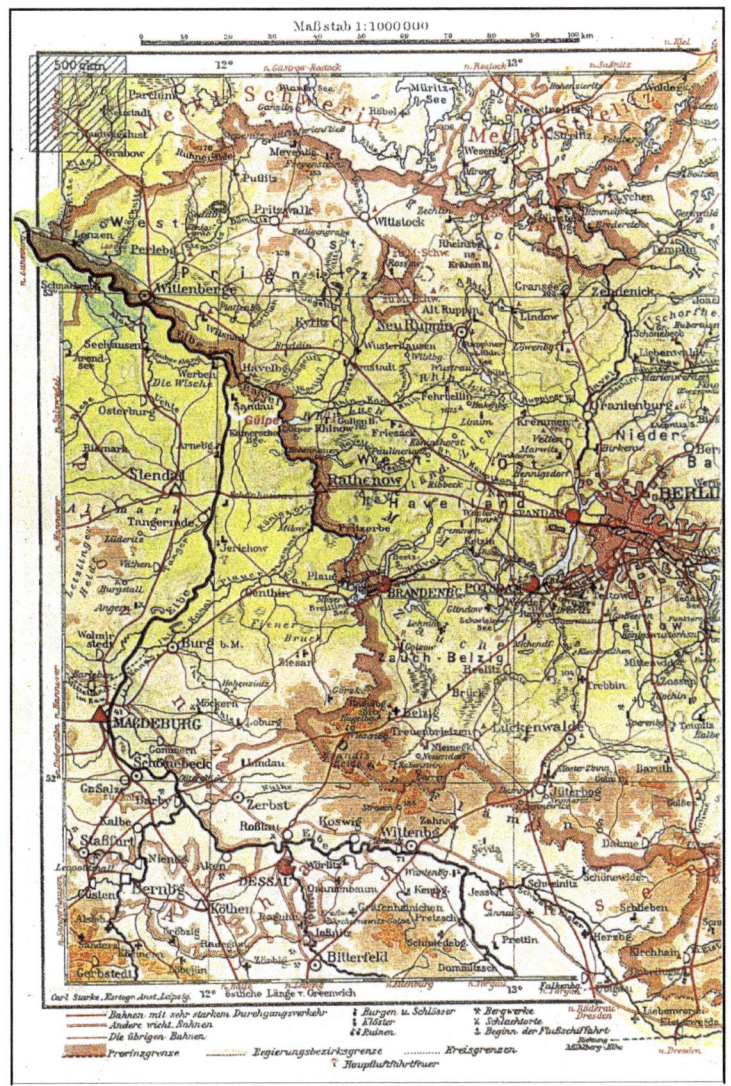

Die Provinz Brandenburg - westliche Hälfte

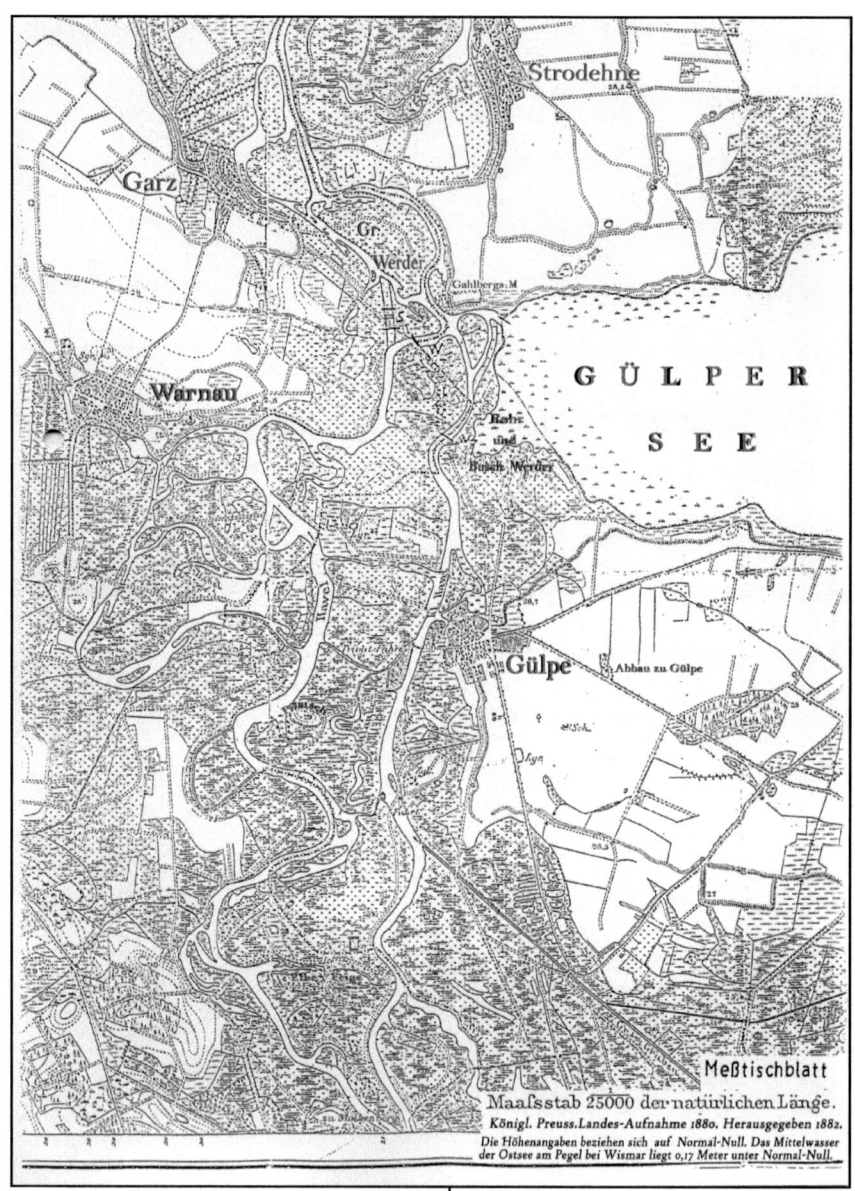

Meßtischblatt: Gülpe und Gülper See

2. Der Gülper See

Der Gülper See (von den Wenden als Pretzinar[2] genannt) wird zum ersten Mal in einer noch erhaltenen Urkunde aus dem 14. Jahrhundert erwähnt.

Lage

Der See liegt ca. 5 km westlich von der Stadt Rhinow. Beschrieben wird der See von Karl Friedrich von Klöden in „Die Quitzows und ihre Zeit". Er schreibt:

„Westlich von Rhinow und der Mühlenburg liegt ein ziemlich großer See von fast einer Meile Länge und fast 1/3 Meile Breite. Er ergießt sich unmittelbar in die Havel und heißt jetzt Gülpsee. Die Mühlenburg, nicht weit von der Mündung des Rhins in den Gülpsee ist ein festes Schloss auf dem Berg mit doppelten Gräben umgeben welche der Rhin speist und den von der Hagen 1445 vom Kurfürst Friedrich II belehnt wurde. Es sei vermerkt, dass man „Mollenburg" weit früher den Hof bei Alt-Rhinow wegen der dicht danebenliegenden Wassermühle nannte. Am südlichen Ufer des Sees liegt Prietzen, wahrscheinlich dasselbe, welches in dem Stiftungsbrief des Havelbergers Bischofs vom Jahre 946 Pricipini, in dem Bestätigungsbrief aber Prizipin genannt wird.

Die hohe Jagd im Ländchen Rhinow stand früher dem Fiskus zu. Erst 1772 brachten die von der Hagen, durch Erbpacht, sie in ihren Besitz."

1333 August der 11.

Der Gülper See wird vom Markgraf Ludwig dem Bayern der Gattin des gestrengen Ritters Berthold von Wiltberg im Falle ihres Überlebens zum Leibgedinge verliehen. Nach dem Tode der Frau Jüte fiel der See an die Landesherren zurück. Der See wurde von ihnen zur Fischerei verpachtet.

Das Jahr 1409

Der See gehört Arnold Friesack aus Brandenburg. Er hatte diesen von seinem Vater geerbt. Später übernahmen die Söhne Sigismund und Johannes den See für mehr als 15 Jahre.

Gars von Putlitz nahm den See 1409 illegal in seinen Besitz. Dagegen klagten die Söhne beim Herzog Swantibor. Die Klage war erfolglos.

Das Jahr 1435

Der See wird vom Markgraf Johann dem Bürger Hans Kurde zu Havelberg auf 3 Jahre für 12 Mark Stendal. Währung und gute 12 Rhein. Gulden (zahlbar 2mal jährlich zu Martini[3] und Walpurgis[4]) übergeben. Gleichzeitig mit der Übergabe des Sees wurde den Kaufleuten und Fischkäufern freies Geleit versprochen.

Das Jahr 1437

Der See zu Pryetzen wird für 9 Jahre an den Bürger Klaus Kzelecke aus Havelberg, zum Preis von 30 Mark Stendal. Pfennig jährlich, verpachtet. Zur Fischerei gehört auch die Gerechtigkeit in der Havel und etlichen zum See gehörigen Landen.

---

[2] Pretzinar   Durchfluss
[3] Martini   11. 11.(Zinstag)

[4] Walpurgis   Schutzheilige. gegen Hexen)
    Walpurgisnacht   Nacht zum 01. Mai

Das Jahr 1472

Eine vom Kurfürsten ausgestellte Urkunde belegt eine 6-jährige Verpachtung des Sees an den Bürger Arnd Fogeler Bürger zu Havelberg. Der Pachtzins war dieses Mal nicht in Geld zu erbringen. Die Hälfte der gefangenen Fische oder deren Wert waren dem kurfürstlichen Vogt zu Tangermünde abzuliefern.

Dieses Pachtverhältnis mit den Havelberger Bürgern bestand bis in die neuere Zeit und wurde erst Mitte des 19. Jahrhunderts durch Ablösung aufgehoben. Nunmehr ging der See in den Besitz einiger Havelberger Bürger, der so genannten Seeherren, über.

Das Jahr 1884

Der See erzielte bei einer freiwilligen Subhastation[5] einen sagenhaften Gesamtpreis von 65.000 Mark.

Der derzeitige Besitzer ist der Fischer Schröder. Sein Wohnsitz ist der Gahlberg bei Strodehne direkt am Ausgang des Sees, dem Rhin.

Der See ist auch heute noch sehr reich an Fischen, besonders an Hechten, Schleien Alants, Plötzen und Aalen. Außerdem wird er von ungeheuren Scharen wilder Enten, Lietzen, und anderen Wasservögel bevölkert. Das treffliche Moor, das hauptsächlich an der Strodehner Seite wächst, die zahllosen Binsen, die sich immer weiter ausbreiten und zur Fabrikation von Flaschenhülsen verwendet werden, gewähren jahraus, jahrein einen ziemlich bedeutenden Ertrag.

2.1 Geschützte Gebiete

Die Gemarkung Gülpe ist Bestandteil des Landschaftsschutzgebietes (LSG) „Westhavelland", welches insgesamt 108.900 ha umfasst. Der Ort Gülpe wurde am 14.06.1993 aus dem LSG entlassen.

Es ist vorgesehen, dieses Gebiet in einen Naturpark „Westhavelland" zu überführen. Dieser erstreckt sich beiderseits der Havel von Pritzerbe bei Brandenburg bis Havelberg. Innerhalb dieses Gebietes wurde das Gebiet der unteren Havel von Hohennauen bis Havelberg mit dem Gülper See als „Feuchtgebiet von internationaler Bedeutung" (FIB) unter Schutz gestellt. Dieses gehört zu einem System von Feuchtgebieten, das den Watt- und Wasservögeln auf ihrem Kontinent überspannenden Wanderungen gute Rastbedingungen sichern soll. Das FIB „Untere Havel" umfasst 588 ha naturnaher Niederung beiderseits der Havel. Zahlreiche Gräben, Fließgewässer und Altarme der Havel, der 600 ha große und sehr flache Gülper See mit seinem dicken Schutzgürtel am West- und Nordufer, sowie den völlig offenen Süd- und Ostufer, ausgedehnte beherbergenFeuchtwiesen, unterbrochen von kargen Sandrücken und Ufergehölzen, prägen diese Landschaft. Hochwässer der Havel und ihrer Nebenflüsse Rhin, Dosse und Jäglitz sowie der Rückstau der nahen Elbe führen immer wieder zu ausgeprägten großflächigen Überflutungen. Sie prägen die Entwicklung dieses bemerkenswerten Naturraumes.

---

[5] Subhastation   Zwangsversteigerung

Das FIB[6] "Untere Havel" umfasst nur noch die Reste einer ehemals ausgedehnten Überschwemmungslandschaft. Ihr besonderer Reiz hat sich trotz intensiver Umgestaltung bis heute erhalten.

Die abwechslungsreiche Landschaft bietet auch heute noch vielen, teilweise stark bestandsgefährdeten oder vom Aussterben bedrohten Pflanzen- und Tierarten geeigneten Lebensraum.

Die Reste des ursprünglichen Überschwemmungsgrünlandes und der ausgedehnten Verlandezonen beherbergen selten gewordene Pflanzengemeinschaften mit vielen gefährdeten Arten.

Im bemerkenswerten Kontrast dazu stehen die Pflanzengemeinschaften der Halbtrockenrasen in den reliefreichen Abschnitten des Feuchtgebietes.

Der Gülper See ist mit den Überschwemmungsflächen ein international wichtiger Rastplatz für Saat-, Bleß- und Graugänse sowie für Kraniche, Sing- und Zwergschwäne.

Im Überschwemmungsgrünland rasten während des Frühjahrszuges zahlreiche Limikolen (u.a. hunderte farbenprächtige Kampfläufer) und Entenarten.

Auf den Feuchtwiesen nisten Stock-, Knäk-, und Löffelenten gemeinsam mit Kiebitz, Rotschenkel, Uferschnepfe, Kampfläufer, Bekassine und Großem Brachvogel. Diese früher weit verbreitete Artengemeinschaft wurde bei uns durch intensive Grünlandnutzung fast ausgerottet.

Am Gülper See brüten u.a. die vom Aussterben bedrohten Großen Dommeln und Trauerseeschwalben (bis zu 80 Brutpaare). Weitere hervorzuhebende Brutvogelarten sind die Graugans (150 Brutpaare); Flußseeschwalbe, Rohrweihe, Drosselrohrsänger, Bart- und Beutelmeise.

Insgesamt nisten im FIB „Untere Havel" über 80 Brutvogelarten.

Rund 50 weitere Vogelarten wurden als Durchzügler oder Überwinterer registriert.

Unter den Säugetierarten sind besonders Elbebiber und Fischotter (vom Aussterben bedroht) zu nennen.

2.2 Naturschutzgebiet Gülper See
von Albrecht Brommauer /11/

Im Heimatkalender von 1971 wurden die Gebiete unseres Kreises zusammengestellt. Hier soll nun zur Ergänzung auf eines dieser Gebiete eingegangen werden. Es handelt sich hierbei um den Gülper See, das bedeutendste Naturschutzgebiet im Kreis Rathenow (heute Westhavelland).

Im nördlichen Teil unseres Kreises, etwa 18 km von Rathenow entfernt, liegt das Naturschutzgebiet Gülper See. Eingebettet zwischen Grünlandflächen im Norden und Ackerflächen im Süden, ist er mit 600 ha eines der größten Seen im Kreis Rathenow. Man erreicht ihn über die

---

[6] FIB *Abk.* Feuchtgebiete von Intenat. Bedeutung

Landstraße F 102 von Rhinow über eine Klinkerstraße nach Prietzen oder über Elslake, Spatz, Wolsier, Gülpe und Prietzen.

Der See ist sehr flach, und hat nur 0,50 bis 1,50 m Wassertiefe. Der Untergrund besteht aus abgelagertem Faulschlamm mit bindigen und sandigen Bodenarten. Die nördliche Begrenzung bildet ein breiter Schilfgürtel aus Sauergrasbestand. Dazwischen liegen einige Sumpflöcher und eine breite Verlandungszone mit Erlen und Weidenbüschen. Der südliche Teil des Sees ist eine lagunenartige Uferzone, die in Koppelfläche übergeht. Im Osten des Sees schließt sich der Küdden an, eine verlandende Wasserfläche mit einem umfangreichen Schilfbestand und mit Gebüsch bewachsen. Im Westen führt der Abfluss des Rhins in die Havel. Durch diese Verbindung mit der Havel hat der See einen sehr unterschiedlichen Wasserstand in den einzelnen Jahreszeiten.

Durch die natürlichen Bedingungen ist der Gülper See einer der geschlossensten Wasservogelgebiete im Kreis Rathenow. Durch die flache Uferzone im Süden und den breiten Schilfgürtel im Norden mit den eingestreuten Gebüschen bietet er Lebensraum für die verschiedensten Vogelarten.

Ein reichhaltiger und vielfältiger Artenbestand brachte es darum mit sich, dass er 1963 zum Naturschutzgebiet erklärt wurde. Anschließend sollen hier einige der interessantesten Beobachtungen und Eindrücke aufgezeigt werden.

An einem Septembermorgen führte uns der Weg zum See. Auf einem Sandweg zwischen Prietzen und Gülpe fuhren wir zu einer günstigen Beobachtungsstelle.

Von hier aus hat man einen weiten Überblick über den gesamten See. Das Wetter war diesig und wolkig. Vorsichtig blickten wir zum Ufer hinüber. Es sah so aus, als ob ein Kind scheinbar ruhig am See stand und auf das Wasser schaute. Genaueres konnte man ohne Glas nicht erkennen, denn wir standen etwa 150m vom Ufer entfernt. Nachdem wir das Fernglas aus der Tasche genommen und nochmals hingesehen hatten, erkannte man jetzt den Seeadler, der sich erhob und mit breitem Schwingenschlag über den See flog. Auffallend waren die Größe, die brettartigen Schwingen und der weiße gerundete Stoß, dass typische Kennzeichen des Altvogels. Noch lange konnte man ihn mit dem Glas beobachten, bis er am Norduufer hinter den hohen Eichen verschwand. Danach suchten wir uns einen ruhigen Beobachtungsplatz zwischen Koppelzaun und Kiefernschonung. Langsam riss der Himmel auf, die Wolken wurden vom Wind vertrieben. Ein strahlend blauer Himmel mit hellem Sonnenschein zeigte uns die ganze Pracht des Sees. Jetzt konnte man Tausende Bleßrallen und Stockenten auf dem Wasser erkennen. Bei genauerem Hinsehen waren außerdem Tafel - und Reiherenten mit ihrem bunten Gefieder zu sehen. Dazwischen schwammen einige Haubentaucher. Auch Hunderte von Graugänsen waren zu erkennen, und das laute Gag-gag an- und abfliegender Gruppen war weithin zu hören. Mitten im See standen die Reusenpfähle der Fischer. Hier saßen einige Kormorane. Der Kormoran ist ein gänsegroßer, schwarz gefärbter Tauchvogel mit langem gebogenem Hals. In ihrer Kreuzstellung mit ausgebreiteten Flügeln waren sie deutlich auszumachen. Eben kamen noch einige angeflogen und schwammen zur Mitte des Sees. Hin und wieder tauchten sie und griffen sich einen Fisch.

Als dann im späten Herbst die Tage kürzer wurden und die warme Jahreszeit vorbei war, kamen neue Gäste zum See. Da sammelten sich nordische Wasservögel, die hier überwintern oder teilweise weiterziehen werden. Dazu gehören Saat- und Bleßgänse, die in keilförmiger Flugordnung über die Flächen zogen und sich hier zusammenfanden. Reiher-, Tafel- und Spießenten, Gänsesänger, Sing- und Zwergschwäne schwammen auf dem See. Dazwischen sah man Stockenten und Bleßrallen (Bleßhühner), die den See weithin bevölkerten. Auf den Ackerflächen in der Gemarkung Gülpe trafen sich Kraniche und bereiteten sich auf ihre große Reise ins Winterquartier vor. Hin und wieder war ihr lauter trompetenartiger Ruf zu hören, wenn andere Kraniche zukamen und wenn sie gemeinsam fortflogen. Auch in den Wintermonaten, wenn Schnee und Kälte das Wetter kennzeichneten und Stille und Einsamkeit die Landschaft ringsum prägten, war der See mit Leben erfüllt. Hier überwinterten Tausende von Wasservögeln: Man hörte tauchende planschende Enten an– und abfliegende Saatgänse, und hin und wieder konnte man auch den Seeadler am See erkennen. Erst als im März die Tage wärmer wurden, zogen die Wintergäste in ihre nordeuropäischen Brutgebiete zurück.

Vogelwelt am Gülper See

Nach den Wintermonaten begann wieder ein neues Leben am See. Gras und Schilf färbte sich allmählich grün, Gebüsch und Bäume bekamen Knospen und neue Blätter. Vielerlei Singvögel erfüllten das Gebiet um den See mit ihrem Gesang und Gezwitscher.

Die einheimischen Brutvögel kehrten aus ihren Winterquartieren zurück, wie Rohrammer, Rohrweihe, Milane, Rohrsänger, Kiebitz, Uferschnepfe und andere Watvögel. Im Schilfgürtel am Norduferund am Küdden begann die Brutzeit von Enten, Bleßrallen, Möwen, Rohrsänger, Haubentaucher und Rohrweihen. In hohen

Bäumen horsteten die Milane. Auf der anderen Havelseite hatten sich Reiher und Kormorane ihre Horste im hohen Wald gebaut. Am Südufer suchten Regenpfeifer, Kampfläufer, Wasserläufer und andere Watvögel im Schlick nach Nahrung. Die Rohrweihe strich im Schaukelflug über Schilf und Seerosen und griff sich ihre Beute. Aus der Höhe stürzte ein Fischadler in das Wasser und holte sich einen Fisch.

Dazwischen schwamm unbekümmert und gravitätisch der Höckerschwan mit seinem schneeweißen Gefieder durch die stillen Fluten. Am Himmel schwebte der rote Milan (Gabelweihe) und zog seine Kreise. Dazu hörte man hin und wieder das Krächzen der Lachmöwen, die den See bevölkerten.

Langsam zog der Sommer ins Land.

Auch der einsame und stille Landstrich am Gülper See änderte sein Gesicht. Auf dem See führten alle Vögel Junge. In der Schilfzone am Nordufer erschwerten Mücken das ruhige Beobachten der Tierwelt am See. Jetzt, wenn man die verschiedenen Vogelarten mit ihren Jungen sieht, konnte man die ganze Reichhaltigkeit der Tierwelt erkennen. Die Stockenten, Bleßrallen und Haubentaucher schwammen mit ihren Jungen über den See. Graugänse bevölkerten zu Tausenden das Südufer mit seinen Koppelflächen. Überall sah man Leben und Treiben am Wasser. Selbst am Abend hörte man noch lange den Gesang und das Rufen der Sänger am See. Man kann am See die interessantesten Beobachtungen machen. Zum Studium unserer Vogelwelt wurde darum in der Prietzener Mühle eine Beobachtungsstation des Zoologischen Instituts der Pädagogischen Hochschule Potsdam eingerichtet, wo junge Zoologen, Naturwissenschaftler und Naturfreunde wertvolle Aufgaben erfüllen.

Das Naturschutzgebiet Gülper See hat auf der einen Seite eine große Bedeutung zur Erhaltung eines artreichen Vogelleben in unserer Heimat, und auf der anderen Seite spielt es eine große Rolle für die Forschung über den Winterzug nordischer Wasservögel. Darum soll hier nochmals darauf hingewiesen werden, dass die Erhaltung und der Schutz dieses Gebietes im Sinne des Landeskulturgesetzes und der Naturschutzverordnung unbedingt gewährleistet werden muss. Eine Beunruhigung und Störung im oder am See ist zu vermeiden, um den Bestand und die Vielseitigkeit der Wasservogelwelt am Gülper See nicht zu gefährden.

Graben am Gülper See

3. „Sagen von Prietzen und Umgebung"
„Blätter für Heimatkunde" 1906
von W. Lahn /4/

Hier eine kleine Auswahl der Sagen aus der Umgebung von Gülpe:

• „Die Kapelle auf dem Kienberg"
Zwischen Prietzen, Spaatz und Wolsier liegt der Kienberg. In alten Zeiten stand auf demselben eine Kapelle, welche von den Bewohnern der drei Orte besucht wurde. Der Priester wohnte in Spaatz; ein Fußsteig führte zur Kapelle, und der Acker über welchen er ging, hat heute noch den Namen „die Pfaffenstiege". Der Meßner wohnte in Priccipini (jetzt Prietzen). Die Kapelle wurde zerstört, die Glocken kamen in die Kirche zu Prietzen, wo sie noch zu finden sind.

• „Der Meineidige"
Die Bauern von Gülpe und die von Rehberg kamen einst um einen großen Wiesenfleck in Streit und Prozeß. Den Gülpern gehörte die Wiese seit ewigen Zeiten, die Rehberger aber behaupteten, sie kämen ihnen zu, und stellten einen Zeugen, der dies durch einen Eid bekräftigte. So erhielten die Rehberger auf unrechtmäßige Weise die Wiese, denn der Zeuge hatte einen Meineid geleistet; dafür konnte er nun auch nach seinem Tode keine Ruhe finden, mußte umgehen und rief in finsteren und stürmischen Nächten auf der von Gülpe entgegengesetzten Seite der Havel immer: Hol über! Einmal wieder, als es recht windig war und regnete, hörte der Nachtwächter von Gülpe den Ruf, und da er ein beherzter Mann war, so fuhr er über das Wasser, um zu sehen, was es mit dem Ruf für eine Bewandtnis habe. Je näher er indes dem jenseitigen Ufer kam, desto schwächer wurde der Ruf und hörte zuletzt ganz auf. Als aber der Nachtwächter rief, daß er bereit sei zum Überfahren, fiel etwas wie ein mächtig großer Stein in seinen Kahn, so daß derselbe beinahe unterging. Je näher der Nachtwächter dem diesseitigen Ufer kam, desto schwerer ging der Kahn, so daß er kaum ihn von der Stelle bringen konnte. In der Angst fielen große Schweißtropfen von ihm ab. Sowie der Kahn aber Grund faßte, hob er sich und die Last war verschwunden. Diese Last war weiter nichs als der Meineidige mit seiner schweren Sünde. – Einmal ließ sich wieder ein Mann auf Gülpe verleiten, auf den Ruf hinüberzufahren. Es war gerade um Mitternacht, und er fand wirklich einen großen Mann am Ufer stehen. Als derselbe in den Kahn gestiegen war, ging dieser wieder so tief, daß das Wasser beinah über Bord lief, und der Fährmann merkte nicht, daß er den Meineidigen überholte; er zitterte deshalb an allen Gliedern und war froh, als er wieder herüber war. Als der Kahn stand, sprach der böse Geist zu dem Fuhrmann: „Geld kann ich dir nicht geben, aber achte darauf was ich dir sagen werde: Es wird eine Pest in das Land kommen und in diesem Dorfe so wüten, daß die Lebenden zuletzt die Toten nicht mehr werden begraben können. Du aber wirst nicht sterben." Hiermit war die Gestalt verschwunden; wie sie aber prophezeit hatte, so geschah es. Eines Tages kamen zwei Reisende in das Dorf, sie kehrten im Wirtshaus ein und ließen sich einen Trunk Bier geben. Damals trank man das Bier aus großen irdenen oder zinnernen Krügen; an ein Aufwaschen war nicht zu denken, sondern jeder Gast hängte nach dem Gebrauch seinen Krug wieder fort. Daher kam's, daß am nächsten Sonntag, als die Bauern nach dem Wirtshause gingen, einer von ihnen aus dem Kruge trank, auf dem die Fremden getrunken hatten.

Bald darauf wurde er krank, konnte nur mit großer Mühe nach Hause kommen und starb noch an demselben Abend an der Pest. In kurzer Zeit war das Dorf fast ganz von der Krankheit entvölkert, so daß die wenigen Überlebenden nicht imstande waren, die Ernte des Jahres von dem Felde zu schaffen. Unter den von der Krankheit Verschonten befand sich wirklich der, welcher den Meineidigen übergeholt hatte. Seitdem wollen zwar mehrere den Ruf: Hol über! gehört haben, aber der Meineidige hat sich nicht wieder sehen lassen, und jetzt wird er wohl schon längst Ruhe gefunden haben.

„Der Pilatsch"

Beim Dorfe Molkenberg teilt sich die Havel in zwei Arme, die sich erst beim Galenberge wieder mit einander vereinigen. Es entsteht so eine Insel, die eine Meile lang und an Stellen über eine Viertelmeile breit ist. Der Boden ist an den meisten Stellen der Insel niedrig, nur in der Mitte derselben erhebt sich eine Anhöhe, welche vor 70 Jahren noch mit mächtigen Eichen bewachsen war und jetzt ergiebigen Acker bildet. Diese Anhöhe führt den Namen Pilatsch (oder Pilatusberg), und im Mittelalter soll hier ein gefürchteter Raubritter, Pilatus genannt, gehaust und die Gegend unsicher gemacht haben. Besonders überfiel er die auf der Havel friedlich dahinfahrenden Schiffe, beraubte sie und warf die Schiffer in den tiefen Keller seiner Burg, wo sie oft elendig umkamen, wenn sie nicht ein anständiges Lösegeld zu zahlen vermochten.

Wann und durch wen das Raubschloß zerstört wurde, weiß niemand; man sagt nur, das Ende des Raubritters und der Burg sei ein schreckliches gewesen, ja jener selbst habe nach dem Tode keine Ruhe gefunden. Zwischen den Eichen des Berges sah man ihn sitzen als einen Greis mit schneeweißen Haaren, angetan mit einem weiten schwarzen Kleide. Düster sah er nieder auf ein großes schwarzes Buch, das vor ihm aufgeschlagen war, und neben ihm stand ein großes Gefäß voll Geld, um einen Menschen zu locken, der ihm die ersehnte Ruhe bringen möchte.

Niemand aber nahte zur Erlösung, denn der Ort wurde von allen scheu gemieden, und wenn der Alte nach langem vergeblichen Harren sah, daß keiner sich ihm nahte, ließ er seine Augen über die Gegend schweifen, stand auf, schlug seufzend sein großes Buch zu und wankte zitternd in sein großes Schatzgewölbe; in den Eichen aber rauschte es unheimlich, und die Wellen der Havel schlugen schäumend gegen die westliche Seite des Berges.

Einst fuhr ein Bauer in seinem leichten Kahn über die Havel; ihm war ein Knäblein geboren, das in einigen Tagen die heilige Taufe empfangen sollte; zu diesem Feste wollte der Vater noch Fische fangen. Der Bauer kam bei seiner Arbeit bis in die Nähe des Pilatsch, denn bei hohem Wasserstande ist die ganze Insel vom Wasser überschwemmt und nur der Berg ragt als trockener Punkt hervor auf der weiten Wasserfläche. Als der emsige Fischer einmal von seiner Arbeit aufsah, gewahrte er am Ufer eine weibliche Gestalt, sie war von einem schwarzen Trauergewande umhüllt, war groß und stattlich und schien von hoher Herkunft. Sie winkte dem Bauern näher zu kommen, und er folgte dem Winke teils aus Neugierde teils aus Furcht. Der Bauer war überrascht von der Schönheit der Jungfrau, und eine Träne in ihren Augen flößte ihm Mitleid ein. Ehrfurchtsvoll grüßte er und fragte nach ihrem Begehr. Mit klagender Stimme erzählte sie dem Bauern, daß sie eine Unglückliche aus der Burg sei und durch ihn erlöst werden könne. Sie wisse, daß er ein Knäblein wolle taufen lassen; wenn er nun mit dem Kinde sogleich nach der Taufe zur Burgruine komme und daselbst dreimal von ihr küssen lasse, dann sei sie erlöst und er solle für seinen Dienst einen großen Schatz erhalten.

Das Versprechen erweckte zwar die Habsucht des Bauern, doch war er noch zweifelhaft, ob er auch dem Wesen trotz aller Freundlichkeit trauen dürfe und machte die Ausrede, daß er doch erst seine Frau sprechen müsse; denke dieselbe aber wie er, so werde er am nächsten Sonntage gleich nach der Taufe mit dem Kind hier sein. Das Versprechen schien die Jungfrau zu befriedigen, sie lächelte unter Tränen und verschwand.

Das Fischen wollte dem Bauern nicht mehr behagen; immer nur dachte er an die Jungfrau und die versprochenen Schätze und sinnend und sorgend fuhr er schon vor dem Abend nach Hause, um mit seiner Frau über die Angelegenheit zu reden. Die Aufsicht auf die Schätze blendete auch die Bäuerin; indessen hatte sie das Bedenken, daß das Wesen in der Burgruine doch mit dem Kinde etwas Böses im Sinne haben könnte. Endlich kam sie auf den Gedanken, daß wohl niemand besser als der Pfarrer Rat geben könnte, und daß also ihr Mann zu diesem gehen und ihm die Sache vorstellen sollte. Der Bauer machte sich also nach Prietzen auf und trug seinem Seelsorger vor, was er auf dem Herzen hatte. Dieser aber wußte in der Angelegenheit auch keine Auskunft und fragte endlich den Bauern, ob die Gestalt auch keine Pferdefüße gehabt habe. Dies konnte der Bauer nun nicht sagen, denn er war von der Schönheit der Jungfrau so bezaubert gewesen, daß er nur in ihr Gesicht, nicht aber auf die Füße gesehen hatte, die ohnehin durch das Kleid verdeckt waren. Des Pfarrers Rat endlich ging dahin, der Bauer solle getrost mit dem Kind hinüber fahren zur Burg, sich aber genau die Füße der Jungfrau ansehen, ehe er derselben das Kind zum Küssen reiche, und scheine es ihm da nicht alles so ganz richtig, so könne er ja immer noch zurücktreten.

Des freute sich der Bauer über die Maßen, leichten Herzens ging er nach Haus und konnte den Tauftag kaum abwarten. Endlich kam er. Kaum war die heilige Handlung beendet, als der Bauer mit seinem Kinde einen Kahn bestieg und der Burgruine zu ruderte. Als er gelandet war, hatte er noch eine kurze Strecke zu gehen; er tat es mit klopfendem Herzen. Bald sah er die schöne Gestalt, welche ihn schon zu erwarten schien und ihm freundlich zuwinkte. Zitternd trat der Bauer näher, und voller Grauen sah er, daß die schöne Gestalt dem Kinde einen Kuß gab, ehe er noch einen Blick auf die Füße hatte werfen können, und gleich darauf einige Fuß in die Erde versank. Zum zweiten Male küßte sie das Kind, und noch tiefer versank sie. Nun war aber auch des Bauern Mut geschwunden, und selbst die am Eingange in die Burgruine aufgehäuften Schätze vermochten ihn nicht wieder zu beleben. Er drückte sein Kind selbst an sich und lief eilend davon, ohne auch nur noch einmal sich umzuschauen. Er hörte aber, wie es in der Ruine krachte; Stein auf Stein stürzte, die Schätze sanken in die Tiefe, und Klagetöne und tiefe Seufzer drangen von da herauf, auch vernahm der Bauer deutlich die Worte: ewig, ewig verloren!

Tief erschüttert kam der Bauer nach Hause, wo seine nun getäuschte Frau sehnsüchtig auf die reichen Schätze gewartet hatte. Das Erlebnis hatte ihn so ergriffen, daß er krank wurde, und erst nach längerer Zeit konnte er sein Erlebnis zusammenhängend erzählen. Das Kind starb bald darauf. Auf der Burg sah man nichts Lebendes mehr.

„Der Schatz im Pilatsch"

Nicht weit über eine Viertelmeile vom Pilatsch liegt das Dorf Rehberg. Ein Bauer dieses Dorfes hatte schon viel von dem im Pilatsch verborgenen Schätzen erzählen hören und wollte dieselben gern heben. Und nachdem er sich eine Wünschelrute verschafft hatte, war er so fest davon überzeugt, die Schätze heben zu können, daß er seinen Knecht samt einer Tragbahre mitnahm, damit er recht viel fortschaffen könne. Er und der Knecht beobachtete das größte Schweigen auf dem nächtlichen Gange. Alles ging nach Wunsch! Bald war die Bahre so beladen, daß beide sie kaum zu tragen vermochten und der Knecht anfing, unter der Last zu keuchen. Niedersetzen durften sie die Bahre auf den verzauberten Boden nicht, und jeden Augenblick konnten sie den Händen des Knechtes entgleiten. Das ließ den Bauern, welcher von hinten seinen Knecht beobachten konnte, alle Vorsicht vergessen, er rief ihm zu: „Holl wiß!" Mit einem Mal war die Trage leicht. Das Gold war verschwunden, und beide zogen leer nach Hause.

„Der brennende Schatz"

Glücklicher als der Bauer aus Rehberg war ein Bauer aus Gülpe. Dieser fischte einst bei naßkaltem Wetter in der Nähe des Pilatsch, als er auf demselben ein Feuer gewahrte. Schon zu verschiedenen Malen war ihm seine kurze Pfeife bei der Arbeit aufgegangen und nur mit Mühe hatte er wieder Feuer schlagen können, um sie in Brand zu setzen, da der Schwamm Naß war und die Finger vor Frost kaum den Stahl zu halten vermochten. Als daher die Pfeife wieder aufgegangen war, stieß er seinen Kahn an Land, um sie beim Feuer, das auf dem Berge brannte, wieder anzuzünden und sich dabei zugleich die erstarrten Hände zu erwärmen. Zu seiner Verwunderung gewahrte er niemand in der Nähe, der das Feuer angezündet haben könnte, doch machte er sich hierüber keine Gedanken weiter, nahm eine glühende Kohle, legte sie auf die frisch gestopfte Pfeife und tat einige kräftige Züge. Aber die Kohle erlosch, ohne den Tabak angezündet zu haben. Der Bauer warf sie auf die Erde und nahm eine andere, doch auch diese erlosch, als er sie kaum auf den Tabak gelegt hatte, wieder warf er sie auf die Erde und nahm verdrießlich eine dritte, doch schon in der Hand erlosch sie ihm, und nicht mehr verdrießlich, sondern furchtsam warf er sie auch zur Erde und lief eilig nach seinem Kahn, während er sich scheu umblickte, aber nichts gewahrte, denn es war ihm die Erinnerung an den bösen Ritter und die unglückliche Jungfrau gekommen. Am anderen Tage wurde er teils durch den glücklichen Fang, den er da beim Fischen gemacht hatte, teils durch die Neugierde, die alle Furcht überwand, wieder in die Nähe des Pilatsch getrieben, und da er nirgends etwas Verdächtiges sah, so entschloß er sich, die Stelle zu besuchen, wo gestern das Feuer gebrannt hatte.

Den Ort hatte er sich genau gemerkt, und doch konnte er nirgends Asche noch sonstige Spuren Feuer entdecken, aber im Grase, da wohin er am vorigen Tage die Kohlen geworfen hatte, entdeckte er drei blanke Goldstücke. Erfreut nahm er sie auf, steckte sie in die Tasche und bedauerte nur, daß er nicht mehr Kohlen aus dem Feuer genommen und auf die Erde geworfen hatte. Wie oft er auch späterhin wieder in die Nähe des Berges kam, so entdeckte er doch das Feuer nicht wieder.

„Die Geschichte von der Entstehung des Namens Gülpe"

Das Dorf gehörte früher dem Gutsherren von der Hagen zu Stölln. Dieser plagte die Bewohner mit harten Frondiensten. Die Bauern wollten dieses Los nicht länger tragen und wollten frei sein. Ein entsprechendes Gesuch wurde dem Gutsherren zugestellt. Bis auf eine Bedingung wollte er dem Gesuch zustimmen:

„Binnen eines Jahres sollten die Bauern 100 Biertonnen austrinken!"

Trotz großer Anstrengungen der Bauern wurden nur 99 Biertonnen getrunken und die mögliche Freiheit nicht erreicht. Seitdem wurde der Ort nur noch Gülpe (gülpen = trinken) genannt.

Hätten die Bauern Erfolg gehabt, würde heute der Ortsname „Weißensee" oder auch „Blankensee" lauten.

4. Flurnamen der Gemeinde Gülpe

In Alphabetischer Reihenfolge

Im Bernlande	Bitzerwiesen	Hohe Breite	Bruchwiesen
Große Dolwe	Lütke Dolwe	Dornberge	Die Faule See
Hardenberg	Die Kleine Havel	Hessestücke	Die Horstweide
Die Hundewiese	Hinter den Kienen	Die Junkerwiesen	Die Lake
Die Lange Fahrt	Meininge	Melkberge	Modderloch
Möllnitzwiesen	Nachtweide	Nietzewiesen	Pannstücken
Plock	Der Pilatsch	Die Pirre	Rohr- und Buschwerder
Auf dem Rötsch	Die Schilpwiese	Wäsche	Wehrwiesen
Wörden	Wurthe		

Gülpe von oben gesehen

5. Die Geschichte des Dorfes Gülpe von 1440 bis 1934 aus

- der alten Schulchronik /1/, /2/, /3/
- Elfriede und Hans Henkel /5/

Das Jahr 1440

Das Dorf Gülpe, in früheren Zeiten Golpe (Taubendorf) oder nach der wendischen Fischergöttin Gelippa genannt, findet die erste Erwähnung in einer Urkunde, in der die von der Hagen mit dem Hofe zur Mollenburg belehnt wurden. Zu dem Lehn gehörten auch 4 Höfe mit allem Dienst und aller Pflege. Nach verschiedenen Schoßregistern[7] hatte es keine Hufen,[8] sondern 18 Fischer oder Kossäten[9].

Die vier Höfe kamen später an die von Wuthenau.

Das Jahr 1445

Jülpe oder Gulipp bis in die Neuzeit im Besitz der Familie von der Hagen.

Das Jahr 1503

Die von der Hagen besitzen allerlei Gerechtsame[10] in Gulipp oder Gülberg, so zum Beispiel 4 Bauernhöfe.

Das Jahr 1541

Über die Erbauung der Kirche zu Prietzen fehlen alle Nachrichten. Bei der Kirchenvisitation 1541 wird sie bereits erwähnt. Einen Kirchturm hatte sie nicht. Vielmehr war an der Westseite ein größeres, mit einem Brettermantel bekleidetes Holzgerüst auf starken eichenen Pfosten angebracht, in welchem die drei alten Glocken hingen. Nach der Sage soll die größte aus dem Dorfe Schönholz bei der Zerstörung derselben um 1400 nach Prietzen gebracht sein. Die Reparaturen an Kirche und Turm sind, wie auf den Rechnungen ersichtlich ist, stets aus dem Kirchenvermögen bestritten worden.

Auch die Kirche zu Gülpe hat schon gestanden. Doch hat sie wechselvollere Schicksale erlebt als die in der Mater[11].

Das Jahr 1544

Joachim von Wuttennow veräußert allerlei „Pächte"[12] auf 5 Jahre.

Das Jahr 1626

Zur Zeit des Dreißigjährigen Krieges lebte in Prietzen der Prediger Abraham Bredow. Er starb im Jahre 1626 an der Pest. So war also auch unser Ländchen, sowenig es an der Heerstraße lag und schwer zu erreichen war, durchaus nicht verschont von den schrecklichen Drangsalen, die dieser unselige Krieg über unser gesamtes Vaterland gebracht hat. Doch scheint es nicht so schlimm gewesen zu sein, wie in vielen anderen Gegenden: nach dem Tode des Prediger Bredow übernimmt sogleich ein Nachfolger das Amt, Georg Ziegler. Er bleibt bis 1644 Pfarrer.

---

[7] Schoßregister — Register über Zahlungspflichtige
[8] Hüfner — *oberdeutsch* Besitzer einer Hufe
   Hufe — Ackerland bestimmter Größe
[9] Kossate — *niederdeutsch* für Kleinbauer
[10] Gerechtsame — *veraltet* Vorrecht, Recht
[11] Mater — *lat.* Mutterkirche
[12] Pächte — *veraltet* Pachtland

Das Jahr 1645
David Sucro wird bis 1685 Pfarrer in Gülpe.

Das Jahr 1659
Albrecht von Wuthenau verkauft das Dorf (Untertanen und Rechte) für 822 Thaler zurück an Christian von der Hagen.

Die Dorfbewohner hatten gemeinsam mit den Bewohnern aus Prietzen Dienste und Abgaben an die Orte Hohennauen, Rhinow, Stölln und Wolsier zu entrichten. Im Ort gab es zwei Lehnschulzengüter.
Patron der Kirche und der Schule waren zu gleichen Teilen die Dominien[13] zu Hohennauen sowie zu Rhinow, Stölln und Wolsier.

Die hohe Jagt im Ländchen Rhinow stand früher dem Fiskus zu, bis im Jahre 1772 die von der Hagen sie durch Erbpacht in ihren Besitz brachten.

Das Jahr 1675
Auch die Schweden scheinen während ihrer Invasion im Juni 1675 arg hier im Ländchen gehaust zu haben; Rathenow war ja ein Hauptplatz, den sie besetzt hatten.

Das Jahr 1686
Daniel Buchner wird bis 1712 Pfarrer, der Gott in dieser Gemeinde 26 Jahre treulich gedient.

Das Jahr 1687
Bei der Abnahme der Kirchenkassenabrechnung von Prietzen erklärten die beiden „Gotteshausleute", daß sie damals das der Kirche gehörige Geld in Betrag von 28 Thaler 21 Groschen und 10 Pfennig an verschiedenen Stellen in der Kirche vergraben hätten, später aber habe man es nicht wiederfinden können. Da die beiden Männer aber über allen Verdacht erhaben, so müsse es von den Schweden bei ihren Plündereien gefunden und gestohlen sein.

1687 Sonntag den 22. nach Trinitatis[14]
Einweihung des neuen Gotteshauses zu Gülpe am heutigen Standort.

Das Jahr 1709
Gülpe und Prietzen liegen mit ihren Feldmarken in der Ecke zwischen Havel und dem Prietzener See, im Wasserland, wie der Volksmund sagt, und haben darum auch jahraus, jahrein von Überschwemmungen sehr zu leiden. Viel trägt dazu auch die Nähe der Elbe bei, deren Wasser oft bei hohem Wasserstande die Havel herauf läuft und auch in den See eintritt. Hat man sich durch Gräben und Deiche auch nach Möglichkeit geschützt, so haben gleichwohl die Grundwasser alljährlich die tiefen Aecker überschwemmt und viel Schaden an den Wintersaaten angerichtet. Namentlich sind in Gülpe die Felder sehr unsicher, und die Wiesen werden oft lange nach Johanni erst wasserfrei. Während so alljährlich mehr oder weniger mit dem Wasser zu rechnen ist, und durch dasselbe die Ernte geschädigt wird, sind doch auch besondere Wassernöte und Gefahren über unsere Gemeinden gekommen. Ich stelle die Jahre und Erlebnisse dabei, soweit sie mir bekannt geworden, in folgendem zusammen.

In diesem Jahr ist sehr großes Wasser gewesen; es hat in den Deichen gar keine „Brack"[15] gab, sondern ist so angeschwollen, daß es allenthalben

---

[13] Dominium — *lat.* Herrschaftsgebiet, Rittergut

[14] Trinitatis — Dreifaltigkeitsfest, Sonntag nach Pfingsten

[15] Brake — *niederd.* Grundwasser das durch den Deich durchdrückt

übergelaufen. Das Wasser ist von dem „Gülpschen Heideberg" (Gemarkung[16] in Gülpe) und von Spaatz herangelaufen, daß man zwischen dem Kirchhof und der Küsterwohnung in Prietzen mit einem Kahn gefahren hat. Der Prediger zog in die Kirche um und wohnte darin und auf dem Kirchhof hatten die Einwohner das Vieh.

Von ganz Prietzen waren nichts trocken als die Kirche, das Küsterhaus, das Einliegerhaus[17] (auch Dom genannt).

1712 Juni den 27

An diesem Tag fand hier, wie wahrscheinlich im ganzen Ländchen, auf ausdrücklichen Befehl König Friedrich I. eine Kirchenvisitation statt, die von dem Konsistorialrat Dr. Risselmann, Probst D. Schnadderbach und Landrat von Briest im Beisein aller Herren Patrone abgehalten wurde. Über das Vermögen der Kirchen und christlichen Institute wurde eine neue Matrikel aufgesetzt, deren Originale noch im Urkundenheft vorhanden sind. Sonstiges wird nicht berichtet, nur daß die Herren pro studio et labore 8 Thaler erhielten und außerdem aus der Kirchenkasse zu Prietzen für Zehrungskosten 21 Thaler 8 Pfennige verausgabt worden sind.

Eine Winterschule in Prietzen wird erstmalig erwähnt.

Das Jahr 1713

Johann Friedrich Seld wird bis 1732 Pfarrer.

1717 Oktober den 31.

Das Jubilaeum Lutheranum[18] wird gefeiert, doch wird leider Garnichts weiter hinzugesetzt, wie die Feier verlaufen.

---

[16] Gemarkung — Gemeindeflur (Ort)
[17] Einlieger — mietfrei wohnender landwirtschaftlicher Gelegenheitsarbeiter ohne Lohn

1718 Juli den 6.

Notatu dignum (Der Aufzeichnung wert.) Ein merkliches Zeichen der Gerechtigkeit Gottes hat sich allhier begeben. Es hatte der Herr Hauptmann von der Hagen Otto Heitepriem vor sein altes ein neues Haus aufführen und bauen lassen, welches letzterem sehr lieb war. Jedoch ließ er sich von etlichen unruhigen Nachbarn aufbringen, daß er sich entschloß, das neue Gebäude nicht zu beziehen und sein altes Haus zu behalten, verschwur sich auch vor der ganzen Gemeinde aufs grausamste, der Teufel, ja, der rechte alte Teufel sollte ihn samt Weib und Kinder holen, wo er aus seinem Hause weichen und in das neu erbaute ziehen würde; dennoch wird er auf seiner Obrigkeit Zureden wieder anderen Willens und fing an den 6. Juli im benannten neuen Hause einzuziehen. Er hatte aber kaum vor einer Stunde seinen Hausrat vor das Haus gebracht und war Willens, ihn hineinzuschaffen, siehe, so geschahe bei kaltem Wetter ohne einigen Gewitters ein entsetzlicher Donnerschlag, davon sogleich das ganze Haus in vollem Feuer stand und bis auf den Stil abbrannte. Michl Jacob verlor dabei sein Haus, rettete aber seine Scheune und Ställe noch, aber nur mit genauer Not.

Das Jahr 1719

Das gesamte Frühjahr bis zur Gerstenernte hat es nicht geregnet, daher es eine dermaßen miserable Zeit war, daß an Roggen wenig gewonnen wurde, und obgleich auf den niedrigen Feldern noch etwas Gerste stand, weil die übrige höhere teils nicht aufgegangen, und teils wieder vertrocknet war, so ward auch die wenige in der Niederung kurz vor der Ernte, vom Hagel ruiniert. Hafer, Buchweizen, Hirse ist gar nicht gewonnen worden.

---

[18] Jubilaeum Lutheranum — Lutherjahr

Der Kirchturm zu Prietzen wird neu gebaut und auch die Kirche neu geputzt.

1721 Juni den 26.

Ist es geschehen, daß aus Unvorsichtigkeit eines Mannes namens Michael Rademann, der nachmals Krüger zu Prietzen geworden, da derselbe sich mit der Tabakspfeife im Stalle schlafen gelegt, eine plötzliche Feuersbrunst des Abends nach 10 Uhr entstand, welche dermaßen gewütet, daß in einer Stunde das ganze Dorf Gülpe samt der erst neu erbauten Kirche (1687) in die Asche gelegt worden, in welchem Vieh und ein Knabe umgekommen. Gott wolle seinen Zorn in Gnade verwandeln und Mittel geben, daß alles, sonderlich die Kirche, bald wieder gebauet werde.

Im selben Jahr starben 18 Personen an Fleckfieber. Eingeschleppt wurde die Seuche durch einen Bettelmann.

Das Jahr 1723

Die abgebrannte Kirche ist neu aufgebaut worden.

Eine Sammlung zum Kauf von silbernen Kirchengeräten brachte ein Ergebnis von 28 Thaler und 5 Groschen.

Der Roggen auf der Glewe (Gemarkung), als er in der Blüte stand, gänzlich erfroren daß die Mandel[19] keine Metze[20] gab. Die Gerste und Sommersaat hat bei weitem die Aussaat nicht wiedergebracht.

Das Jahr 1725

Die Schule zu Gülpe mag um 1725 begründet sein. Eine genaue Angabe aus den Unterlagen ist nicht zu ermitteln. Das inmitten des Dorfes gelegen Eckhaus gegenüber dem alten Bollmanschen Schulzenhof war bis zum Neubau 1883, wo es auf den Dom verlegt wurde, Schulhaus. Bis zum Jahre 1823 wohnten in diesem der Hirte der kleinen Menschlein mit dem Hirten der kleinen Gänslein treulich und friedlich nebeneinander. Dann erst wurde das ganze Haus dem Lehrer überwiesen.

Als erster Lehrer wird Schulhalter Meister Bading erwähnt. Er verstarb 1739. Sengespeif, ein Soldat von Klietz gebürtig, schlägt einen Fleischer auf Potsdam, dem er den Weg weisen soll, mit einer Axt meuchelmörderischer Weise vor dem sogenannten Tritsch bei Stölln zu Tode, verrät sich noch selbigen Tages mit dem geraubten Gute, wird inhaftiert und nicht weit a loco delicti[21] mit dem Rade justifiziert.

Das Jahr 1726

Langemann, ein junger Mensch und Färbers Sohn aus Rathenow, belauert in der Nacht die Post, die von Rathenow nach Berlin fährt, schlägt mit einem Beil von hinten dem Postillion im Kopf, daß er für tot im Wagen niederfällt, darauf macht sich delinquent[22] übers Felleisen[23], im Willens etliche 100 Reichsthaler königlicher Gelder zu rauben; der Postillion aber ermuntert sich, gerät mit ihm in ein Handgemenge und ist Willens, ihn zu töten, da er sich aber zu erkennen gibt, läßt er ihn gehen, wird gegriffen, decollirt (enthauptet) und hinter Spolierenberg dichte an der Poststraße von Rathenow nach Brandenburg aufs Rad gelegt.

Das Jahr 1730

Triste Memorabile (Traurigen Gedenkens) Der Herr Hauptmann Thomas Christoph von der Hagen hier selbst (Prietzen) ist am 7. Oktober in der Nacht zwischen 11 und 12 Uhr Sonnabends von Räubern überfallen, über eine

---

[19] Mandel	*veraltetes* Zählmaß (15 Stück)	
[20] Metze	*altes deutsches* Getreidehohlmaß	
[21] a loco delicti	*lat.* Am Tatort	
[22] delinquent	Angeklagter, Verbrecher	
[23] Felleisen	*franz.* Reisesack	

Stunde lang von ihnen gemartert und endlich gar ermordet worden. Den 13. Dezember ist Gedächtnispredigt auf Eccles. IX, 12 gehalten.[24]

Eodem anno[25] trug sich zu, daß 4 wandernde Müllerburschen, weil sie nicht genugsam von dem Rathenow'schen Müller bewirtet worden, daß sie ihn am hellen Tage in seiner Scheune erschlagen. Der Haupttäter ist enthauptet und aufs Rad geflochten; 2 sind zum Festungsbau condemnirt, und der jüngste soll den Staubbesen[26] bekommen.

Eodem anno sind in Gülpe 18 Personen in sehr kurzer Zeit am Fleckfieber gestorben, welches ein Bettelmann dahingebracht.

Das Jahr 1733
Johann Laurentius Kirchheim wird bis 1737 Pfarrer von hier nach Nennhausen berufen.

Das Jahr 1735
Die Kirche zu Prietzen wurde für 240 Thaler 21 Gr. und 6 Pfg. gründlich restauriert.

Das Jahr 1738
Johann Heinrich Bartholomäi wird bis 1740 Pfarrer, von hier nach Groß- und Kleinziethen versetzt.

Das Jahr 1739
Johann Gottfried Kähler war bis 1778 Schulmeister in Gülpe.

Das Jahr 1740
Johann Joachim Müller, der 1762 sein Leben durch einen unglücklichen Fall vom Scheunenboden einbüßte, wird Pfarrer.

1744 bis 1761
Aus der schweren Kriegszeit unter Friedrich dem Großen fehlen wieder alle Nachrichten, zumal die Blätter, die diese Zeit behandeln, in der Chronik heraufgeschnitten sind. Doch daß auch aus unseren Gemeinden ihrem großen König etliche gefolgt sind in seinem Kriege, beweist die Notiz im Kirchenbuche, daß die Invaliden Johann Christian Rösicke und Leinemann zu Gülpe gelebt haben, wie auch verschiedentlich ältere Soldaten aufgeführt werden.

Das Jahr 1744
Das Hochwasser brach durch die „Lake" (Gemarkung). Der Durchbruch konnte aber durch einen eiligst gefällten Eichenstamm und durch Torwege geschlossen werden. Die halbe „Lake" war somit gerettet. An anderer Stelle, in der Nähe von Prietzen, brach das Wasser dennoch durch und stand bis an den Deich vor den „Zehnruten" (Gemarkung) im kleinen Felde.

Das Jahr 1761
Das Hochwasser brach durch den Gülper und Prietzener Deich und überflutete die Felder bis zum „Zehnruten Deich".

Das Jahr 1763
Michael Friedrich Fischer wird bis 1770 Pfarrer. Er wird anschließend nach Rhinow versetzt.

1767 August den 17.
Hat Gülpe und alle seine Einwohner das traurige Verhängnis erfahren, daß an diesem Tage mittags 12 Uhr die schrecklichste Feuersbrunst durch die Unachtsamkeit eines daselbst im Grase

---

[24] von der Hagen nach der mündlichen Überlieferung soll dieser Mord von den eigenen Untertanen des Hauptmannes vollführt sein.
[25] Eodem anno lat. Im gleichen Jahr
[26] Staubbesen Prügelstrafe

gestandenen Reuters[27] vom hochlöblichen Karabinier[28] Regiment entstanden, der mit einer brennenden Tabakspfeife über den Hof (es soll Gerwigs Hof gewesen sein) gegangen. Ganz Gülpe ist innerhalb einer Stunde abgebrannt, daß auch kein Stall übriggeblieben ist. Die Wut der Flammen ist so groß gewesen, daß die Einwohner nichts weiter als kaum das Leben gerettet haben. In den Flammen erstickte der Invalide Leinemann, drei Frauen sind tödlich verbrannt, von welchem die eine den darauf folgenden Tag verstorben. Viele andere Personen sind an ihren Gliedern verletzt. Auch die Kirche ist wieder völlig niedergebrannt. Hab und Gut konnten nur wenig gerettet werden.

Das Dorf Gülpe hat im vergangenen Jahrhundert ein ziemlich verändertes Aussehen bekommen. Es umfaßte ursprünglich 18 Bauernhöfe und 2 Kossaten. Erstere lagen sämtlich um die Kirche herum, währen die beiden letzten auf dem Dom wohnten. Nach dem großen Brand gab man die alte Dorflage, weil sie zu sehr eingeengt war, auf, und die Gehöfte wurden so aufgebaut, wie sie jetzt stehen. Von den damals errichteten Wohnhäusern stehen jedoch jetzt nur noch drei, die übrigen sind in den letzten 30 – 40 Jahre sehr stattlich neu errichtet.

Das Jahr 1770

Ludwig Christian Kirchheim, der Sohn von Johann Laurentius, wird bis 1771 Pfarrer. Er wurde 1734 in Prietzen geboren. Vor seiner Versetzung war er Konrektor[29] in Rathenow. Ohne ein Gesuch zu stellen wurde er 1771 nach Rohrlack versetzt.

1770 März den 15.

fiel so tiefer Schnee, daß fast kein Mensch zum anderen kommen konnte und lag volle 3 Wochen. Da trat plötzlich Tauwetter ein, und das Wasser stieg zusehends.

1770 April den 12.

brach das Wasser durch den Deich bei der „alten Schleuse" (Gemarkung) und die Felder kamen bis auf das kleine unter Wasser, denn es stand wieder bis an den „Zehnruten Deich" vor dem Felde.

1770 Mai den 6.

ist das Wasser gefallen und der Weg nach Prietzen ist zu Fuß passierbar, mußte aber doch bei der Schleuse noch waten.

1771 März den 24.

war ein starker Wind und fiel ein tiefer Schnee, daß man sich Steige machen mußte. Eben in derselben Nacht brach das Wasser durch die alte Schleuse, und die Felder wurden bis an den Zehnrutendeich unter Wasser gesetzt, so daß auch in Gülpe nicht gepredigt werden konnte.

1770 März den 25.

in der Nacht vom 25. zum 26. März war ein Sturm, Schneetreiben und Kälte, daß es ganz außerordentlich war. Am 26. sollte in Rhinow Markt sein, ward aber nichts daraus, weil in der ganzen Gegend kein Mensch passieren konnte. Den 2. April merkte man, daß das Wasser zu Fall kam, und den 4. April war es schon kniehoch weggefallen. Am 29. April konnte die Gemeinde die Schleuse erst wieder befestigen.

---

[27] Reuter Gestell zum Heu trocknen
[28] Karabinier *franz.* leichter Reiter
[29] Konrektor *neulatein.* Vertreter des Rektors

Rektor *neulatein.* Leiter einer Schule

1771 Juli den 5.

kam durch Sommerhochwasser noch einmal Überschwemmung. Anscheinend war es gar nicht so schlimm, zumal die Deiche noch 2 Fuß[30] Bord hatten, aber am 5. Juli erhob sich ein so starker Sturm, daß gleichwohl durch den Prietzener Deich ein Durchbruch kam, und das Wasser erneut bis zum „Zehnrutendeich" stieg. Es vernichtete den in schöner vollwichtiger Aehre stehenden Roggen auf den „Neuenschlägen" und den „Rönnen" gänzlich, den auf den „Lal" und großen Fennstücken" zu $2/3$, die. Kartoffeln, Flachs und Erbsen auf dem „Lichtholz" und „Stiegstücken" gänzlich, und das Sommerkorn im kleinen frei gebliebenen Felde geriet sehr schlecht, daher großer Mangel an allen Lebensmitteln entstand.
Die Marktpreise stiegen erheblich an.
Zum Beispiel:

- Roggen   auf 2 Thaler
- Gerste   auf 1 Thaler und
                         8 - 10 Groschen
- Schock Heu   auf 11 Thaler
- Schock[31] Stroh auf 5 - 8 Thaler

Das Jahr 1772

Johann Friedrich Prenninger wird bis 1779 Pfarrer. Er war bis dahin Konrektor in Havelberg und wurde anschließend nach Rhinow versetzt.

In Gülpe und Wolsier herrschte große Not infolge der Pocken und eines „hitziges Fieber", die sehr graffierten. Während sonst durchschnittlich 10 - 12 Todesfälle angeführt werden waren es in diesem Jahre 44 Tote.

Das Jahr 1773

Die Mäuse vernichten $1/8$ der Ernte vollständig.

Johann Friedrich Schaar auch Schneider wird bis 1823 Lehrer in Gülpe.

Das Jahr 1774

Am 22. Juni hatte Prietzen ein schreckliches Gewitter, in eine Weide neben des Schulzen Kleßen Hof schlug der Blitz und zersplitterte sie gänzlich. Feld und Gartenfrüchte wurden hier, in Rhinow und Stölln etwas, in Wolsier, Spaatz und Schönholz aber total verhagelt. Am 4. Juli war wieder ein solch Gewitter, mit Sturm und Hagel, daß den Feld- und Gartenfrüchten, den Bäumen, Gebäuden und dem weidenden Vieh noch schädlicher als jenes wurde. Die Schloßen[32] waren wie Taubenei so groß. Von 70 Mandeln Roggen wurden nur 11 Scheffel gedroschen.

1775 September den 17.

Nach einer Inschrift an der Chorbrüstung, in welcher sich Meister Christoph Kähne auf Trebbin an der Nuthe als Verfertiger der Tischler- und Malerarbeiten in der Kirche bekannte, scheint die Kirche zu dieser Zeit wieder vollendet zu sein.

Die zu dieser Zeit wieder vollendet aufgebaute Kirche steht in ihrer heutigen Gestalt als modern – romanischer Backsteinbau seit 1885 der Turm seit 1865

Das Jahr 1776

Unter dem Vieh in Prietzen herrschte eine verheerende Seuche, daran auf der Pfarre allein innerhalb 3 Wochen 16 Stück krepierten und nur eine junge Kuh durchgescheucht[33] wurde.

Das Jahr 1777

Die Glocke wurde in diesem Jahr durch die J. F. Thiele in Berlin gegossen.

---

[30] Fuß   *engl.* Maßangabe 1 ft = 0,3048 m
[31] Schock   *veraltete.* Mengenangabe
                   1 Schock = 60 Stück
[32] Schloße   Hagelkorn
[33] durchgescheucht durchbringen

Das Jahr 1779

war die Mäuseplage wieder sehr arg, so daß die Kornvorräte im Feld und Scheuern sehr litten.

Das Jahr 1780

In diesem Jahr heiratet der Arbeitsmann, namens Schüler zu Semlin, und da er seiner Braut und deren Eltern Geld als Heiratsgut mitzubringen versprochen hatte, solches aber hernach nicht hatte, ging er, da Frau und Schwiegereltern hierüber unwillig werden zu wollen schienen, zu dem Juden Nathan in Rathenow und stellte der Frau desselben in Abwesenheit des Nathan vor, daß sie ihm augenblicklich 100 Thaler für den Pächter Picht zu Stechow mitgeben sollte; die Jüdin, ob sie zwar gleich mit dem Pächter Picht in Connexion[34] stehet, gibt ihm zwar das Geld nicht, sendet aber um gedachten Picht zu dienen eine Verwandtin von ihr, ein junges Mädchen, mit dem Gelde mit ihm. Schüler führt dies Judenmädchen in der Nacht in der Heide immer herum, und da er auf keine andere Art von ihr das Geld erhalten kann, so schlägt er sie tot an der Semlin- und Ferchesarschen Grenze gerade bei der Brücke, die über den auf der Lake in die See gehenden Graben geschlagen ist, nimmt ihr das Geld und deckt sie mit den an dieser See stehenden Kalksteinen gleichsam als begraben zu, wird nach zwei Tagen im Rhinower Markte ertappt, allda gefangen genommen und in Hohennauen gefänglich verwahrt, gestand sein Verbrechen und zeigte den Ort an, wo das erschlagene Mädchen sich befände, ward alsdann den 26. Juli an dem Ende der Semliner Sandbergheide und dem Acker am Wege von Semlin nach Stechow gerädert und sein Körper aufs Rad geflochten.

In diesem Jahr regnet es 16 Wochen hintereinander nicht, sodaß von allem Getreide wenig geerntet, und noch weniger gedroschen wurde.

Johann Christian Lucke wird bis 1822 Pfarrer. Vorher Lehrer am Waisenhaus in Potsdam, zog von hier als Emeritus[35] nach Neustadt / Dosse, wo er 1835 verstarb. Der Leichnam wurde jedoch auf seinem Wunsch hierhergebracht und beigesetzt.

Er war ein treuer, geistig sehr reger, fleißiger Mann, der sich redlich um die Gemeinde bemühte, wenn er auch manchen Streit mit der Gemeinde gehabt hat, da er anscheinend ziemlich rücksichtslos, was er wollte und für Recht erkannt hatte, durchzusetzen suchte. Besonders hat er sich verdient gemacht durch seine ausführlichen Nachrichten über seine Zeit und die frühen Verhältnisse. Seine Berichte zeichnen sich durch Klarheit und richtiges Urteil aus.

Das Jahr 1781

In den beiden Nächten 20. und 21. Mai fror es so stark, daß sämtliches Getreide nebst Gartenfrüchte erfror. Von erfrorenem Roggen wurden nur von 30 Mandeln 8 bis 9 Scheffel gedroschen, und doch war unser Dorf vor vielen anderen dem verwüstenden Froste noch etwas verschont geblieben.

Das Jahr 1783

war den ganzen Sommer nicht nur hier, sondern auch in allen anderen Ländern ein dicker Nebel, der zuweilen des Nachts einen ganz stinkenden schwefelichten Dampf und Geruch über den Erdboden verbreitete, der das volle Licht der Sonne zuweilen ein blutiges Aussehen gab, der besonders in 2 Nächten den Früchten schädlich war und ihnen ein verwelktes Aussehen gab, der von den Naturkundigen "Höhenrauch" genannt wurde und von dem einige wähnten, daß er von dem großen Erdbeben in Kalabrien[36] entstanden sei.

---

[34] Connexion   Verbindung, Verwandtschaft
[35] Emeritus   *lat.* Ruheständler

[36] Kalabrien   Landschaft in Unteritalien

Das Jahr 1785

Im Winter lag sehr tiefer Schnee mit stets anhaltendem starken Frost vom 14. Dezember 1784 bis zum 5. April 1785 wo er in 2 Tagen durch sanften Wind und warmen Sonnenschein sogleich wegkam, daß nicht einmal in den Niederungen Wasser davon entstand.

Den Zeitungen nach soll der Schnee im Gebirge 14 Ellen[37] und auf dem „Brennerberge" 20 Klafter[38] hoch gelegen haben.

Das Wasser, das in diesem Jahre den 23. April noch ungewöhnlich breit von den Deichen zurück war, wuchs mit einem Male so stark an, daß schon den 24. April nachmittags gedeicht werden mußte. In der Nacht vom 25. zum 26. April brach das Wasser bereits durch den Deich zwischen Dorf und Mühle. Dieser Brak (Durchbruch) konnte glücklich noch wider gestopft werden. Am 26. April morgens 7 Uhr aber brach es durch den Gülper Deich ohnweit der Prietzener Grenze, und es lief auch an mehreren Orten durch den Prietzener und Gülper Deich mittags war es schon vor dem Dorfe und bis an den Zehnrutendeich vor dem kleinen Felde. Den 27. April brach es bei Rhinow durch, und nun wurden von daher die Lakstücke unter Wasser gesetzt. Das Wasser stand höher, als es in allen früheren Jahren außer 1709 gestanden hatte und fast die Höhe von 1709 erreicht, welches, soweit Nachrichten vorhanden, das höchste gewesen ist. Es war 10 Zoll[39] höher als 1771.

Die Elbe stand bis über Molkenberg und auch an Rhinow vorbei bis nach Dreetz durch die „Kolonien" hindurch. Bis zum 30. April war ein stetiger Wasseranstieg zu verzeichnen. Den 1. Mai bemerkte man zuerst Stillstand, während es bis dahin stetig gewachsen war. Den 2. Mai war ein starker Sturmwind, der durch die Gewalt der Wellen alle Zäune von den „Bültgärten" (Gemarkung) wegtrieb, welche bis dahin ohngeachtet der stattlichen Wasserhöhe immer noch gestanden hatten, und der am Zehnrutendeich große Not machte. Am 3. Mai fällt das Wasser um 2 Zoll, und an demselben Tage ward Pastor Lucke per Kahn nach Gülpe geholt, wo er eine dem Schulzen Baars geborene Tochter mit Elbwasser taufte, „was denn wohl in Gülpe noch nicht erhört sein mag".

Der Roggen, der oben im „kleinen Feld" (Gemarkung) war bekam mit diesem Tage Quell- und Drangwasser. Den 8. Mai war es schon kniehoch weggefallen. Den 15. Mai, als am 1. Pfingsttage, war der Weg nach Gülpe noch nicht mit dem Wagen zu passieren, weil noch zu viel Wasser war, und per Kahn auch nicht, weil im „Felde" (Gemarkung) die Mittelrücken schon wieder trocken und auf dem See wegen der durch Sturm entstandenen Wellen zu große Gefahr war. Daher mußte Pastor Lucke zu Fuß den Deich herum passieren und oft baden, an den Bracken aber mußte mit einem Kahn übergestoßen werden. Ebenda am 2. Pfingsttage. Am 22. Mai konnte man zuerst wieder trockenen Fußes nach Gülpe kommen, jedoch nicht anders als über Stege, welche bei den Bracken von den Gemeinden übergelegt waren. Zu Pferde und zu Wagen durch das „Feld" oder über den „Heideberg" durch die Gülper „Nachtweide" ging es noch nicht an. Der Acker war so naß und schwer, daß es bei der „Windfahre" (Gemarkung) schien, als wenn ein Modder[40] gepflügt würde. Die Sturzfuhre[41] war vor dem Durchbruch des Wassers schon geschehen, jedoch wurde der Acker gegen die Gerstensaat noch so ziemlich trocken und mürbe.

Die „Bültgärten" (Gemarkung) konnten zum Teil 14 Tage nach Johanni[42] noch nicht vollständig gegraben werden. Nun regnete es aber ohne

---

[37] Elle, Ellen *veraltete* Maßangabe z. B. in Preußen 1 Elle = 66,69 cm
[38] Klafter *veraltete* Maßangabe z. B. in Bayern 1 Klafter = 2,92 m
[39] Zoll *engl.* Maßangabe 1 Zoll = 25,4 mm
[40] Modder *nordd.* Schlamm
[41] Sturzfuhre Ackerumbruch
[42] Johanni 24. Juni

Unterlaß so stark, daß das Feld vom Wasser öfters wieder blank stand und manche in den Bültgärten zum dritten Mal bestellen, und doch ersoff alles wieder. Die Ernte konnte erst am 15. August begonnen werden. Auf dem „Trockenen" (Gemarkung) wurde nur wenig Heu gewonnen. Fast alles Gras mußte halb kerlhoch im Wasser abgemäht und mit Schlitten heraufgefahren werden. Oefters trug es sich zu, daß das aufs Trockene gebrachte Gras und Heu wieder ins Wasser kam und dann noch einmal auf höhere Berge gebracht werden mußte, so stark und anhaltend regnete es in dem Sommer

Das Jahr 1786

Am 17. August starb der König Friedrich der Zweite, ward in Potsdam mit außerordentlichem Pompe[43] begraben. Das Trauergeläute dauerte im Ganzen Lande sechs Wochen, und im Lande wurde nur bloß über die 1. Chronika Cap. 18 Vers 8 und zwar über die Worte: „Ich habe Dir einen Namen gemacht, wie die Großen auf Erden Namen haben" eine Gedächtnispredigt gehalten.

In der Nacht zwischen den 24. zum 25. April, ging die Eisschale von dem See bei einem sehr heftigen Sturm auf die hohen zwischen Prietzen und Rhinower Grenze gelegenen Sandberge hinauf, riß einige von den auf den Bergen stehenden Eichen mit der Wurzel aus und schnitt einige derselben so gerade am Stamm ab wie ein Messer eine Rübe durchschneidet. Sie lag bis Johanni, ehe sie schmolz.

Das Jahr 1790

Im Mai neigten sich die Uneinigkeiten des Königs mit dem neuen König Leopold von Böhmen und Ungarn und der Kaiserin von Rußland, welche beide mit den Türken schon Krieg hatten, dahin, daß unsere Armee im marschfertigen Stande

gesetzt wurde, dieser Umstand steigerte der Pferde und Ochsen Preis sehr, wie auch den Kornpreis, daß

    der Roggen: 1 Thl. 20 Gr.,

    die Gerste: 1 Thl. 8 Gr.,

    der Hafer: 1 Thl. 6 Gr.,

    der Zentner Heu: 16 Gr.,

    das Schock Stroh:

        6 - 7 Thl. galt.

Da aber Ende Mai die Armee auf Feldprovision gesetzt ward, fiel der Roggen wieder auf: 1 ½ Thaler.

Das Jahr 1794

Am 14. Mai, kam ein Gewitter mit Sturm und Schloßen; letztere taten keinen Schaden, der Sturm aber war so heftig, daß niemand sich in Gebäuden sicher glaubte, in dem einige Gebäude im Dorf wirklich einstürzten, sonderlich Scheunen, viel Obstbäumen und Eichen mit der Wurzel heraufgerissen wurden und fast alle Dächer im ganzen Dorfe beschädigt wurden. Auf der Pfarre waren allein an Fensterscheiben 2 Thaler 12 Gr. Schaden verursacht. In dem Dorfe Plönitz bei Neustadt an der Dosse will ein Mädchen auf der dortigen Schäferei den Torweg zumachen; der Wind nimmt aber den Torweg aus, setzt sich unter des Mädchens Röcke, hebt es an die 12 Fuß in die Höhe und wirft sie dann an Kopf und Armen sehr beschädigt ca. 10 bis 12 Fuß weit hin wieder zur Erde.

Das Jahr 1797

In diesem Jahr starb auch Seine Majestät der König Friedrich Wilhelm II. am 16. November, 53 Jahre alt, und sein Sohn gelangte als Friedrich Wilhelm III. zum Thron, und ihm ward der Beiname als der Gerechte beigelegt.

---

[43] Pompe   Pracht, Prunk

Das Jahr 1799

Am 27. Februar war die Dosse schon aufgebrochen, sodaß das Wasser von der Kirche hierherwärts über 8 Bauernhöfe und durch die Scheunen lief; die an dem Tage nach dem Gestüt fahrenden Strohwagen mußten in und bei Sieversdorf so tief durchs Wasser fahren, daß das Wasser noch ½ Fuß hoch über dem Wagenbrett stand.

Den 1. März fuhr der Pastor noch zur Festtagspredigt nach Gülpe zwischen See und Deich, und am 2. März stand es schon am Deich, denn am 1. März war die Elbe bei Klietz durchgebrochen. Am 3. März war kein Gottesdienst, denn das Wasser drohte auch hier mit dem Durchbruch, und es wurde des Morgens vor Tagesanbruch schon gedeicht und so fort mit abwechselndem Gespann bis wieder in die Nacht. In dieser Nacht lief es zwischen Wolfier und Gülpe über den Gülper Deich, in der Gegend der Harnberg genannt, auf Nachlässigkeit der Gülper Gemeinde, denn diese hatte in der Gegend auf dem Deiche allda auch nicht ein Fuder Erde gefahren, auf dem Grunde, weil die Erde weit hergeholt werden mußte und keiner leiden wollte, daß die nächste Erde, die man haben konnte, von den Stücken aufgegraben werden durfte, Der Deich blieb fest, er lief nur über und machte nicht wie gewöhnlich einen Durchbruch, daher es auch lange dauerte, bis das Wasser ins Dorf und an den Zehnrutendeich kam. Doch war das Wasser auch 14 Zoll niedriger als 1785. Am 8. März fing es wieder an zu fallen. Der Roggen hatte sehr gelitten.

Das Jahr 1801

Mit dem neuen Jahre ward das Jubiläum gefeiert. Dem Prediger war Text und die ganze Veranstaltung der Feier nach Willkür überlassen. Hier ward über die Neujahrsepistel gepredigt, und der Übergang von dem Zusammenhang der Religion alten und neuen Testamentes bahnte die Betrachtung an von dem Zusammenhange unserer Lebensjahre mit der Zeit und Ewigkeit. So ward den Zuhörern das Glück geschildert was unsere Regenten in der nunmehr 100 Jahre bekleideten Königswürde genossen, wie Gott uns durch die in diesem Saeculo[44] verlebte 6-malige Wassernot und 4-malige Feuergefahr glücklich hindurchgeholfen, die Hoffnung gezeigt, daß er uns ebenso in dem kommenden Saeculo gnädig beistehen werde und die Feier mit einem Te Deum[45] geschlossen

1801 Juli den 8.

war ein starkes Gewitter mit Sturm und Hagel. Es donnerte über ½ Stunde nicht pulsweise, sondern unaufhörlich, bis es endlich dermaßen hagelte, daß in dem neuen Pfarrhause eine Wand im Westgiebel einstürzte und für 4 Thaler und 22 Groschen Fensterscheiben eingeschmissen wurden. Die Pferdehute, die am See stand stürzte mit Gewalt durchs Dorf, hinterdrein die Ochsenhute, welche brüllte als wenn sie toll geworden wäre, im Galopp. Die am See weidenden Gänse waren zum Teil tot, teils an Köpfen und Flügeln zerschlagen und starben nachher noch soviel, daß die Pfarre von 38 nur 10 Stück behielt.

Der Roggen auf den „Lakstücken" verhagelte total. Die Schloßen waren wie Hühner- und Taubeneier groß. Der Hagelstrich fing an zwischen Schönfeld und Rehberg auf dem Berge, ging über halb Rehberg, halb Gülpe, halb Prietzen, halb Rhinower Feld, verschonte Warnau, Strodehne rechts und links Wolfier, Kienberg, Rhinower Bergacker und Stölln. In Rehberg waren die Schloßen wie Kinderköpfe groß, in Gülpe wie Gänseeier, hier nur wie Hühnereier und so immer kleiner, je weiterhin.

Das Jahr 1802

Nachdem anfangs August es so heiß geworden, daß sich die ältesten Menschen einer so großen

---

[44] Saeculo   *lat.* Jahrhundert

[45] Te Deum   *lat.* Christlicher Dankgottesdienst

Hitze kaum erinnerten, folgten am 10. bis 13. August vier auffallende Gewittertage. Am 10. abends brannte das Dorf Grütz infolge Blitzschlages vollständig ab. Hier in Prietzen warf der Sturm alle Heufuder[46] um; in Gülpe wurden alle Dächer abgerissen und auch eines Bauern Scheune aus den Riegeln geworfen, und nur die Fülle des Korns bewahrte sie vor völligem Umsturz. Zwei Schafe nahm hier in Prietzen der Wind auf, trieb sie in der Luft fort und ließ sie in den See fallen, wo sie beide ertranken. Am 12. morgens schlug das Gewitter in der Nähe von Gülpe ein paarmal ein, das eine Mal in eine Eiche, die abbrannte, das andere Mal in eine Fischerhütte auf der sogenannten „Stöthe" (Gemarkung). Tag und Nacht gewitterte es diese vier Tage lang. Außerdem wehte der Sturm viel Heu von den Wiesen weg, so z. B. der Pfarre von der langen Bergwiese an 50 Thaler Wert und zwar so rein weg, als wenn sie mit Fleiß aufgeheut worden wäre; und doch war das Gras eben erst frisch gemäht.

1803 Mai den 22.

war ebenfalls ein heftiges Gewitter; es schlug in die hiesige Windmühle, zerschmetterte eine Rute, den Ständer und die Welle, schlug die um den Ständer gelegten eisernen Bänder entzwei und die Dachbalken von der Windmühle herunter, so daß der am Schwanz der Mühle stehende Müllermeister und Geselle, ersterer an den Händen, letzterer am Gehör beschädigt wurde. Zum Brand jedoch kam es nicht.

Das Jahr 1805

Der im vorigen Jahr schon Mitte November 1804 eingetretene Winter hielt, einige gelinde und Tauwetter versprechende Tage aufgenommen, bis Ende Februar an, wo es auftaute. Den 4. März fing das Wasser an zu wachsen, und den 5. wollte es schon durch die Prietzener Schleuse brechen; den 6. aber brach es unweit der Gülper Schleuse durch und überschwemmte das Gülper, Prietzener und Wolfsche Winterroggenfeld. Es blieb hier nichts trocken als die „Weel-", „Gier-", „Hornig-" und „Pappenstiegstücke". Den 7. Brach es auch bei Rhinow durch und setzte nun die See- und Lakstücken auch unter Wasser, sodaß vor der Ostseite des Dorfes auch gedämmt werden mußte, um das Dorf zu schützen. Die Elbe stand bis an Prietzen heran. In der Nacht vom 6. zum 7. März entstand ein Sturm, der die Eisschale des Sees auf das Dorf zutrieb und der Pfarre gegenüberstehende Rhinower Einliegerhaus, sowie auch das auf dem alten Schulzenhofe stehende Tagelöhnerhaus zu erreichen drohte. Glücklicherweise aber drehte sich der Wind etwas, der Sturm ließ etwas nach, und die Eisschale brach entzwei, nachdem das Haus auf dem ehemaligen Schulzenhofe bis ans Dach mit Eis belegt war. Neben dem der Pfarre gegenüberstehenden Tagelöhnerhause lag ein Eishaufen von 6 Fuß Höhe. Das Wasser wuchs in 24 Stunden um 2 Fuß und es war schließlich 5 Zoll höher als anno 1785. Vom 10. März an fiel es wieder. Am 24. März konnte man wegen der hohen Mittelstücken nicht mehr per Kahn nach Gülpe fahren, sondern mußte den Deich herumgehen, und über die Durchbrüche mit dem Kahn übersetzen. Dann verlief sich das Wasser.

1806 Oktober den 14.

Am 14. Oktober war bei Auerstädt, bei Jena und Weimar zwischen der preußischen und französischen Armee eine Schlacht, die zum Nachteil der Preußen so ungünstig ausfiel, daß die ganze Armee zerstreut und bis nach Stettin retirieren mußte, und die Franzosen unter dem Kaiser Napoleon rückten in Berlin ein. Magdeburg, Spandau, Stettin und Küstrin mußten sich den Franzosen ergeben.

---

[46] Heufuder   Wagenlast

1806 Oktober den 22.

Den 22. Oktober mittwochs ward das hiesige Dorf Prietzen von einem Streifzuge, der von der von Tangermünde nach der Prignitz gehenden einer französischen Armee unter General Bernadotte abgewichen war, 2-mal gebrandschatzt und dann noch geplündert, alle Einwohner wurden mißhandelt und flohen in Kähnen über den See nach dem Bährengraben und ins Strodehn'sche Gehölz, auch einige in das zwischen Parey und Wolfier gelegene Bruch. Alle Dörfer im Ländchen Rhinow wurden von den Streifpartien fast zu einer Stunde gebrandschatzt und geplündert. Die Armee war den 21. Oktober von Tangermünde bis Rathenow marschiert und den 22. Oktober von Rathenow nach Rhinow, wo sie sich lagerten, und die Streifpartien gingen des Abends und in der Nacht in alle Dörfer, und dies Streifen dauerte bis zum Sonntage, den 26. Oktober. Am Montag den 27. Oktober kehrte dann ein jeder in sein leeres, aufgeplündertes Haus, worin Kisten und Kasten zerschlagen waren, wieder zurück.

Auch in die Kirchen sind die Marodeurs[47] dabei eingedrungen, haben in Prietzen den Opferkasten erbrochen und die darin befindlichen Gelder geraubt, ebenso trotz vorsichtigster Aufbewahrung den silbernen Kelch und Oblatenteller mit gestohlen. Daß ich das gleich hier bemerke, von einer Neubeschaffung der silbernen Abendmahlgeräte sah man damals ab, weil sie bei einer etwaigen Retraite[48] des Feindes noch einmal abhandenkommen könnten, und begnügte sich vorläufig, zinnerne Geräte auf Rathenow zu beziehen, für welche 1 Thl. 14 Gr. bezahlt sind. Auch in Gülpe fehlen seit der Zeit die silbernen Geräte, welche anno 1723 durch eine freiwillige Sammlung in der Gemeinde, die 28 Thl. und 5 Gr. ergab, beschafft waren und sind zinnerne im Gebrauch.

Ebenso ist in Prietzen auch der zur Aufbewahrung der Dokumente, Rechnungen und Gelder angefertigte Kirchenkasten mit zerschlagen und arg zugerichtet: jedenfalls die Ursache, daß die älteren Akten und Dokument, auf welche sich der Prediger Lucie wiederholt bezieht, nunmehr fehlen respektive[49] unvollständig sind

Das Jahr 1807

Dem ohngeachtet im Herbst vorigen Jahres von der kaiserlichen königlichen französischen Armee so stark und gewaltsam geplündert und alles bare Geld mit fortgeführt worden war, auch starke Lieferungen an Korn, Heu und Stroh und auch Vieh abgetragen werden mußten, so ward dem ohngeachtet doch dem Lande eine so große Kriegskontribution[50] auferlegt, dazu das Dorf Prietzen, weil auf jede Hufe 64 Thaler gelegt worden waren 2136 Thaler beitragen mußte, welche Summe in 6 Terminen abgetragen werden sollte und deren erster Termin auf den Scheffel 10 Thaler 16 Gr., den 1. Januar 1807 mit 356 Thaler abgetragen wurde. Zur Deckung der übrigen für die Gemeinde auf baren Mitteln unerschwinglichen Summe ist alsdann mit Genehmigung der Grundherrschaften ein Teil des gemeinschaftlichen Eichholzes verkauft worden, an dem auch die Kirche mit Teil nahm, entsprechend ihren Realitäten.

Außer Bargeld zur Contribution, Roggen, Mehl, Hafer und Heu mußte die Pfarre auch einen Ochsen zur Verpflegung der kaiserlichen französischen Garnison in Potsdam geben; zu 40 Thaler war sein Wert taxiert.

In Wustermark war ein Etappenplatz angelegt und zum Gehalt oder zu Tafelgeldern des dabei angestellten:

Kommandanten, a Monat	1.500 Thaler
seine Offizianten[51] a Monat	160 Thaler,

---

[47]Marodeur — plündernder Nachzügler
[48]Retirade — lat., ital., franz. Rückzug beziehungsweise
[49]respektive

[50] Kontribution — Kriegssteuer
[51] Offizianten — Unterbeamter

mußte im Monat April contribuiert werden,
wozu die:

Pfarre	4 Thaler 21 Gr.	
Das Dorf	50 Thaler	
	und einige Gr. gab.	

Im Monat Juli mußte das:

Dorf wieder	30 Thaler 22 Gr.	
geben,		
wozu die Pfarre	3 Thaler	
beitragen mußte.		

Nachdem nun die französische Armee die ganzen preußischen Lande erobert und nach der Schlacht bei Friedland in Preußen auch Königsberg eingenommen und bis an den Fluß Niemen gedrungen war, wurde am 22. Juni zwischen der französischen und russischen Armee ein Waffenstillstand in Tilsit geschlossen, der die Folge hatte, daß auch die Feindseligkeiten in Preußen eingestellt werden sollten.

Die offiziellen Feindseligkeiten hörten auf, aber nicht die Drangsale. Am 18 August bekam das Dorf, wie alle Ortschaften ringsum, ½ Kompanie Chaffeurs[52] zu Pferde ins Quartier, welche von dem aus Polen und Preußen zurückziehenden französischen Armeekorps waren, und welche nur 6 Wochen hier sein sollten, da das preußische Land mit Aufgang Oktober und Anfang November gänzlich geräumt sein sollte, wenn der Tilsiter Friede und die demselben nachgehende Übereinkunft gehalten und befolgt worden wäre.

Aber die Einquartierung war Ende des Jahres 1807 noch hier, indem Frankreich keine Traktate respektierte und Preußen willkürlich drückend behandelte. Sie blieb immer länger und hatte allmählich den Hafer und das Heu so rar und selten machen helfen, daß allenthalben Futtermangel, der bei dem späten Frühjahr 1808 umso drückender war, entstand und:

der Hafer bis auf	2 Thaler	8 Gr.
der Scheffel stieg,		
der Roggen galt	3 Thaler	12 Gr.
bis	4 Thaler,	
die Gerste	3 Thaler	
bis	4 Thaler	8 Gr..

Das Gold und Courantgeld[53] wurde so rar, daß:

der Friedrichsd'or	7 Thaler	12 Gr. und	
der Thaler-Courant	1 Thaler	8 Gr.	

in Münze galt, und da so viele falsche Ein Groschen-Stücke sich fanden, so gab man selbst für 100 Thaler Sechs-Pfennigstücke 103 Thaler Groschens, da der Haß gegen die Groschens so allgemein war.

1808 August den 17.

Den 17. August 1808 brach endlich die Einquartierung auf von hier nach Berlin, und das Dorf war nun von dieser großen Plage befreit, wie lange, setzt Lucie hinzu, mag Gott wissen, da das Land noch nicht geräumt ist.

Der Roggen galt	7 Thaler,	
die Gerste	6 Thaler und	
der Hafer	5 Thaler in Courant;	
der Thaler Courant aber		
galt	1 Thaler und 20 Gr.	

in Münze in den Tagen.
Dies war eine elende Zeit in Absicht[54] des Geldes und verursachte Geldnot, umso mehr, da die französischen Behörden den

Thaler Münze auf	16 Gr. herabsetzen und	
pro 1 Thaler	36 Gr. gerechnet wurden,	

so daß jedermann, der irgendwo 1 Thaler zu bezahlen hatte, nicht 24 Gr. sondern 36 Gr. geben mußte.

Über die Einquartierung und die damit verbundenen Lasten gibt ein Aktenstück noch nähere interessante Einzelheiten, die ich mir nicht versage, noch mit aufzuführen.

Obwohl die Pfarre nach den damals geltenden Bestimmungen von Einquartierungslast befreit und nur verpflichtet war, an der allgemeinen

---

[52] Chaffeur — Gendarm
[53] Courant — *franz.* gängig

[54] Absicht — Abwertung

dadurch verursachten Last mittragen zu helfen, hatte Prediger Lucke doch von vornherein 1 und 2 Offiziere aufgenommen, bald einen Kapitän, bald Leutnants, die natürlich ihre Chauffeurs bei sich hatten und ihre Pferde. Dadurch war ihm den Bauern gegenüber, die viel weniger Leute hatten unverhältnismäßig viel Last auferlegt. Abgesehen von dem Korn und dem Heu, das Leute, in der Scheune untergebracht waren, heimlich während der Nacht entwendeten, scheinen die Herren tüchtige Ansprüche bei der Verpflegung gemacht zu haben. Prediger Lucke gibt an, daß er für Wein, Rum, Kaffee, Zucker, Nelken, Zitronen zu Punschgetränken, guten Tabak, fein Papier und Siegellack ca. 900 Thaler veraufgabt habe und dadurch fast völlig ruiniert sei, auch kaum noch bei Kaufleuten Kredit fände. Er verlangte nun von der Gemeinde Vergütung bei den hohen Mehrkosten, die er gehabt, und weist hin, daß andere Geistliche von ihrer Gemeinde bei ähnlicher Offiziers-Einquartierung 16 auch 21 Thaler wöchentliche Vergütung erhalten hätten. Aber mit dem damaligen Schulzen Schatz scheint er wenig gutem Einvernehmen gestanden zu haben. Auf dessen Anstiften weist die Gemeinde, die ja freilich auch hart am Rande des Bankrotts stand, jeglichen Vergleichs ab. Er beschwert sich beim damaligen Landrat von Bredow-Senfse, daß keine Verfügung eine gerechte Verteilung der Einquartierungskosten geregelt, worauf derselbe sehr treffend erwidert, daß der Regierung wie dem Gesetzgeber nicht im Entferntesten habe einfallen können, daß je die preußischen Lande solches Schicksal haben könnten, zugibt, daß er übermäßig angestrengt sei aber das sei bei jedem jetzt der Fall. Wie ist es aber zu verlangen, daß eine feindliche Armee sich genau an unsere Einquartierungsprinzipien binden soll, die nur im Gefühl ihrer Übermacht ihren eigenen Willen kennt. Im Übrigen verspricht er, die Gemeinde zu gütlicher Auseinandersetzung mit ihrem Prediger anzuhalten. Doch diese versteht sich zu nichts, bis Lucke endlich die förmliche Klage einreicht und nun im Termin am 5. April 1810 vor dem damaligen Gesamtrichter der von der Hagenschen und Kleist von Bornstedtschen Gesamtgericht im Ländchen Rhinow, Meyer, ein Vergleich geschlossen wird, nach welchem die Gemeinde dem Prediger Lucke 200 Thaler zahlt. Nach sonstigen mündlichen Nachrichten scheinen die Chauffeurs aber im Ganzen ruhige und friedliche Leute gewesen zu sein, auch sehr für sich gelebt zu haben, da sie das Deutsche nicht verstanden und lernen wollten. Auch nur von einem unehelichen Kinde berichtet das Kirchenbuch, bei dem ein Chauffeur als Vater angegeben wird.

In Gülpe werden die Verhältnisse durchweg die gleichen gewesen sein wie in Prietzen, die Prediger Lucke allein geschildert hat. Leider habe ich über die Höhe der dortigen Kriegskontribution und ihrer Deckung nichts erfahren können, nur daß während der einjährigen Einquartierung Woche für Woche ein Stück Rindvieh hat geschlachtet werden müssen und der Reihe nach dies von den Ackersleuten hergegeben wurde. Einzelne Auftritte hat es hier wohl gegeben und Zwiste, aber im Ganzen hat man sich friedlich ineinander geschickt.

Das Jahr 1810

Vom Jahre 1810 führt der Prediger Lucke einen weiteren Beleg für die Drangsale der Zeit, aber auch eine Verordnung, die den Umschwung mit anbahnte und auch für die hiesigen Verhältnisse die tiefgreifendste Änderung, wenn auch nicht sofort, herbeigeführt hat. Er erzählt:

„Mit dem 1. Dezember erschien ein königliches Edikt, nach welchem auch das platte Land Accife[55] geben muß.

So waren für das Schlachten von:
- einem Ochsen   3 Thaler,

---

[55] Accife   *früher* Akzise für indirekte Verbrauchs- oder Verkehrssteuer

» einer Kuh　　　　　　1 Thaler　12 Gr.,
» ein Schaf　　　　　　　　　　　5 Gr.,
» einem Kalb　　　　　　　　　 10 Gr.
an Schlachtzins zu zahlen.

Für 1 Scheffel[56]
» Brot-, Schrot-, und Grützkorn　2 Gr. 6 Pfg.
» Weizen und Malz　　　　　　 12 Gr.
an Zins.

Die Abgabe betrug für:
» Luxuspferde und Wagen:　　6 - 10 Thaler.

Dahingegen die Lieferungen des platten Landes in die Magazine aufgehoben und nach den Marktpreisen bezahlt wurden. Auch sollte der Hofdienst und die Pächte der Untertanen gegen Vergütung aufgehoben werden, ebenso das Recht des Gutsherrschaften von den Untertanenkindern,
» des männlichen　　　　　　 10 Thaler
und
» des weiblichen Geschlechts　　5 Thaler
Loskaufgeld bei ihrer Verheiratung zu fordern.
Zu Martini wurden alle Menschen im Preußischen für freie Leute erklärt. Der Mangel des baren Geldes war allgemein und die Güter, Häuser und liegenden Gründen fielen um die Hälfte gegen den sonst vor 1806 gewöhnlichen Preis.
Die wirtschaftlichen Verhältnisse waren vor der Ablösung der Hofdienste und der Separationen[57] ziemlich mißliche. Zu Martini wurden zwar durch königliches Edikt die Hofedienste aufgehoben und alle Untertanen der Gutsherren für freie Bürger erklärt. Aber die Gutsherrschaften mußten für bisherigen Leistungen von ihren zum Hofedienste verpflichteten Leuten entsprechende Entschädigungen erhalten. Und diese Leistungen, die die Bauern hier treu und gewissenhaft zu verrichten hatten, wie jeder Hofbesitzer bei der Übernahme der Wirtschaft eidlich geloben mußte, waren ganz bedeutend. Die Gülpschen mußten in Stölln Hofdienst tun, und wenn sie Roggen oder dergl. zur Stadt gefahren hatten, mußten sie abends die leeren Säcke abliefern. In jeder Woche mußte der Bauer mit einem Gespann von 4 Pferden und 1 Mann auf dem Hofe des Gutsherrn, sei es in Wolsier, oder Rhinow oder Stölln, wohin die Gemeinden gehörten, antreten und einen vollen Tag jede ihm aufgetragene Arbeit verrichten. Außerdem gab es jährlich 15 sogenannte Beitage, zu dem ein Mann ohne Gespann gestellt werden mußte. Daneben gab es Dienste noch in der Heuernte sowie beim Flachsspinnen zu verrichten. Nur die Lehnschulzengüter, von denen es in Gülpe zwei, die seit Jahrhunderten in den Händen der Familien Bollmann und Baars sich befanden, und in Prietzen eins gab, das in der Familie Kleßen seit unbekannter Zeit erblich, waren von diesen Diensten frei. Dafür hatten sie die Verpflichtung, bei Jagden, die die Gutsherren auf den Feldmarken abhielten, die herrschaftlichen Jäger mit ihren Hunden zu beköstigen. Die Gemeinde Prietzen hatte wiederum das Recht, in den herrschaftlichen bedeutenden Forsten alles Raff- und Reisholz, Busch, Eichenstammenden, sowie den Windbruch sich zu holen.
Die Erlaubnis zur Ablösung dieser Lasten war gegeben, aber womit sollte sie geschehen? Die Gemeinden waren durch die Kriegszeiten noch ärmer geworden, als es vordem schon der Fall gewesen.

Das Jahr 1812

Im Herbst des Jahres entstand ein Krieg zwischen Frankreich und Rußland, woran auch Österreich mit allen Rheinbundstaaten, Sachsen, Westfalen, Bayern, Württemberg u.s.f. in Verbindung mit Frankreich teilnehmen mußte. Auch Preußen mußte, da die preußischen Festungen noch mit Franzosen besetzt waren und die französische, im Tilsiter Frieden aufbedungenen Militärstraße von Sachsen nach Polen durch das

---

[56] Scheffel　*veraltet* Hohlmaß (von 22 l bis 223 l)

[57] Separation　*lat.* Flurbereinigung

preußische Land ging, nolens volens[58] in Kontingent Truppen zur Hilfe Frankreichs stellen.

Der Winter stellte sich sehr früh ein. Mit dem November fror es schon sehr stark, und in Rußland fror es besonders fürchterlich, sodaß beinah die ganze französische Armee verfror und was übrig war, aus Rußland eilends retirieren mußte. Da nun die russische Armee nachfolgte und der König von Preußen sich in der größten Verlegenheit sah, seine Länder von der nachfolgenden russischen Armee verheert zu sehen, so trat er 1813 von der Allianz mit Frankreich ab, die ihm ohnehin mehr gekostet als sie ihm jemals wieder einbringen können, und da er über dem auch von Frankreich durch Requisitionen von Pferden, Fourage[59] und Verpflegung der französischen Armee, solange sie auf preußischem Grund und Boden stand, sehr gedrückt und gemißhandelt worden war, alliierte er sich mit Rußland, und da überall es in den Staatskassen an baren Mitteln fehlte, weil alles Geld immer zur Abtragung der schuldig gebliebenen Kriegskontributionen an Frankreich verwendet worden war, so erklärte der König:

1. daß alle bisherigen Exemtionen[60] vom Militärdienste während des Krieges ceffieren[61] sollte.
2. daß alle jungen Leute, Studierende usw., die sich freiwillig meldeten und selbst equipierten[62], die Freiheit haben sollten, sich das Regiment zu wählen.
3. daß sie den Regimentern nicht einverleibt, sondern bei jedem Regiment ein freiwilliges Jägerdetachement[63] errichtet werden sollte, worunter sie stehen würden.
4. daß aber diejenigen, die sich nicht freiwillig meldeten, in der Folge zum Kriegsdienst in den Regimentern gezwungen werden sollten.
5. daß die sich nicht melden in der Folge keine Anstellung und Versorgung im Lande zu hoffen haben sollten.
6. daß die sich freiwillig Meldenden nicht gehindert werden sollten, nach geendigtem Kriege sogleich wieder ihren Abschied zu nehmen.

Die Folge war, daß so viele junge Leute scharenweise zu den Regimentern hinströmten, daß man die freiwilligen Jägerdetachements bald vollzählig hatte. Aus Berlin allein sollen 5.000 junge Leute dazu abgegangen sein. Hin und wieder stellten sich auch aus dem gemeinen Stande manche jungen Leute freiwillig, doch selten nur. Hier auf dem Dorfe niemand als des Predigers vierter Sohn Franz Daniel Heinrich Lucle, welcher von der Universität Berlin ab und nach Breslau völlig equipiert ging und sich als freiwilliger Jäger im Detachement des ersten Brandenburgischen Husaren-Regiments einstellte.

Dies harte Geschick, was dadurch seinen Vater traf, indem derselbe sein auf dem vorigen Kriege, worin er vor vielen andern besonders hart mitgenommen worden war, noch gerettetes weniges Vermögen auf die Equipierung des Sohnes verwenden mußte, verhinderte jedoch nicht, daß ihm 8 Tage nach dieser gemachten schweren Aufopferung von der Gemeinde ein Pferd zur angesetzten Pferdelieferung abgedrungen ward, das 100 Thaler Wert war, ihm aber von der Gemeinde nach einer parteiischen Taxe nur mit 65 Thaler bezahlt wurde.

Es wurden auch in jedem Kreise junge Leute aufgehoben und Landwehrregimenter zu Fuß und zu

---

[58] nolens volens — *lat.* ob man will oder nicht
[59] Fourage — *österr. / schweiz.* Lebensmittel, Mundvorrat
[60] Exemtion — Befreiung von bestimmten Lasten oder Pflichten
[61] ceffieren — *lat.* aufheben
[62] equipieren — ausstatten, ausrüsten
[63] Detachechment — *franz.* vom Hauptheer abgesandte Abteilung

Pferde errichtet, der Mangel an jungen Leuten ward auf dem Lande sehr groß. Auch wurde ein Landsturm organisiert, worin alle Männer vom 17. bis 60. Jahre treten und sich mit einer Pike bewaffnen mußten, die im Fall der Not bei einer feindlichen Invasion dem Feinde sich entgegenstellen sollten, übrigens aber bei ihrer Wirtschaft bleiben.

Der hier im Ländchen Rhinow gebildete Landsturm stand unter einem Herrn von der Hagen. Er scheint aber nirgends in Aktion gekommen zu sein, da das Ländchen feindliche Truppen nicht gesehen hat. Nur von einem Zug berichtet die Chronik, bei der im September 1813 der Landsturm bei Sandau über die Elbe gegangen, um die in der Altmark stehenden Franzosen mit vertreiben zu helfen. Da sie aber auf Feinde nicht gestoßen, seien sie wieder zurückgekehrt. Auch von Durchmärschen der befreundeten Truppen, scheint im Ganzen hier die Gegend verschont geblieben zu sein. Nur von einem Aufenthalt der Kosaken wissen die älteren Leute auf mündlichen Erzählungen noch etwas zu berichten. Beliebt scheinen sie aber nicht gewesen zu sein, wenigstens wäre man sehr froh gewesen, als sie wieder abgerückt.

Nachdem die Altmark wieder an das Königlich preußische Haus insoweit gekommen, als in diesem Kriege das für Napoleons Bruder Jerome errichtete westfälische Königreich aufgelöst worden war, und nun die Elbe wieder zu passieren und freier Verkehr diesseits hergestellt war, auch die Altmark sowie die diesseitigen Lande einen Landsturm und Landwehr errichteten, so trat nun auch des Predigers Lucke vorjüngster dritter Sohn Karl als selbstequipierter Freiwilliger in die neu zu errichtende Elb-Landwehr und ward Quartiermeister in der 3. Eskadron des Elb-Landwehr-Kavallerie-Regiments unter dem Eskadronchef Rittmeister von Gebhard und Regimentschef Major von Itzenplitz, nachdem ihm eine Leutnantsstelle unter der Elblandwehr-Infanterie angetragen und er solche aufgeschlagen hatte, weil er nicht gehen konnte.

Prediger Lucke gibt nun von dem großen Befreiungskriege eine höchst eingehende Schilderung, die er zumeist fast wörtlich der Berlinischen Zeitung entnimmt, doppelt interessant, weil sie unmittelbar den Eindruck der Zeitgenossen wiedergibt und eine Menge von Einzelheiten enthält, wie sie sonst in Geschichtswerken, sind sie nicht sehr umfangreich, nicht zu finden sind. Die überaus fleißige Arbeit schließt leider mit den Märztagen 1814 ab, da die Fortsetzung in dem ersten Buche der Chronik, auf die er verweist, nicht mehr samt diesem Buche vorhanden ist, doppelt zu beklagen, da nun über die 16 Jahre seines weiteren hiesigen Amtierens alle Nachrichten von ihm fehlen. Es würde über den Rahmen dieser Chronik hinausgehen, wollte ich die Berichte über den großen Krieg mit all seinen Kämpfen mit aufnehmen. Nur eine allgemeine Schilderung vom 27. Oktober 1813 auf Leipzig möchte ich anführen, weil sie mir auf die eigenen Erlebnisse des Prediger Lucke in Prietzen aus den Jahren 1806/08 zurückzuweisen scheint. Er erwähnt, daß die Lage der ca. 50.000 französischen Blessierten und Kranken in Leipzig keine beneidenswerte gewesen sei, da es platterdings[64] unmöglich gewesen, dieser Menge Menschen das zu gewähren, was sie brauchten, und so sah man dieselben Franzosen, die vor ein paar Tagen das Schweinefleisch nicht anders essen wollten, als wenn es in Butter gebraten ward, die das schwarze kräftige Landbrot einen Hundefraß nannten, und die beste Biersuppe der gutmütigen Wirtin vor die Füße warfen – dieselben Franzosen sah man jetzt Birnen- und Apfelschalen auf dem Kehrichthaufen heraufsuchen, in den Rinnsteinen nach Nahrung herumwühlen, Pferdeäpfel verschlingen, über krepierte Pferde mit Heißhunger herfallen. Ja – zwei sogar rösteten einen

---

[64] Platterdings *verstärkend* für platt, flach, absolut

eben an seinen Wunden gestorbenen Kameraden am Feuer und verzehrten die gebratene Seite mit kannibalischer Gier. So hart, so grausam hart mußte Gottes Strafrute dieses Volk züchtigen, dessen Übermut die ganze Welt erdrückte.

Leider begleitet der Berichterstatter die Zeitungsberichte sehr wenig mit eigenen Bemerkungen, und namentlich auch von der gewiß hochgradigen Erregung, die in allen Gemeinden während des ersten Teils des Krieges geherrscht hat, dem Siegesjubel bei der Kunde von erfochtenen Siegen berichtet er nichts. Ich erwähnte schon, daß das Ländchen von feindlichen Truppen nicht wieder gelitten hat, wie es ja auch vom Kriegsschauplatz ziemlich entfernt lag. Nur von einem Gefechte will man hier sehr deutlich die Kanonade, sowie das Flintenfeuer gehört haben und zwar von dem, das der russische General Walmoden, nachdem er am 15. September bei Dömitz über die Elbe gegangen, am 16. September bei Dannenberg und Dahlenburg wider den französischen General Pecheur lieferte, wobei er diesen aufs Haupt schlug und seine 8.000 bis 9.000 Mann völlig zerstreute.

Nach diesen Bemerkungen kehre ich zu den Aufzeichnungen Luckes zurück und möchte noch das ausführlich herausnehmen, was er Interessantes über die Erlebnisse seines vierten Sohnes berichtet, von dessen freiwilligem Eintritt schon vorher die Rede war.

Derselbe stand mit seinem Detachement und Regiment beim Armeekorps des Generals von Blücher. Schon war dieses bis Erfurt und Gotha vorgedrungen, als es durch Ordre bis in die Gegend von Leipzig zurückgerufen wurde. Am 2. Mai gegen Mittag traf es bei Lützen ein und nahm sofort an der Schlacht daselbst teil. Stillstehend mußte es eine Kanonade von 3 Stunden aushalten, und als nach kaum 15 Minuten eine Kanonenkugel Luckes dritten Nebenmann den Kopf wegnahm, glaubte er mit allen den sicheren Tod vor Augen zu haben. Doch trafen weitere Kugeln nicht.

Am Abend kam dann das Detachement noch mit verschiedenen anderen Regimentern zur Attacke. Da während der Nacht Napoleon bedeutende Verstärkungen herangezogen, blieb den Verbündeten nichts weiter übrig, als trotzdem sie Sieger gewesen, sich zurückzuziehen. Doch der Kommandeur des Jägerdetachements, bei dem unser Franz Lucke stand, Rittmeister von Colomb, erhielt Befehl mit 80 Mann vorzugehen, sich durch die französischen Truppen durchzuschleichen und hinter denselben ihnen beständig bei ihren Zufuhren Abbruch zu tun. Der Rittmeister konnte sich Husaren oder Jäger aussuchen; er erbat sich vom Könige Jäger, nicht weil er die Husaren nicht für ebenso tapfer hielte, sondern weil die Jäger wissenschaftliche Menschen und also zu solchen Streifzügen gewandter wären. Er wählte sich also von dem Jägerdetachement 80 Mann aus, welche er teils für die gewandtesten hielt, und welche anderenteils die besten Pferde hatten, dazu auch unser Franz Lucke gehörte, nahm den Leutnant von Katt aus Zolchow und den Leutnant Eckardt, welcher bis zum Kriege Justizrat gewesen war, noch mit sich und ging in der Nacht über die Elbe durch die Wachfeuer der Franzosen sehr vorsichtig und unentdeckt hindurch und kam hinter die französische Armee, wo dies kleine Detachement von 80 Mann Jäger große Dinge aufführte und hintereinander viele Taten getan hat, z. B. 750 Remontepferde[65] weggenommen, einmal einen Transport von 18 Kanonen und 30 Munitionswagen nebst 700 Mann Bedeckung aufgehoben, ein andermal 9.600 Pfund Reis, viele Seiten Speck und 125 Schock Eier erbeutet. Gerade in der Aufführung größerer Unternehmungen begriffen, sahen sie in Neustadt a. d. Orla, auf einer Zeitung, daß

[65] Remontepferd   neu eingestelltes Militärpferd

ein Waffenstillstand abgeschlossen sei. Sofort suchte von Colomb mit den französischen, in der Nähe befindlichen Befehlshabern um freien Rückzug zu verhandeln, er ward ihm aber abgeschlagen, sodaß er sich mit seinen ihm noch gebliebenen 75 Mann durchschlagen mußte, was ihm auch trotz eines Überfalles bei dem Dorfe Werpzig glücklich gelang. Dies war die Ursache, daß die Eltern des Franz Lucke während der Zeit keine Nachricht von ihm erhalten konnten, und ihm schon lange tot glaubten, weil sie auf eine an ihn gesandte Geldunterstützung gar keine Antwort erhielten, bis er denn selbst nach dieser Rückkehr aus Sachsen, bevor das Detachement zum Regimente nach Schlesien abging, nach Hause kam.

Bekanntlich bekamen die freiwilligen Jäger keinen Dreier Tractement[66] und nichts weiter als Fourage[67] für ihr Pferd und mußten also von den Ihrigen nicht nur equipiert[68], sondern auch noch immerfort während der Dauer des Krieges mit Geld unterstützt werden, welche Geldsendungen jedoch die Postfreiheit erhielten. Daher kam es, daß die Eltern desselben das Unglück hatten eine Geldunterstützung von 20 Thaler Gold zu verlieren; Sie hatten dieses Gold in den letzten Tagen des April abgesandt und nach, bei oder in Dresden adressiert. Das Geld kam also in die Gegend um die Zeit der bei Lützen vorgefallenen Schlacht, und ihr Sohn ward hinter die feindliche Armee detachiert[69]. Am 5 September, da der Vater dies schrieb, hatten sie noch keine Auskunft über den Verbleib des Geldes von den Postbeamten erhalten können. Nachdem das kleine Detachement bei der nach Schlesien zurückgegangenen Armee angekommen, erhielt der Rittmeister von Colomb das Eiserne Kreuz, ebenso die beiden genannten Leutnants, und außerdem wurden dem zum Major ernannten Führer noch einige Kreuze zur Verteilung unter den freiwilligen Jägern offeriert mit dem Befehl anzuzeigen, welche und wie viele sich aufgezeichnet hätten. Der Major hielt eine Anrede an das Jägerdetachement: „Meine Herren, ich weiß keinen einzigen, der sich aufgezeichnet hätte, sie sind alle gleich tapfer und brav gewesen; kein einziger hat mehr getan als jeder andere. Indessen können nach dem Befehl und Intention des Königs doch nicht alle das Eiserne Kreuz erhalten, sondern nur etliche. Bestimmen Sie also selbst und machen unter sich auf, welche und wie viel es haben sollen." Das Detachement antwortete: „Alle oder keiner, das ist unsere Meinung, Herr Major." Nachher erhielten doch nur ihrer drei das Eiserne Kreuz und zwölf, darunter auch Franz Lucke, wurden zu Offizieren vorgeschlagen, wie er selbst in einem Brief, der vor Görlitz im Biwak den 1. September geschrieben, den Eltern meldete.

Ein neuer Brief vom 19. Oktober, von Halle aus geschrieben, teilte den Eltern mit: „Fürchterlicher als alles war die Schlacht bei Leipzig am 16. Oktober und deren Kanonenfeuer, die nun schon vier Tage dauert, wobei wir aber nur den ersten Tag mit agierten, vermutlich weil unser Regiment schon sehr blessiert[70] war. Dieser 16. Oktober wird mir ein unvergeßlicher Tag bleiben. Unsere Infanterie wollte wohl, aber konnte nicht mehr stehen, sie wich, die Kanonen gingen im vollen Trabe zurück, unser Regiment mußte sie mit gezogenem Säbel aufhalten. Sie stand nun wieder, aber schoß nicht mehr, alles schien sich traurig zu wenden. Unser Regiment stand einige Minuten, um die Infanterie aufzuhalten, in dem schrecklichen Kartätschen[71] und Kleingewehrfeuer, ein Drittel an Reitern und Pferden war schon blessiert, bis der Befehl kam, alles zu wagen und alles aufs Spiel zu setzen. Nun hieb un-

---

[66] Traktament   Sold
[67] Fourage *österr. milit.* Mundvorrat, Futter
[68] Equipieren   ausrüsten, ausstatten
[69] Detachieren   zu einer Sonderaufgabe absenden

[70] Blessur   Verwundung, Wunde
[71] Kartätsche   *franz.* Hagelgeschoß, veraltet Geschoß

ſer Regiment ſo tapfer ein und nieder, daß in einigen Minuten die Schlacht gewonnen und die Kanonen genommen waren. Vom Gemetzel und ſchrecklichem Anblick des Schlachtfeldes ſchweige ich, mein blutiger Säbel mag überzeugend davon reden, daß ich mit drin war. Alle Stabsoffiziere unſeres Regiments ſind bis auf einen bleſſiert. Ein großes Wunder war es, wer an dieſem Tage dem Tode entrann. Lucle aus Liepe, Reuther auf Milow und Lenz auf Böhne leben mit mir noch"

Ein weiterer Brief d. d. Rüdesheim, den 25. Dezember 1813 lautet: „Daheim bei uns ſagt man: Am Rhein, am Rhein, da iſt Wein und ewiger Sommer, aber ich verſichere, daß wir hier auf der Feldwache gar artig gefroren haben und viel haben darben müſſen ohne guten Wein. Jetzt bin ich hier in Rüdesheim auf dem adligen Hofe mit noch 4 Jägern im Quartier, und der Pächter muß jeden 1 Schoppen Wein i. e. ⅓ Berliner Quart geben, wir haben auch jetzt hier beſſere Verpflegung und brauchen nicht wie vorher zu darben. Aber welch Wunder! Ich habe jetzt das Geld vom 30. April 1813 nicht nur, was wir alle verloren glaubten, ſondern auch das vom 30. Oktober 1813 erhalten zum großen Glück, da meine Kaſſe nur noch 9 Gr. enthielt. Nun will ich auch den alten, kahlen, zerriſſenen Mantel nicht nur aufbeſſern, ſondern auch noch einen bis ans Knie gehenden Kragen darauf ſetzen laſſen, damit ich die Kälte beſſer aufhalten kann, und auch an Wiederherſtellung der zerriſſenen Stiefel denken, damit ich nicht mehr ſo naſſe Füße bekomme."

Das Jahr 1814

Brief d. d. Nancy, den 25. Februar 1814: „Mein letzter Brief war von Rüdesheim. In der Neujahrsnacht ging die Infanterie unſeres Avantgardenkorps[72] in Schiffen über den Rhein. Wir folgten und brachen den 1. Januar früh auf, um auch noch überzugehen. Als wir an den Fluß kamen war die Brücke vom Strom zerriſſen. Wir machten halt und lagerten uns auf dem Steinboden ohne Stroh und Holz, nur bloß von Weinpfählen konnten wir notdürftig Feuer machen. Als wir nun ſo bis zur Herſtellung der Brücke die kalte Nacht durchwacht, gingen die Kavallerie auch den folgenden Tag über. Von da an ging es ohne ſonderliche Gefechte über kleine Oerter[73], die ich teils vergeſſen und auch nicht intereſſieren werden, immerfort nach Paris den Feind verfolgend zu, bis es bei Brienne zu einer Schlacht kam. Da nun Vitry noch nicht genommen werden können, ſo mußten wir, nämlich unſer Brandenburger Huſaren- und Mecklenburger Huſaren-Regiment und 2 Eskadron Ulanen über St. Diziers nach Vitry herum nach der feindlichen Flanke vordringen. Hier empfingen uns die franzöſiſchen Karabiniers und Küraſſiere mit Karabinerſalven gar artig, doch hieben wir matſchend[74] ein und teilten die Herren Franzoſen fühlbar zurück; ich kam hier glücklich durch. Darauf wurden wir von General Katzeler zu Gaſte geladen, wir nahmen die Einladung an und marſchierten hin. Kaum angekommen mußten wir als Gäſte, denen doch immer höflicherweiſe den Vortritt zu laſſen pflegt, die erſte Attacke machen, wobei es haarſcharf herging; ich kam auch hier glücklich durch

Dann kamen die Ruſſen bei Montmirail durch die Übermacht der Franzoſen etwas ins Gedränge, wir mußten alſo dahin ihnen zu Hilfe marſchieren. Kaum da angelangt, kaum die Gefahr der Ruſſen geſehen, ſo mußten wir mit den Weſtpreußiſchen Dragonerregiment raſch einhauen. Wir taten das auch gleich nach unſerer Regimentsgewohnheit, aber die Dragoner wichen; indem wir das Einhauen eilig taten, waren wir, in dem Glauben einer mächtigen Dragonerhilfe zur Seite gewiß, zu weit vorgedrungen und kamen beim weichen jener in großer Gefahr,

---

[72] Avantgarde franz. Vorhut, Vorkämpfer
[73] Oerter Ansiedlung

[74] matschen vollſtändig schlagen

woraus uns doch aber auch hier die angestrengteste Bravour noch rettete. Hier war es recht eigentlich schlimm. Morast bis am Knie, Galopp und Karriere war nicht möglich, nur Trapp kaum. Wie leicht konnte man stürzen, wenn man auch nicht blessiert ward, und in beiden Fällen war man immer gefangen, welches mir bisher aber noch härter als der Tod geschienen hat. Ich kam auch hier glücklich durch und fühlte recht eigentlich, daß meistens glücklich ist, der Gott vertrauen kann und darf.

Da nun auf dem zweiten Vorschlag zum Offizier wobei, wie ich sicher weiß, vom Regimentskommandeur ausdrücklich mit bemerkt worden war, daß ich früherhin schon einmal wegen des von Colomb'schen tapferen Streifzuges hinter der feindlichen Armee vor der Waffenstillstandszeit zum Offizier vorgeschlagen worden wäre, nun auch wieder noch nichts geworden war, so erhielt ich nun nach diesen Hergängen mit noch 9 der Unseren Ordre[75], uns sogleich nach Düsseldorf zu begeben, wo wir bei den Berg'schen Truppen als Offiziere angestellt würden.

Auf dem Wege dahin bin ich nun hier jetzt und habe mit Herrn Kühne (ich glaube, er ist aus Wachow) bei einer Dame aus einer adligen französischen Familie Quartier und Ruhetag, wo es mir wohl ist, wie es mir denn jetzt leidlicher, erträglicher als vorhin ergeht, denn es gibt anständigere, kein bloßes Nachtlager gebende Quartiere und bin ungenierter. Den Pelz und Husarentschacko habe ich schon abgelegt, stattdessen trage ich jetzt einen grauen kurzen Rock mit rotem Kragen und Offizier-Achselklappen und eine russische Mütze. Bin also oben gut blank, unten aber an Hosen und Stiefeln noch der alte Husarenfreiwillige Jäger. Ich bin hier bei Wunder guten Leuten, denn die alte gnädige und die junge gnädige Frau und die beiden Fräuleins der letzteren machen mir meinen Aufenthalt hier sehr angenehm, und mir ist es so wohl, daß es mir,
wenn ich mit der jungen gnädigen Frau und Fräuleins nach der Stadt spaziere, fast so ist, als wenn ich mit meiner Mutter nach dem Bülthofe spazierte. Diese guten Leute sind die Ursache auch, daß ich jetzt schon schreibe, welches ich sonst erst von Düsseldorf aus tun wollte. Aber sie hielten mit Anmahnen gar an, die alte gnädige Frau brachte selbst Schreibzeug herbei und bestellte, obgleich unbekannt, ein herzliches Kompliment an meine Eltern ausdrücklich."

Das ist der letzte Brief, der vorhanden, weil die Chronika des Prediger Lucke eben leider verloren gegangen ist. Auch sonst ist mir über die weiteren Schicksale des Franz Lucke nichts bekannt geworden; doch muß er glücklich heimgekehrt sein. Auf der Kriegertafel in der Kirche wird er Leutnant und Adjutant genannt. Nach mannigfachen weiteren Lebensschicksalen ist er um 1855 als Oberbürgermeister von Wesel am Rhein gestorben.

Was wurde aus Franz Lucke? Herr Dr. Roelen (Stadtarchiv Wesel) schreibt 2017 dazu:
„Franz Luck (der Name in der Chronik wahrscheinlich falsch übertragen) heiratete am 3. Mai 1818 in Wesel die 21-jährige Weselerin Henriette Marianne Morawsky. Luck war 27 Jahre alt und diente damals als Leutnant und Adjutant im zweiten Bataillon des Infanterie-Regiments Nr. 15 (2. Westfälisches). Seine Einheit war in Bielefeld stationiert. Er diente bereits 1815 in diesem Regiment und kämpfte mit diesem in Waterloo, wo Luck verwundet wurde. 1821 wurde er mit der Aussicht auf "Civilbedienung" (Einstellung im öffentlichen Dienst) als Premierleutnant entlassen. Vom Inf.-Reg. 15 gibt es eine Offizier-Geschichte mit Stammlisten; vielleicht findet sich darin noch etwas zu Lucks Militärkarriere. 1822 wurde Luck Bürgermeister von

---

[75] Ordre   franz. Befehl

Dorsten und wechselte 1841 von dort auf die gleiche Stelle in Wesel. Er schied 1862 als Oberbürgermeister aus dem Dienst und starb in Wesel am 10. Juli 1870 im Alter von 80 Jahren an einem Kopfleiden. Er hinterließ seine Ehefrau und acht erwachsene Kinder. Die Ehefrau starb 1879".

Außer diesen beiden Söhnen des Pastors haben, wie die Kriegertafeln in den Kirchen aufweisen, an den Befreiungskriegen noch teilgenommen:

Gülpe – Gedenktafel Befreiungskrieg 1813 – 1815

Aus Prietzen:

- Schulze   Gottfried Kleßen
- Arbeitsmann   Joachim Philipp Schulze
- Arbeitsmann   Johann Christian Görn
- Bauernsohn   Johann Friedrich Mangelsdorf
- Bauernsohn   Joachim Christoph Neve
- Bauernsohn   Christian Johann Friedrich Gottschalk
- Gerichtsschöppensohn   Johann Friedrich Schmidt
- Gerichtsschöppensohn   Joachim Andreas Schmidt
- Kirchenvorstehersohn   Christian Friedrich Wernecke
- Arbeitsmann   Johann Friedrich Ulrich
- Arbeitsmann   Joachim Friedrich Görn
- Arbeitsmann   Joachim Christian Ulrich
- Bauer   Johann Ludwig Klare
- Arbeitsmann   Christian Friedrich Görn
- Arbeitsmann   Christian Friedrich Weber

(dieser ist am 8. Dezember 1813 infolge einer bei der Leipziger Schlacht erlittenen Zerschmetterung des Oberschenkels im Lazarett zu Leipzig gestorben)

- Arbeitsmann   Christian Ferdinand Schaar

(12. Brandenburger Infanterie-Regiment, am 26. Oktober 1813 schwer verwundet durch Zerschmettern des Armes, gestorben im Lazarett zu Berlin am 14. Dezember)

Aus Gülpe:

- Kossätensohn   Joachim Friedrich Seyer,
- Bauernsohn   Christian Friedrich Reple,
- Bauernsohn   Joachim Friedrich Geue,
- Bauernsohn   Andreas Ritter,
- Bauernsohn   Christian Friedrich Ziemann,
- Bauernsohn   Johann Friedrich Reple,
- Arbeitsmann   Johann Christian Friedrich Giese,
- Arbeitsmann   Johann Friedrich Grabau,
- Arbeitsmann   Johann Christian Friedrich Schäfer,
- Schullehrersohn   Joachim Friedrich Schaar

(Musketier beim preußischen Leib Grenadier[76] Bataillon[77], gestorben am 10. Februar 1814 im Feldlazarett zu Gießen an den Folgen einer Darmentzündung

---

[76] Grenadier   *franz.* Fußsoldat

[77] Bataillon   *franz* Truppenabteilung

Aber auch außer dieser aktiven Beteiligung haben unsere Gemeinden am glorreichen Befreiungskriege regen Anteil genommen; davon zeugen nicht allein die vielen Fouragefuhren, die von einzelnen Gemeindemitgliedern wie schon erwähnt, geleistet wurden und die hielten die Leute monatelang von Hause fern – von Bauer Neye auf Prietzen wird erzählt, daß er schließlich, um nicht hier alles in der Wirtschaft verkommen zu lassen, Wagen und Pferd in Stich gelassen und allein hierher zurückgekehrt sei – davon zeugen auch die Sammlungen von Liebesgaben, die veranstaltet wurden. Leinwand, Charpie[78] Geld sind wiederholt abgeführt worden, wie das die Empfangsbescheinigungen des Superintendenten Ewald in Rathenow beweisen. Davon zeugen endlich auch die Fest- und Dankgottesdienste, die anläßlich der Siege gehalten worden sind.

Das Jahr 1819

Gülpe hatte sich bereits soweit von den Lasten des Krieges erholt, daß die Gemeinde ihre Hofedienste mit ca. 900 - 1000 Thaler abzulösen imstande war. Freilich ging's auch hier ohne Schulden nicht ab. Diese müssen bei einzelnen so drückend gewesen sein, daß wenige Jahre später die Gemeinde sich entschloß, die auf ihrer Feldmark rechts von Wolsierer Wege stehenden Eichbäume, 617 an der Zahl, zu verkaufen. Es wurden diese damals mit 5.400 Thalern bezahlt – wahre Prachtexemplare waren darunter. Prietzen dagegen war nicht imstande, die Hofedienstverpflichtungen mit barem Geld abzulösen und so bestanden sie fort bis zur Separation, die in den Jahren 1840 bis 1844 hier durchgeführt wurde. Die meisten der hiesigen Wirte gaben Landabpfindung.

Seit dieser Zeit ist Gülpe recht holzarm gewesen:

In Prietzen hatte man sehr viel geringes Land und gewann doch nicht Futter genug, um hinreichend Viehstand halten zu können. Infolgedessen fehlte es an Dünger und die Aecker lieferten wenig Ertrag, zumal die Leute durch den Hofedienst soviel Arbeitstage dem eigenen Felde entzogen wurden. In Gülpe ist wohl der Boden viel besser, aber, weil niedrig, sehr dem Wasser aufgesetzt, und infolgedessen wurde er weniger bestellt, und die Wiesen mit ihrem vielen Futter hatten erst recht wenig Wert. Von Handel mit Heu war noch keine Rede. Man ackerte zumeist mit Ochsen, die sonst von einem gemeinsamen Hirten geweidet wurden, ebenso gab es in Gülpe später eine Pferdehute. In Prietzen wurde bis Anfang dieses Jahrhunderts auch große Schweinezucht getrieben, bis die Eichen alle niedergeschlagen und verkauft wurden. Ebenso gab es in beide Dörfer gemeinsame Schafhuten.

Als nach den Freiheitskriegen die Kavallerieregimenter ständige Garnisonen erhielten und nicht mehr im Sommer Mannschaften und Pferde auf die Dörfer verteilt wurden, kam auch der Ankauf von Heu in größerem Massen auf, und es haben sich seitdem die Haveldörfer bedeutend gehoben. Dazu kam die Befreiung vom Hofedienst, die Separation – Gülpe hat sich zu der wohlhabendsten Dörfer im Ländchen jetzt emporgeschwungen. Die günstige Lage an der Havel, die an Ort und Stelle den Verkauf und den Absatz der gewonnenen Produkte zuläßt und darum von lästigen weiten Wagenfahrten und vermehrter Spannkraft befreit, die bessere, intensivere Bewirtschaftung der Aecker, die allgemein man sich angeeignet, alles trägt dazu bei. Da das Heu sofort in Geld umzusetzen ist, hält man sich nur soviel Vieh, als man zur Düngung der Aecker bedarf und gibt wenig auf viel Milchertrag. Doch ziehen wohl alle Wirte auch Kälber auf, die recht gut bezahlt werden. Von den gemeinsamen Huten[79] ist jetzt allein die Gänsehute übriggeblieben,

---

[78] Charpie   *franz.* gezupfte Leinwand | [79] Huten   Vieh auf der Weide hüten

die alljährlich, da jeder Ackerwirt vier Zuchtgänse halten darf, einen ziemlich bedeutenden Umfang hat. Doch werden die Gänse weniger zum Verkauf gezogen, sondern zumeist in der eigenen Wirtschaft verwertet. Die Büdner[80] haben wie in den meisten Haveldörfern um der günstigen Lage willen große Entenzucht. Wenige Tage, nachdem die jungen Entenküken aufgebrütet, werden sie samt der Ente auf die Wiese gefahren, dort aufgesetzt und sich selbst überlassen. Nach ca. 8 Wochen haben die kleinen Tiere sich soweit entwickelt, daß sie vollständig mit Federn zugewachsen sind, und dann werden sie an Händler mit 1 Mark pro Stück verkauft. Verschiedene Tausende von jungen Enten werden alljährlich von Gülpe weggefahren, und manch einer hat von seinen 15 = 20 Zuchtenten eine Einnahme 200 = 300 Mark. Infolgedessen ist auch die Lage der Büdner und Arbeiter in Gülpe, trotzdem sie außer der Erntezeit von den Bauern wenig Arbeit erhalten, und darum verschiedentlich durch Schifffahrt, Flößerei, Arbeit in Ziegeleien sich solche suchen müssen, recht günstig. Auch das Verladen der Kähne mit Heu, Stroh, Korn bringt reichlich Verdienst.

Das Jahr 1823
Gülpe erhält seine eigene Küsterei.
Im gleichen Jahr wird die Ziegelei auf dem Horstberg (Gemarkung) vom Rathenower Bürger Hübner errichtet. Sie wurde später vom Ziegelmeister Friedrich Hünemörder erworben. Diese wurde 1882 stillgelegt und abgerissen. Das Grundstück verbleibt in der Familie Hünemörder.
Lehrer wird bis 1839 Christoph Halbedel ein Seminarist, sonst Knopfmacher, mit dem die Gemeinde viel Verdrießlichkeit.
Leider werden die Probleme nicht genannt.

Das Jahr 1824
Die Besiedlung des „Domes" (die Gegend der Gastwirtschaft) beginnt. Die Gehöfte Ballerstedt und Schönfeld waren die äußere Grenze dieses neuen Bereiches.

Das Jahr 1827
Ein großes Viehsterben vernichtet in der Gemeinde nicht weniger als 40 Kühe und eine große Anzahl Kälber.

Das Jahr 1830
Die Bauern haben noch in der Zeit vom 2. bis 10. Juni Gerste ausgesät.

Das Jahr 1833
Friedrich Wilhelm Leopold Bucholz wird bis 1835 Pfarrer. Er wird anschließend nach Witzke und dann nach Rhinow versetzt.

Das Jahr 1836
Karl Ferdinand Schulze wird bis 1840 Pfarrer.

Das Jahr 1840
Johann Friedrich Wilhelm Wernicke wird bis 1844 Pfarrer. Anschließend nach Hohennauen versetzt, wo er auch gestorben.

Lehrer wird bis 1851 Friedrich Christoph Lahn, der sich um Gemeinde und Schule hochverdient gemacht, Sagen und Gebräuche gesammelt und geschichtliche Studien veröffentlicht hat, aber schon als Dreißigjähriger in Gülpe starb.

Das Jahr 1844
Wilhelm Paalzow wird bis 1861 Pfarrer. Er ist Sohn des Gerichtsdirektors in Rathenow, wurde nach vielen fruchtlosen Bemühungen, von hier fortzukommen, weil er sich durch demokratische

---

[80] Büdner   *nord.* für Einlieger, Häusler

Neigungen besonders 1848 mißliebig gemacht hatte, nach Frankfurt / Oder versetzt, wo er als Oberpfarrer starb. Namentlich in Gülpe wird ihm von vielen ein treues Andenken bewahrt.

Das Jahr 1845
In diesem Jahr wurde zum ersten Mal die Kartoffelkrankheit wahrgenommen.

Lange Jahre hatte man von Hochwasser nichts zu leiden gehabt und infolgedessen fühlte man sich sicher, und nachlässig kümmerte man sich wenig um die Deiche. Die machte sich in diesem Winter resp. Frühjahr bitter fühlbar. Der Winter 1844 / 1845 war auffallend streng: von Martini bis Marien[81] fror es immerzu und fiel sehr viel Schnee. Allgemein regte sich die Furcht vor großen Überschwemmungen, die leider auch bald eintrafen. Am 23. März begann das Tauwetter, und unter starkem Regen mit Wind schmolz Eis und Schnee sehr schnell. Am 30. März begann der See zu steigen, und schon am 2. April mußte die Schleuse geschlossen werden. Die zum Teil zerfallenen Deiche wurden schleunigst noch aufzubessern gesucht. Das Wasser wuchs stündlich um 1 Zoll. Am 4. April kam die Nachricht von mehreren Deichbrüchen in der Elbe, namentlich bei Fischbeck und Hohengöhren, und schon am 5. April überfluteten die Wasser unsere Deiche an fast allen Stellen, sodaß die ganze Feldmark unter Wasser gesetzt wurde. Auch von Spaatz her kamen die Elbwasser angelaufen. Zum Glück war das Wetter fast ganz still. Das Wasser wuchs bis zum 9. wo es endlich zu Stillstand kam. Es stand aber so hoch, daß große Havelkähne über den Deich herüberfahren konnten und man zweifelhaft war, ob nicht der Wasserstand den von 1785 noch überträfe. Natürlich war eine Kommission nach Gülpe wie nach Rhinow nur durch Kähne möglich. In Gülpe hatte man das Vieh alles auf den Kirchhof bringen müssen, weil alle Ställe im Wasser standen und ein großer Teil der Wohnhäuser hatte ebenfalls verlassen werden müssen. Im Dorf fuhr man gleichfalls per Kahn von einem Hause zum anderen. In Prietzen mußte das Haus des Webers Schmidt, das hart am See auf dem ehemaligen Schulzenhofe stand, besonders durch einen Deich geschützt werden, weil ihm der Einsturz sonst drohte. Langsam fiel das Wasser weg. Im Herbst mußten dann die Deiche wiederhergestellt werden, wobei aber der später sich sehr rächende Fehler begangen wurde, daß man sie mit dem Spaten aufwarf. So wurde der Fuß des Deiches geschwächt, und derselbe durch die Wellen des Sees bei einigermaßen hohem Wasserstande stets geschädigt.

Zur Rettung von Menschen bei Feuer wurde vom Landrat ein Schiff bereitgestellt. Es wurde bei der Alten Schule verankert.

Das Jahr 1846
Der Sommer war sehr trocken, der Roggen selbst hatte schon in der Blüte gelitten und wurde außerdem vom Rost[82] befallen, sodaß eine Mißernte eintrat. Martini kostete der Scheffel Roggen schon 2 Thaler 15 Groschen und stieg immer höher im Preise, zumal auch die Kartoffelernte nicht gut ausgefallen. Im Winter trat infolgedessen außerordentliche Not ein. Der Roggen kam bis auf 5 Thaler und die Kartoffeln über 1 Thaler pro Scheffel. In Oberschlesien brach infolge hiervon der Hungertyphus aus; auch in Berlin brachen Unruhen aus, weil man die Ursache der hohen Preise im Wucher suchte.

Die Feldmark von Gülpe war zu dieser Zeit noch mit vielen kräftigen Eichen und

---
[81] Marien   Himmelfahrtstag
[82] Rost   Getreidekrankheit

Kiefern bewachsen, und es war wenig Land zum Bestellen vorhanden. Nach 1848, als jeder Land erhalten hatte, wurden die Baumbestände bis auf wenige Ausnahmen zur Ackergewinnung eingeschlagen.

Das Jahr 1849
Patron und Gemeinde schenken der Kirche eine Orgel.

Das Jahr 1850
Das Jahr brachte schon wieder eine Überschwemmung. Heftiges Tauwetter, das Anfang Februar eintrat, ließ schnell die Flüsse anschwellen. Am 10. Februar brach die Elbe bei Scharlibbe durch und bereits am 12. Februar war das Elbwasser hier und überflutete die Deiche und damit die ganzen Feldmarken. Dieselben Kalamitäten wie 1845 traten ein, wurden bedeutend dadurch noch gesteigert, daß es am 15. April zu frieren anfing und all die Wasser ringsum mit leichter Eisdecke sich bezogen, sodaß gar kein Fortkommen mehr möglich war. Als das Wasser gefallen, zeigte es sich, daß der Deich nach Gülpe wie weggrasiert war.

Das Jahr 1851
Julius Bree wird bis 1857 Lehrer in Gülpe, der später als erster Lehrer in Rhinow durch eine Präparandenanstalt[83] und Gründung einer Darlehenskasse bedeutenden Einfluß auf das Ländchen Rhinow gewonnen hat.

Das Jahr 1852
Die erste Gülper Windmühle wurde vom Müller Götze am Wege nach Wolsier gebaut (Die Straße hier erst 1907). Im Messtischblatt ist der Standort dieser Mühle mit „Abbau zu Gülpe" bezeichnet. Dieser Mühlenbetrieb wurde nach dem Ersten Weltkrieg eingestellt, der männliche Erbe, Ewald Bading, war aus dem Krieg nicht heimgekehrt (vermisst). Das ganze Territorium (Abbau zu Gülpe) wurde schließlich von der ehemaligen LPG völlig abgeräumt und ist heute örtlich kaum noch zu erkennen.

Im gleichen Jahr wurde das Haus der Familie Zander errichtet.

Das Jahr 1855
Das Jahr brachte durch den Elbedurchbruch bei Schönhausen uns abermals Hochwasser, sodaß Feldmark und Deiche überschwemmt wurden. Und nur per Kahn von einem Ort zum anderen zu kommen war. Bis an den Kirchhof heran stand in Prietzen das Wasser. In Gülpe ertrank ein Mann: dem Gericht in Rathenow wurde die Anzeige sogleich erstattet, aber bloß nach Wolsier konnten die Gerichtsherren kommen, dann mußten sie umkehren. So blieb nichts übrig als vorläufig den Leichnam leichthin zu beerdigen, bis nach Wochen das Amtsgericht kommen und amtlich die Todesursache festgestellt werden konnte.

Seitdem haben wir wohl einige Male sehr hohen Wasserstand gehabt wie 1865, wo die Deiche in großer Gefahr standen, 1876, wo die Elbe bei Glinde durchbrach, und auch im See das gelbliche Elbwasser sich zeigte, 1881, wo dicht am Deich in der Nähe der Lakestücke ein mächtiger Eisberg von ca. 16 Fuß sich gebildet, dessen Überreste noch im Juli zu sehen waren. Die letzte Wassernot war im Frühjahr 1895, wo fast das ganze Ländchen Rhinow unter Wasser stand und an verschiedenen Stellen Deichbrüche eintraten.

Das Jahr 1857
Heinrich Ritbach wird bis 1867 Lehrer in Gülpe.

---
[83] Präparandenanstalt   Vorbereitungsschule

Das Jahr 1861
Karl Friedrich Wilhelm Schinkel wird bis 1868 Pfarrer. Er wird anschließend nach Krahne versetzt.

In diesem Jahr kam wieder ein entsetzlicher Sturm, durch welchen in den Wäldern sehr viel Windbruch angerichtet wurde. Der Sommer war sehr naß, sodaß der Roggen bis Mitte September auf den Feldern stehen blieb, ehe er eingeerntet werden konnte.

Das Jahr 1862
Das Hochwasser überflutet Gülpe erneut. Das Vieh musste auf den Friedhof untergebracht werden. Auf den Hof des Bauern Repke wird ein großer Fisch mit einer Harke gefangen.

Das Jahr 1863
Die Besiedlung der Hundeberge beginnt auf der linken Seite. Sie wird 1865 abgeschlossen.

Das Jahr 1864
Durch Blitzschlag brennen Scheune und Stallung des Landwirtes Belkow (jetzt A. Bollmann) vollständig nieder.

Das Jahr 1865
Die Kirche erhält einen neuen Glockenturm.

Eine zweite Ziegelei wird durch die Familie Ziemann errichtet. Diese wird dann von der Mutter des Arbeiters Otto Wunderlich gekauft.
Hochwasser bedroht erneut die Deiche.
Von April bis November regnete es fast gar nicht. Das Heu wurde darum so knapp, daß ein hiesiger Bauer 9 Fuder schlechten Heues mit 100 Thaler bezahlte. Der Roggen blieb so kurz, daß er fast nicht einzubinden war und das Schock Stroh kam 17 Thaler. Der Roggenpreis stieg bis auf 5 Thaler pro Scheffel.

Das Jahr 1867
Hermann Leinemann wird bis 1903 Lehrer in Gülpe. Er lebt als Eremitus[84] in Rathenow. Sein gesegnetes Wirken steht bei der Gemeinde in guter Erinnerung.

Das Jahr 1868
Im Sommer schlug der Blitz in die Scheune des Bauern Bellow und äscherte diese, sowie einen benachbarten Stall ein.

Friedrich Hermanni wird bis 1879 Pfarrer, später nach Spaatz und dann nach Golz versetzt.

1869 Dezember den 17.
herrschte ein furchtbarer Sturm. Große Bäume wurden entwurzelt und im Pfarrgarten brach der alte Birnbaum unter seiner Wucht. In Gülpe waren verschiedene Dächer abgedeckt, auch ein Fenster in der Kirche eingedrückt. In Glewe stürzt die große Scheune ein.

Das Jahr 1870
Die Besiedlung der Straße vor der Schule (genannt Eimer) beginnt.

Das Jahr 1876
Bei Glinde bricht die Elbe durch die Deiche. Das gelbliche Elbewasser erreicht den Gülper See. Die Feldmark wird unter Wasser gesetzt und bildet einen unübersehbaren See. Damals führte noch keine hoch liegende Straße oder Bahndamm durch das Gebiet. Das Wasser konnte ohne Behinderung in das Gebiet eindringen. Mit Kähnen und mit Planken benagelte Wassertröge, von weither zusammengezogen, hielten den Verkehr mühsam aufrecht. Vorteilhaft war der kurze Weg über Wasser zu den umliegenden Dörfern. Ein fröhlicher Besucherverkehr setzte ein.

---

[84] Eremit   gr. / lat. Einsiedler

Die Kirche zu Prietzen erhielt seine heutige Gestalt.

Karl Friedrich Ernst Soßmann, vorher Hilfsprediger in den Kolonien, nach Spaatz versetzt, und dort 1887 gestorben, wird bis 1863 Pastor.

Das Jahr 1877
Das Grundstück der Familie Pelzer entsteht.

Das Jahre 1880
Allmählich vergrößert sich das Dorf, und es sind sämtliche Büdnerhäuser auf dem Dom, sowie am Parener Wege im Laufe des vorigen Jahrhunderts neu errichtet.

Eine zweite massiv gebaute Holländer Mühle wird vom Müller Wilhelm Gerwig errichtet, am Weg nach Parey. Sie ist nicht mehr vorhanden.

Uralte Gülper Familien sind:
- Fam. Baars
- Fam. Bollmann
- Fam. Leinemann
- Fam. Reple
- Fam. Schatz
- Fam. Winter
- Fam. Voigt
- Fam. Ziemann

Das Jahr 1881
Das Winterhochwasser steht bis an die Deiche. Sehr nahe am Deich, in der Nähe der Lake, bildet sich ein Eisberg von 16 Fuß Höhe. Die Reste des Eisberges schmelzen erst im Juli.

Ein starker Sturm richtet in den Wäldern großen Schaden durch Windbruch an.

Die Roggenernte konnte durch den nassen Sommer erst Mitte September beginnen.

Gülpe – Die 1880 gebaute Windmühle von W. Gerwig

Das Jahr 1882
Emil Bree, Sohn des Lehrers in Gülpe, 1883 nach Strodehne berufen, wird Pfarrer.

Das Jahr 1883
Die Schule auf dem Dom wird neu gebaut.

Paul Friedrich Schuchardt vorher Hilfsprediger am Predigerseminar in Wittenberg, dann Pastor in Kalbe / Saale, stand in herzlichem Einvernehmen mit der Gemeinde, ging nach Görne, dann Superintendent in Lenzen und jetzt in Templin, wird bis 1890 Pfarrer. Er verfaßte eine sehr eingehende Chronik von Gülpe und Prietzen, der diese Mitteilungen größtenteils entnommen sind.

Ihm folgte Max Glocke, Sohn des langjährigen allverehrten Superintendenten in Rathenow, vorher in Neutomischel (Posen) der heute noch seine segensreiche Tätigkeit entfaltet.

Das Jahr war besonders traurig für Prietzen. Am Sonntag den 12. August, abends gegen 7 Uhr brach in der zum Pfarrgehöft gehörenden Scheune zu Prietzen Feuer aus, das bei dem vielen Stroh und Korn, das die Pfarrackerpächter drinnen hatten, nur zu reichlich Nahrung fand. Bald stand der ganze Pfarrhof, da alle Gebäude mit Stroh gedeckt waren, in Flammen, und gewaltig schnell bei dem herrschenden Westwinde sprang es hinüber auf das Nachbargehöft des Bauern Schmidt. Von Gehöft zu Gehöft pflanzte es sich weiter fort, bis es endlich beim Gehöft des Bauern Mangelsdorf gehemmt wurde. Von diesem letzteren wurde das Wohnhaus gerettet, und ebenso blieb das Pfarrhaus stehen, da beide nicht mit Stroh gedeckt waren, die dazwischenliegenden 4 Gehöfte brannten völlig nieder. Da das Feuer gegen Abend aufbrach, wo alles noch munter und zu Hause war, so konnte das Vieh alles gerettet werden bis auf Hühner und Tauben. Bei dem ungemein raschen Umsichgreifen des Feuers infolge der Strohdächer waren anhaltende Rettungsarbeiten nicht möglich, so daß der Schaden sehr groß war.
Die Pfarre war, da der neu gewählte Pastor Schuchardt noch nicht eingezogen, noch unbewohnt – umso ungestörter und unbemerkt hatte darum auch der ruchlose Bösewicht sein Werk verrichten können und das Feuer anlegen. Es ist leider nicht heraufgekommen, wer der Täter gewesen ist, obwohl ziemlich begründeter Verdacht vorlag.
Emsig ging es in der kommenden Woche sogleich an die Aufräumungsarbeiten, um möglichst noch vor Eintritt des Winters wieder unter Dach zu kommen. Am Sonnabend zog Pastor Schuchardt ein – ein schrecklich trauriger Anfang, da auf dem Pfarrhofe noch nichts geschehen und alles voll rauchender Trümmer lag. Bei der großen hier herrschenden Aufregung, bei der tiefen Niedergeschlagenheit, zumal der Abgebrannten, hielt es der Pastor für seine Pflicht, sogleich am Sonntag selbst den Gottesdienst zu halten und im Anschluß an den 23. Psalm vom guten Hirten zu predigen, der auch durchs finstere Tal glücklich uns hindurchführen kann. Da am Sonntagmittag brach von neuem und wahrscheinlich von derselben Hand angelegt, auf der anderen Seite der Pfarre in der Scheune des Bauern Leinemann Feuer aus, und brannte dessen Gehöft und die Wirtschaftsgebäude des nächsten Hofes ab. Das Gehöft des Müllers Lüder, das Wohnhaus des Nachbar-Bauernhofes und das Pfarrhaus, obwohl stark gefährdet, wurden gerettet.

Auf banger Furcht, es möchte auch auf der anderen Seite des Dorfes, wo die Gehöfte womöglich dichter zusammenliegen und die Wirtschaftsgebäude zumeist ebenfalls mit Stroh gedeckt sind, auch Feuer aufbrechen, hatten die meisten Bewohner wochenlang keine Nacht ruhigen Schlaf. Doch hat der Herr in Gnaden weiteren Schaden abgehalten. Groß war die Not, alle Bauern wie Tagelöhner und Büdner hatten schwere Verluste erlitten – aber groß war auch die Liebe, die sich ringsum in den Dörfern und Städten regte, um mit milder Hand die schweren Verluste zu erleichtern. Heu und Stroh, Korn zur Saat wie zum Brot, Kleidungstücke und vor allem auch Geld wurde an besonderen Sammelstellen zusammengetragen und dann hier an die Einzelnen verteilt. Gar bald ging's ans Wiederaufbauen und wenn auch Jahre lang einzelne unter den Folgen noch schwer zu tragen gehabt haben – auch wir haben es erfahren, was das alte Sprichwort sagt: Krieg und Brand segnet Gott mit milder Hand!

Das Jahr 1885

Nach einem Entwurf des Kreisbauinspektors Toebe in Perleberg wird der Kirche zu Prietzen ein neuer würdiger Turm aufgeführt, der 5.000

Mark kostete. Die Ausstattung des Gotteshauses ist ziemlich einfach. Besonders wertvoll ist ein altes Taufbecken aus Messing, das auf den Boden in erhabener Arbeit Maria mit dem Christkinde auf dem Arm und die Umschrift: „Aus Not hilft Gott" zeigt.

Die Kirche zu Gülpe wird erneuert. Die Innenausstattung ist auch hier einfach.

Das Jahr 1886

Der Blitz schlug in die Gülper Mühle, doch ohne zu zünden. Nur die eine Rute[85] und eine Welle waren stark beschädigt.
Wahrscheinlich war es die Mühle im Abbau, denn die Enkelin von Wilhelm Gerwig, Luise Zacharias, kann sich nicht erinnern, dass es die Mühle Ihres Großvaters gewesen ist.

Der Kriegerverein stiftet eine Tafel mit den Namen derer, die an den Kriegen 1864 gegen Dänemark, 1866 gegen Österreich und 1870 / 71 gegen Frankreich teilnahmen.

Gülpe - Gedenktafel der Kirchengemeinde

* Im Krieg 1864 gegen Dänemark zogen ins Feld *

Bauernsohn	Fried. Gerwig	Gefr.	4.G.Reg.,Fuss.
Schmied	Wilh. Keil	Gefr.	Train Bat. No.3

* Im Krieg 1866 gegen Österreich zogen ins Feld *

Bauerns.	Fried. Gerwig	Gefr.	1.G.Rgt.,Fuss.
Bauerns.	Ferd. Gerwig		
Arbeitsm.	W. Ritter	Grenad.	K.F.G.G Rgt.No.2
Bauerns.	W. Baars	Füsl.	Inft.Rgt.No.24
Bauerns.	W. Gerwig	Musi.	Inft.Rgt.No.22
Bauerns.	W. Voigt	Musi.	Inft.Rgt.No.58
Schmied	Wilh. Keil	Uffz.	G. Train Batl.
Maurer	Fr. Busch	Gefr.	K.A.G.G.Rgt.No.1
Ziegelmstr.	Gotl. Schnell	Füsl.	Inf.Rgt.No.24
Arbeitsm.	W. Bading	Gefr.	Feld Artl.R.4
Arbeitsm.	Fr. Giese	Horn.	Landw.Rgt.Nr.24
Büdner	Fr. Hünemörder	Gefr.	Drag.R.7
Bauerns.	Herm. Winter	Ulan	1.G.U.Rgt.

* Im Krieg 1870 / 71 gegen Frankreich zogen zu Felde *

Bauerns.	W. Voigt	Füsl.	Inft.Rgt.No.24
Büdner	F. Hünemörder	Gefr.	Drag.R.14
	Fr. Giese	Hornist	Landw.Rgt.
Arbeitsm.	W. Ritter	Grenad.	K.F.G.G.Rgt.No.2
Bauerns.	W. Baars	Musi.	Inft.Reg.No.24
	W. Schmidt	Musi.	Inft.Rgt.No.24
	Ab. Leinemann	Gefr.	Inft.Rgt.R.24
	Fr. Küster	Füsl.	Inft.Rgt.No.52
	Joach. Merten	Drag.	Drag.Rgt.No.14
	W. Ballerstedt	Pion.	Pio.B.No.9
Bauerns.	W. Gerwig	Uffz.	Sanit.C.3.Chor
	Fr. Ritter	Uffz.	2.G.Landw.Rgt
	W. Wernicke	Wehrm.	Land.Rgt.24
	J. Willberg	Uffz.	Landw.Rgt.24
Schmied	W. Keil	Uffz.	Train Batl.No.3
	Fr. Bollmann	Gefr.	Jäg.Batl.No.3
	W. Görn	Uffz.	Fest.Art.Rgt.No.3
Ziegelmstr.	Gotl. Schnell	Uffz.	Inft.Rgt.No24
Maurer	Fr. Busch	Wehrm.	2.G.Landw.Rgt.
Arbeitsm.	W. Bading	Gefr.	Feld.Artl.Rgt.No.4
	Fr. Winter (Gest. .7.1871 zu Gonetz an Typhus)		4.G.R.F.

---

[85] Rute   Flügel der Windmühle

Das Jahr 1888

Mitte März kam noch einmal sehr starker Schneefall, sodaß mehrere Tage die sämtliche Kommunikation stockte. Noch am 18. März, wo in Gülpe die Schulprüfung abgehalten werden sollte, war mit Wagen nicht fortzukommen, und der Prediger mußte zu Fuß hinüberwandern. Wiederholt versank er dabei bis an den Leib in den Schneewehen.

Das Jahr 1890

Auf der „Mäsche" brennen mehrere Heumieten nieder. Die Ursache wird nicht genannt.

Pfarrer Glocke wird bis 1928?[86] Pfarrer in Gülpe und entfaltet seine segensreiche Tätigkeit.

Das Jahr 1895

Fast das gesamte Ländchen Rhinow steht in diesem Frühjahr unter Wasser. Die Deiche brachen an mehreren Stellen. Auf den Höfen stehen Kähne

Das Jahr 1898

Das Haus des Bauern Karl Ziemann wird errichtet.

Das Jahr 1899

Ungefähr zu dieser Zeit haben etliche Wirte am Weg zu Wolsier angefangen, hochgelegenes Sandland anzuschonen, was auch mit Erfolg gelungen ist. An den Wegen wurden auch Obstbäume gepflanzt. Sie gaben schon bald einen hübschen Gewinn.

Das Jahr 1903

Ein Herr Schulz wird bis 1905 Lehrer in Gülpe.

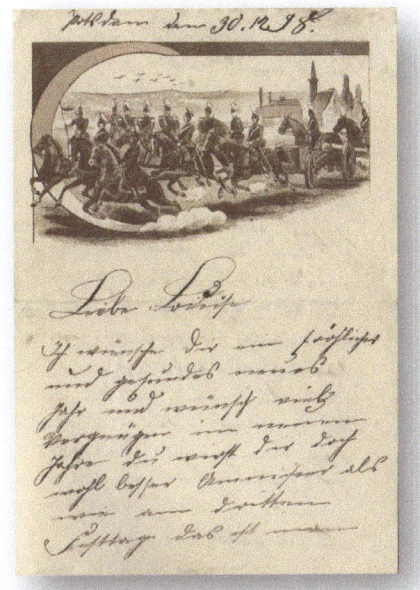

Brief – Potsdam 30.12.1898 an Luise Gerwig, geb. Wille

Das Jahr 1905

Emil Moll wird Lehrer in Gülpe. Er ist bis heute (1928?) im Amt. Er kommt aus Prietzen.

Gülpe um 1900

---

[86] Oder 1926 ?   Zeitpunkt nicht genau bekannt

Das Jahr 1907
Die Straße nach Wolsier und Spaatz wird gebaut.

Das Jahr 1908
Wilhelm Altendorf wird ab 1. Juli bis zum Jahre 1913 Lehrer in Gülpe.

Die Scheune des Bauern Schatz brennt durch Brandstiftung nieder.

Das Jahr 1913
Kurt Müller wird ab 1. Oktober bis zu seiner Einberufung zum Heeresdienst 1915 Lehrer in Gülpe. die Vertretungen übernehmen die Lehrer:
- Friesicke aus Spaatz
- Krause aus Rhinow
- Walter aus Rhinow

Das Jahr 1914

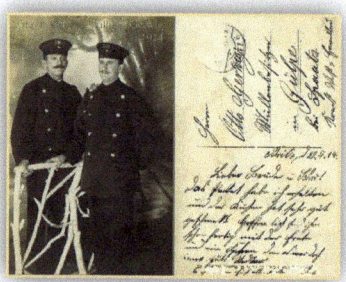

Britz 22.07.1914
Sold. Wilhelm Gerwig † 03.09.1917 gefallen
Sold. Otto Meier † 05.02.1918 gefallen

Das Jahr 1916
Lehrer Brak wird vom 8. November bis zu seiner Einberufung am 11 April 1917 in Gülpe eingesetzt. Seine –Vertretung übernehmen die Lehrer: Voigt und Schröder aus Neustadt / Dosse. Der Lehrer Schröder wurde anschließend nach Zabelsdorf versetzt.

Ostfront 10.02.1918 Felpostkarte von Otto Gerwig

Das Jahr 1920
Schon im Januar steht das Wasser sehr hoch. Alle Wiesen waren überschwemmt und das Dorf vom Wasser bedroht. Die Büdner Wilke und Repke sowie der Nachtwächter Friesicke mussten für die Versorgung des Viehs Kähne benutzen. Das Wasser stand bis zum Schulhaus und drohte zwischen diesen und dem Gasthaus Kaleschky durchzubrechen. In diesem Falle wäre die gesamte Hundeberge überschwemmt worden. Die Gefahr wurde noch rechtzeitig durch den Kriegerverein, der in der Gaststätte feierte, erkannt. Ein schnell aufgeschütteter Damm verhinderte Schlimmes.
In diesem Jahr stürzte die Scheune des Büdners Meier ein. Zwei Kühe wurden dabei erschlagen.

Das Jahr 1921
Errichtung des Denkmals mit den Namen der im 1.Weltkrieg gefallenen Helden.

Gefallen:	Dienstgrad	Vor- Nachname	Land
21.12.1914	Wehrmann	Hermann Mangelsdorf	Rußland
20.05.1915	Reservist	Wilhelm Kowalski	Galizien
14.10.1915	Grenadier	Richard Ziemann	Frankreich
29.02.1916	Wehrmann	Paul Oeter	Frankreich
19.06.1916	Musketier	Hermann Wischer	Rußland
24.06.1916	Musketier	Richard Ballerstedt	Frankreich
09.07.1916	Wehrmann	Wilhelm Bollmann	Frankreich
18.07.1916	Ers. Reserv.	Berthold Voigt	Rußland
07.08.1916	Gefreiter	Friedrich Schwarz	Serbien
10.11.1916	Musketier	Karl Ziemann	Frankreich
06.03.1917	Ers. Reserv.	Friedrich Bollmann	Gülpe

02.09.1917	Füsilier[87]	Christian Voigt	Frankreich
03.09.1917	Unteroffizier	Wilhelm Gerwig	Rußland
20.12.1917	Gefreiter	Ernst Görn	Frankreich
05.02.1918	Unteroffizier	Otto Meier	Gülpe
19.03.1918	Musketier	Otto Ritter	Frankreich
21.07.1918	Ers. Reserv.	Robert Brose	Frankreich
19.08.1918	Schütze	Richard Grabau	Frankreich
28.08.1918	Ga. Kürassier[88]	Ewald Bading	vermisst

Das Jahr 1926

Im Juli gab es einen sehr starken Sturm. Die Feldscheune der Witwe Rösicke stürzte ein. Der Nachtwächter Otto Friesicke hatte mit mehreren anderen in der Scheune Schutz vor dem Unwetter gesucht. Er erlitt beim Einsturz einen Beinbruch. Das Jahr war sehr nass, so dass ein großer Teil der Heuernte vernichtet wurde.

Einen Bericht über das Jahr 1926 gab es im „Ruppiner Kreiskalender" von 1928 mit dem Titel „Das nasse Jahr 1926" von Prof. Rudolf Jung auf den Seiten 36 ff. Hier das Zitat:

„Die Landwirte unseres Kreises werden das Jahr 1926 sobald nicht vergessen. Es brachte für alle eine ungeheure Erschwerung der Arbeit, dazu den meisten geringe Erträge an Korn und Kartoffeln, den Landwirtschaften der Niederung aber Verheerungen, die sie im Jahr nicht verwinden werden. Grund allen Unheils war die Nässe. Die Höhe der Niederschläge betrug 875 mm, d. h. der Regen und das Schmelzwasser von allen Schnee, Hagel und Graupel das ganze Jahr hindurch aufgefangen, würde eine Schicht von 875 mm ergeben haben. Das scheint für ein Jahr nicht viel, ist aber erheblich mehr als das 1 ½ Fache vom Durchschnitt der letzten 5 Jahre, von denen selbst kein trockenes war. Die durchschnittliche Niederschlagsmenge dieser Jahre betrug 560 mm.

Die Messungen erfolgten in Kampehl. Der Überschuss von 315 mm wäre ohne Folgen geblieben, wenn er sich über einen längeren Zeitraum erstreckt hätte. So jedoch fielen $5/6$ der Niederschläge in den Monaten Juni und Juli (366 mm). Das sind 259 mm mehr als das langjährige Mittel der Jahre 1921 bis 1925 (welches 107 mm betrug). Dabei lagen auch schon die Juli Niederschläge mit 100 mm (1924) und 135 mm (1922) über den Durchschnitt. So brachte es der 14. Juli 1922 auf 36,5 mm und der 15. August 1922 auf 51 mm Niederschlag. War der Januar 1926 noch relativ normal mit 75 mm Niederschlag, so waren die Monate Februar bis Mai relativ trocken mit 127 mm, wobei der April nur 18 mm und der Mai nur 17 mm brachte. Für die Saaten war das zu wenig und sie gingen schlecht auf.

Im Juni kam dann der Umschwung:
- 05. Juni mit 5,2 mm
- 16. Juni mit 26,4 mm
- 06. Juni mit 23,5 mm
- 19. Juni mit 15,0 mm
- 14. Juli mit 15,0 mm.

Im gesamten Monat fielen 133 mm Niederschlag. Diese Regenmengen machten eine Heuernte unmöglich und auf schweren Böden waren die Hackfrüchte stark eingeschränkt. Eine kurze Schönwetterperiode vom 24. Juni bis zum 3. Juli brachte etwas Linderung und gestattete auf den trockenen Lagen die Heuernte. Aber im Juli setzte sich die Schlechtwetterperiode fort.

So zum Beispiel:
- 5. Juli mit 33 mm Niederschlag
- 8. Juli mit 71 mm Niederschlag

---

[87] Füsilier *franz.* Schütze, leichter Soldat zu Fuß

[88] Kürassier schwerer Reiter

(in der Zeit von 5 bis 7 Uhr am Nachmittag)
- 9. Juli mit 90 mm Niederschlag (mit der größten bisher gemessenen Tagesmenge).

Diese Niederschlagsmengen waren vernichtend für die Landwirtschaft. In den Niederungen sammelte sich das Wasser und bildete in wenigen Minuten reißende Wasserströme. Straßen und Mauern wurden überspült, Keller und Stelle überflutet, so dass die Gefahr des Ertrinkens für Kleinvieh bestand. Höfe und Gärten waren bis zu 100 cm überflutet. An eine ähnliche Flutwelle konnte sich keiner erinnern.

Weitere starke Regenfälle gab es am:
- 05. Juli mit 33 mm
- 21. Juli mit 13 mm
- 09. Juli mit 90 mm
- 26. Juli mit 19 mm
- 20. Juli mit 20 mm
- 29. Juli mit 13 mm

Die Monatsmenge betrug 233 mm Niederschlag.
Gleichzeitig mit dem Regen waren schwere Gewitterstürme verbunden. Das Korn wurde zu Boden geschlagen und lag wie angewalzt auf dem Acker. Unkraut wuchs durch das Getreide. Wo dieses nicht so fest lag verwirbelte es der Wind sehr stark. Eine Woche trockenes Wetter ließ das Getreide sehr schnell reifen und es begann eine der schwersten Ernten, der man sich erinnern konnte. Mähen und Aufraffen war gleich mühsam. Vielfach war es nicht möglich in eine Richtung zu mähen und jeder Schnitter suchte sich einen eigenen Weg. Eine Mahd mit der Maschine war nur in wenigen Ausnahmefällen möglich.

Regenschauer machten die Arbeit zusätzlich schwer. Die Regenmassen weichten den Boden auf und bildeten eine wasserundurchlässige Schlammschicht. Die Kartoffeln litten unter der Feuchtigkeit so stark, dass, obwohl das Kraut grün war, der Ertrag nur gering ausfiel, weil die Wurzeln zu großen Teil verfault waren. Das war auch in weniger nässegefährdeten Höhenlagen der Fall. In weniger als 60 Tagen machten die 260 mm Niederschlag die Ernte eines Jahres zunichte. In den Niederungen des Südwestzipfels des Kreises, im Rückstaugebiet der Elbe und Havel waren die Folgen der Schlechtwetterlage noch bedeutend schlimmer. Bereits im Januar traten an der Dosse Überflutungen und Zerstörungen auf. So fielen in der zweiten Dezemberhälfte 1925 bis 50 mm Niederschlag und nochmals 31 mm bis zum 3. Januar 1926. Diese Regengüsse, verstärkt durch das Schmelzwasser aus den Bergen, ließen die Dosse, die Jägelitz und den Rhin stark ansteigen und über die Deiche treten. Der Dossedeich zwischen Friedrichsbruch und Friederichsdorf brach durch. Der Schaden war durch Versandung und Überflutung recht erheblich. Nach zwei Tagen konnte der Deich abgedichtet werden und die Wassermassen flossen in den von Friedrich den Großen angelegten Gräben schnell ab. Zur Vermeidung von Schäden ähnlicher Art wurde daraufhin die Senkung der Flußsohle an der Dosse durch Ausbaggern begonnen".

In einem nicht näher genannten Bericht wird folgendes dargestellt:
„Schon während des bei uns trockenen Monats Mai war die Witterung in

Mittel- und Westdeutschland nass gewesen. Wer am 1. Juni nach Thüringen fuhr, erlebte in wenigen Stunden einen völligen Wechsel des Bildes, das die Felder boten. Herrschte bei uns ein deutlicher Mangel an Regen, war davon jenseits der Elbe, in der Provinz Sachsen, alles frisch, und noch weiter südlich wurde es immer feuchter. Üppige Klee- und Grasschläge bezeugten die Fülle der Niederschläge. In Weimar und in Hessen - Kassel troff sozusagen die Natur vor Nässe.

Hier klagte jeder über den fehlenden Regen und die Trockenheit hielt noch bis tief in den Juni an.

Da, wie bekannt, die Saale die Gewässer Thüringens und die Mulde die Gewässer des sächsischen Gebietes sammeln und diese in die Elbe fließen, stieg diese sehr schnell an.
So stieg der Pegel bei Magdeburg von: + 1,00 m Anfang Juni auf,
+ 3,08 m zum 15. Juni auf,
+ 4,00 m zum 20. Juni auf,
+ 4,00 m zum 23. Juni
                    Vormittag.
Das bedeutet einen Rückstau in den Gebieten unterhalb des Rhins und der Dosse. Alle tiefer gelegenen Flächen wurden überflutet und auf den höher gelegenen Flächen drückte das Grundwasser durch. Am 1. Juli verbesserte sich die Situation etwas. Das Wasser fiel etwas und man hoffte mit der Heuernte und der Getreideernte beginnen zu können. Alle verfügbaren Hochflächen und Straßenränder wurden gemäht. Alle Hoffnung erwies sich als trügerisch. Das seit dem 23. Juli langsam fallende Hochwasser kam bereits am 12. Juli zum Stehen.

Der Pegel stieg erneut über 4,00 m an. dazu trugen die bereits erwähnten Niederschlagsmengen bei.
Die Überschwemmungen gingen nur langsam zurück. Viel langsamer als es dem fallenden Elbewasser entsprochen hätte. Hierzu trug das aus den überaus starken Niederschlägen vorhandene Wasser aus den Hochlagen und das unterirdisch abfließende Wasser bei. Das Bild am 1. August sah noch genau so traurig aus wie es sich am 1. Juli darstellte. Die Gräser auf den Weiden starben im Wasser ab. Die Wurzeln des Getreides begannen zu faulen. Die Halme verloren den Halt, legten sich platt auf den Boden und vertrockneten mehr oder weniger samt den Ähren. Die Rüben waren zumeist total verschwunden. Nur die Unkräuter überlebten die Wassermassen. Kartoffeln gab es nur noch an wenigen Stellen und auch hier waren sie durch die Feuchtigkeit in Mitleidenschaft gezogen. Der Ackerboden war noch Wochen später nicht mit den Pferdewagen befahrbar. Streckenweise musste der Kahn zur Getreideernte benutzt werden. Die Lage besserte sich erst ab dem 11. August etwas. Acker und Wiesen wurden befahrbar und frei vom Wasser.
Der September machte das wahre Ausmaß der Schäden sichtbar. Das Wasser war gefallen und auf den ungemähten Wiesen wurde ein brauner fauliger Filz sichtbar. Auf den gemähten Weiden und Wiesen schimmerte ein trügerisches Grün von Binsen und Wasser liebenden Unkräutern. Klee und süße Weide waren verschwunden. Für das Vieh gab es keine Weide und es herrschte allseits Futtermangel. Milch wurde zur Mangelware.

Die Gärten um Rübehorst waren ein einziger Modder. Verwitterte Erbsreiser und einsam stehende Bohnenstangen waren die einzigen Zeugen eines Gemüsegartens. Es gab keinen Kopfsalat oder Kohl, keine Mohrrüben, keine Erbsen und Bohnen für die Küche. Grünfutter für das Federvieh fehlte ebenfalls. Kaum einer hatte Saatgetreide gewinnen können. So traurig wie das Jahr begonnen hatte endete es auch.

Die Mitglieder des Kreisbundes halfen den Bauern. Sie stellten die für das Vieh benötigten Mengen an Heu und Stroh bereit, oder nahmen das Vieh auf ihre Weiden auf. Im Winter erkrankte das Vieh massenhaft an Leberegeln. Durch das Trinken des brackigen Wassers nahmen sie eine Unmenge an Leberegeleier auf. An der Seuche verendete das Vieh massenweise und ein Ende des Tiersterbens ist noch nicht absehbar.
Die durch die Nässe verdorbenen Wiesen und Weiden werden noch Jahre zur Erholung benötigen."

Das Jahr 1927
Im Wasserbuch wurden Eintragungen über die Fischereiberechtigungen gestützt auf Ersitzung, beglaubigten Grundbuchauszügen und eidlichen Zeugenaussagen beantragt.

Das Jahr 1928
Nach dem Ersten Weltkrieg verlief das Leben in der dörflichen Gemeinschaft besinnlich und von großen politischen und wirtschaftlichen Vorgängen in Deutschland relativ unberührt. Dennoch war die Arbeit in der Landwirtschaft geprägt von Härte und nur geringem, aber auskömmlichen Ertrag. Die Weltwirtschaftskrise 1928 machte sich abgeschwächt auch in der Region bemerkbar, der Absatz der Produkte ging dadurch wenig gestört vonstatten.

Das Jahr 1929
Die Monate Januar, Februar und März waren sehr kalt. Bis zum Dezember 1928 waren die Temperaturen normal. Mitte Januar setzte dann die Kältewelle mit Temperaturen von minus 30° C ein. Eine

Gülpe - Schulsportfest um 1925

Gülpe - Schule um 1930

so extreme Kälte wurde lange nicht beobachtet. Vögel erfroren und eine hohe Schneedecke breitete sich aus.

Das Jahr 1931
Am 01.01.1931 kommt der Lehrer Streichan aus Zabelsdorf nach Gülpe. Er wurde am 01.04.1932 nach Neuendorf bei Brandenburg versetzt. Als Prediger wirkte bis zu seiner Pensionierung Pastor Wunder. Er zog nach Rathenow. Seine Stelle übernahm der Spaatzer Pfarre K. Rheinfurt mit. Er betreute somit die Gemeinden Spaatz, Wolsier, Gülpe und Prietzen.

Das Jahr 1932
Am 01.04.1932 kommt der Lehrer Georg Otto aus Havelberg nach Gülpe. Bereits am 01.04.1933 wird er nach Havelberg zurückversetzt.

Bürgermeister bis 1940 wird Erich Schulenburg.
Die Havel führt Hochwasser.

Das Jahr 1933
Das Leben auf dem Lande, wie auch sonst, änderte sich schlagartig mit der Machtübernahme der Nationalsozialisten. Ihre Organisationen fassten überall schnell Fuß in den Gemeinden.

Mit dem Erbhofgesetz (gültig bis 1945) gab es juristisch auch in Gülpe gewisse Veränderungen. Zu Erbhöfen erklärt wurden die Landwirtschaften von:
- Wilhelm Baars
- Arnold Bollmann und Ehefrau
- Berta Rösicke
- Ferdinand Schatz
- Paul Bollmann
- Erich Schulenburg
- Ernst Gerwig
- Erich Winter
- Friedrich Repke
- Karl Ziemann
- Otto Zander
- Wilhelm Leinemann

Zu jeder dieser Wirtschaft gehörte damals schon seit mehr als 40 Jahren eine Fischereiberechtigung.

Dieses Recht besaßen außerdem die Familien:
- Karl Hünemörder
- Gustav Trütschler,
- Minna Voigt nebst 2 Söhne und
- Alfred Ziemann

In der Nacht vom 02. zum 03. Februar brannten die Scheunen der Landwirte:
- Erich Winter
- Wilhelm Leinemann
- Witwe Voigt und
- Friedrich Repke nebst Stallung nieder.

In den Scheunen von der Witwe Voigt und dem Bauern Repke lagerten viele kleine Besitzer, Büdner und Arbeiter ihre Futtervorräte und das Stroh. Viele waren nicht versichert und verloren dadurch noch mehr. Insgesamt waren 18 Parteien davon betroffen. Alle Scheunen waren 1767 nach dem Großbrand errichtet worden.

Hierzu berichtet die Zeitung am 04.02.1939 folgendes:

„In Gülpe brachen gestern Nacht gegen 12 Uhr ungeheure Brände aus, denen eine Anzahl Wirtschaftgebäude mehrerer Landwirte zum Opfer fielen. Abgebrannt sind bei dem Landwirte *Winter* eine Scheune, bei dem Landwirt *Leinemann* Stall und Scheune, bei der *Witwe Voigt* eine Scheune und Stall und bei dem Landwirt *Friedrich Repke* ebenfalls eine Scheune und ein Stall. Große Vorräte und landwirtschaftliche Geräte sind mitverbrannt. Das Feuer breitete sich bei dem herrschenden starken Wind mit großer Schnelligkeit aus. Nach der Art des furchtbaren

Brandes muß angenommen werden, daß Brandstiftung vorliegt.
Die Feuerwehren der benachbarten Orte Spaatz, Wolsier, Kietz, Strodehne, Parey Garz und Hohennauen, sowie die Rathenower Wehr mit der Motorspritze, eilten zur Hilfe herbei. Trotz größter Anstrengungen der tapferen Wehrmänner konnten die brennenden Ställe und Scheunen nicht mehr gerettet werden; sie brannten vollständig nieder.
Einige Wehren aus der Umgebung sind noch an den Unglücksstellen zur Bewachung des nur langsam verglimmenden Feuers.
Soweit bis jetzt Meldungen vorliegen ist Vieh nicht mit verbrannt, auch sind glücklicherweise keine Menschenleben zu beklagen."

In der Zeit vom 16.04. bis 30.06.1933 kommt der Schulamtsbewerber Knospe als Lehrer nach Gülpe. Er wird anschließend nach Neuruppin versetzt. Am 01. Juli wird der Lehrer Hermann Horbel eingesetzt. Er stammt aus Bergerdamm bei Nauen und war vom 01.02.1931 bis 31.03.1931 in Prietzen als Lehrer tätig.

Das Jahr 1934
Eine große Dürre vernichtete zu 75% die Ernte. Der Anfang August einsetzende Regen rette noch etwas die Späternte. Der Wasserstand der Havel war extrem niedrig. Kahnfahren war nicht möglich.

6. Schulchronik der Schule zu Gülpe von 1934 bis 1940

Lehrer Hermann Horbel /9/

Das Jahr 1934

Die Chronik soll an die Stelle der alten treten. Sie beginnt mit einem bösem Jahr 1934. Regen, Regen, so flehen die Bauern. Doch das Segen spendende Naß bleibt aus. Die Dürre ist fürchterlich. Allerorten dieselben Klagen. Der Ausfall der Ernte ist auf 75% festgesetzt.

Am 2. August 34, morgens um 9 Uhr, ruft Gott unseren Reichspräsidenten Generalfeldmarschall von Hindenburg, zu sich in die Ewigkeit. Er ruht im Tannenberg - Nationaldenkmal, daß er selbst 1927 eingeweiht hatte.

Ab August 1934 ist der Sonnabend zum Staatsjugendtag erklärt worden. Mitglieder des Jungvolkes und der Jungmädelgruppe haben an diesem Tag schulfrei. Der Stundenplan muß dementsprechend geändert werden. Aus denselben Grunde fällt der Spielnachmittag am Sonnabend aus. Der aufgabenfreie Nachmittag liegt am Sonnabend.

Endlich hat sich der heißersehnte Regen eingestellt. Dadurch wird wenigstens die Späternte noch einen erträglichen Ausgang nehmen. Der Wasserstand der Havel ist so niedrig, daß jeglicher Kahnverkehr ruht.

Am 19. August 1934 gibt das Deutsche Volk seine Zustimmung zu dem Gesetz, das Adolf Hitler die Ämter des Reichspräsidenten und Reichskanzlers in einer Person vereinigt.

Am 2. September 1934 feiern die Schüler von Spaatz, Wolsier, Prietzen und Gülpe das diesjährige Kienbergfest. Die Rede hielt Koll. Krause, Prietzen. Die Sammlung ergab einen Ertrag von 74,95 RM.

Kienbergfest 1934

Getanzt wurden folgende Reigen:
„Hier ist grün, dort ist grün",
„Dort unter der Linde" und
„Wo der Windmüller...".

Von dem übrigen Geld wurde ein Gummifußball, zwei Ringe zum Werfen aus Gummi und ein Reigenheft gekauft. Gesprochen wurde der Sprechchor: „Heimat" von Jupp Jasper.

Am 29. August 1934 wurden die Lehrer in Rhinow auf den Führer Adolf Hitler vereidigt.

Das diesjährige Erntedankfest findet am 30. September 1934 im Saal des Herrn

Kaleschky statt. Leiter ist der Ortsbauernführer. Es ist folgende Festordnung geplant:

Vormittags:
- Festgottesdienst mit Geigensolo des Lehrers:
„Niederländisches Dankgebet" und
- Gesangssolo
„Die Himmel rühmen des Ewigen Ehre"

Nachmittags:
1 Uhr: Aufstellung bei Gastwirt Ziemann zum Zug durchs Dorf. Voran Erntewagen schöngeschmückt, BDM[89]; Schulkinder, mit Erntekrone und Körbchen mit Feldfrüchten, Gemeindevertreter, Vereine,
Gedicht: „Adolf Hitler spricht zum Bauersmann",
und kurze Begrüßung durch den Ortsbauernführer.
2 Uhr: Ankunft auf der Festwiese.
- Gemeinsames Kaffeetrinken
- Erntekronentanz vom BDM
- Ansprache durch den Lehrer
- Sprechchor der Schulkinder
- Volkstänze der Schulkinder:
„Kiekebusch ich seh dich",
„Mit meinem Mädelchen"
„Gretel, Gretel, liebes Gretelein"
- Dreikampf der Jungen und Mädchen
- Ringturnier,
- Zielwurf mit dem Ball und
- Zielwurf mit den Ringen.
½ 5 Uhr Abmarsch.

Abends:
7 Uhr Fackelzug der Kinder durch das Dorf.
8 Uhr im Saal des Herrn Kaleschky:
- Gedichtsvortrag durch den Lehrer
„Unser täglich Brot";
- Erntetanz der Schulkinder
„Dolziger Mühle",
- Reigentanz „Kommt ein Vogel geflogen"
für 3 Geigen,
1 Mandoline,
1 Gitarre,
1 Klavier.
- Allgemeiner Tanz.

Die Schule hat einen neuen Zirkel bekommen. Ab Oktober besucht ein Mädel aus Premnitz die hiesige Schule, der Besuch soll sich nur auf den Winter erstrecken. Während dieser Zeit wohnt das Mädel bei den Großeltern (Trütschler)

22. November 1934
Der Schulofen, der eine neue Tür erhalten hat, raucht, und wird daher gereinigt. Auch in diesem Jahr veranstaltet die Schule eine Weihnachtsfeier. Auch die Schulentlassenen wurden hinzugezogen. Trotzdem wurden noch 156 Eintrittskarten verkauft. Das war bisher die größte Besucherzahl bei einer Schulveranstaltung. Nach Abzug der hohen Unkosten, blieb noch ein Betrag von 9,86 M in der Theaterkasse der Schule. Außerdem konnte die Schule eine Mandola kaufen für 12,-- M. Sie wird dem Schüler Albert Wilke geliehen. Aus Wolsier, Spaatz, Prietzen und Garz werden die Leute kommen. Unser Orchester vergrößert sich. Es besteht jetzt aus 3 Mandolinenspielern,

---

[89] BDM   *Abk.* Bund Deutscher Mädchen

3 Geigern, 1 Mandolaspieler und 2 Klavierspielern. Der Lehrer braucht nun nicht mehr mitzuspielen, sondern er übernimmt das Amt des Dirigenten. Unser Wunsch ist noch der Besitz eines Cellos. Doch da werden wir wohl noch eine Weile sparen müssen. Für jeden, von einem Theaterabend freien Monat, wird daher für einen Sonntagnachmittag ein „Bunter Nachmittag" geplant. Im Januar 1935 soll damit begonnen werden.
Es folgt das Programm der Weihnachtsfeier:
Orchester: „Ich bete an die Macht der Liebe"
Gedicht: „Lied von der Heiligen Nacht"
Gemeinsamer Gesang: „Stille Nacht, heilige Nacht"
Gedicht: „Heilige Nacht auf Engelsschwingen".
Reigen: „Schneeflöckchen"
Kurzes Spiel: „Welle 1333"
Gedicht: „O Weihnacht, du wunderreiche".
Wechselgespräch: „Was künden die Lichter"
Gesang: 2 stimmig: „Der Christbaum ist der schönste Baum"
Puppenreigen: „4 kleine Mädchen"
Gedicht: „Nun kommen die vielen Weihnachtsbäume".
Gesang, 2 stimmig: „Am Weihnachtsbaum"
Schleiertanz: Ein Christkindelspiel.

Gedicht: „Du lieber, heiliger frommer Christ"
Gesang, 2 stimmig: „Es kommt ein Kind gegangen" „Heilige Nacht, du kehrst wieder"
Theaterstück der Schulkinder: „Der goldene Ball"
Theaterstück der Großen: „Heimgefunden" und „Weihnachtsglocken".

Zum 31. Dezember 34 habe ich eine Geschichte unseres Ortes schreiben müssen. Sie ist trotz des kurzen Termins und der geringen Zeit wegen der Vorbereitungen zur Weihnachtsfeier, sehr ausführlich. Hoffentlich erhält die Schule sie zurück.

Das Jahr 1935

Wir haben nun schon Anfang Januar 1935. Aber der Winter hat seinen Einzug noch nicht gehalten. Während der Weihnachtsfeier war es vorübergehend kalt. Je mehr man in die Nähe Berlins kam, umso beträchtlicher war der Schneefall. In der Woche vom 07.01.35 bis Dienstag, den 13.01.35 war es kalt. Das Thermometer zeigte bis -11° C. Der Gülper See war zugefroren.

16.01.35: Es beginnt zu tauen.

Am 1. März war eine Feier aus Anlaß der Saarrückkehr von der Ortsgruppe der NSDAP[90]. Der Lehrer hielt vor dem Lokal des Gastwirts, Alfred Ziemann, die Ansprache. Zum Abschluß spielte das Schulorchester (Geigen, 3 Mandolinen, 1 Mandola, 1 Gitarre) das „Horst - Wessel -

---

[90] NSDAP *Abk.* Nationalsozialistische Deutsche Arbeiterpartei

Lied" und „Deutsch ist die Saar": Das Schulorchester spielte auch beim Ummarsch.

Am 24.02.35 fand im Saale des Herrn Rösicke ein Theaterabend statt:
Orchester:
    „Glocken klingen über der Saar"
Hörspiel mit Orchester:
    „Deutsch ist die Saar" und
    „Ich hab mich ergeben"
Gesang, 2 stimmig:
    „Es lebt der Schütze froh und frei"
Reigen:
    „Gelbzahn"
Orchester:
    „Morgen marschieren wir"
Reigen:
    „Schleiertanz"
Gesang -2- stimmig:
    „Guten Abend, gute Nacht"
Reigen:
    „Meißner Porzellan"
Orchester:
    „Die Fahne hoch"
Theaterstück:
    „Goldonkelchen"
PAUSE

Reigen:
    „Tulpenmädchen"
Theater:
    „Das Hollandmädel"

Vom 22.02.34 bis 16.03.35 besuchte ein Mädchen aus Premnitz die hiesige Schule. Sie wohnte während dieser Zeit bei ihren Großeltern (Trütschler)

Zur Entlassung kommen zu Ostern 1935:
    3 Mädchen.
Aufgenommen wurden:
    2 Knaben.

Der Schülerbestand der hiesigen Schule beträgt demnach: 6 Mädchen,
    12 Knaben.

Der Entlassungsabend war am 31. März 1935 im Saale des Herrn Kaleschky.

Begrüßung:
Gemeinsamer Gesang:
    „Bis hierher hat mich Gott gebracht"
Orchester:
    „Nun Ade, mein lieb Heimatland",
    „Wohlauf noch getrunken"
Gedichte:
    „Hab Sonne" von Fleischler
    „Der Winzer" von Bürger
    „Hoffnung" von E. Geibel
Ansprache an die Schüler
Sprechchor:
    „Drei gute Gesellen" von Jupp Jasper
Gesang 2- stimmig:
    „Märkerlied"
Theater:
    „Die Weiberprobe"
PAUSE

Reigen:
    „Hurtig"
Gesang:
    „Wem Gott will rechte Gunst erweisen"
Theater:
    „Hans Wohlgemut"
Ansprache an die Eltern
Gemeinsamer Gesang:
    „So nehm dann meine Hände".

Am Heldengedenktag spielte unser Schulorchester: „Ich hat einen Kameraden" vor dem Gefallenendenkmal und in der Kirche. An diesem Tag wurde auch die allgemeine Wehrpflicht verkündet.

Am 25. März 35 abends um 11 Uhr, brannte im Nachbardorf Prietzen, die Scheune des Ortsvorstehers Giese ab.

Am 01. Mai 35 fand nur eine Kaffeetafel, mit anschließenden Tanz statt. Der BDM sorgte für Unterhaltung. Die Schule war nicht beteiligt. Die Schüler versammelten sich am Vormittag in der Schule und hörten die Übertragung der Jugendkundgebung aus dem Lustgarten.

Am Sonntag, dem 19.05.35 fand ein bunter Nachmittag im Saale des Herrn Rösicke statt, mit folgendem Programm:
Gesang:
    „Wer recht in Freuden wandern will",
    „Das Lieben bringt groß Freud" 3- stimmig,
    „Die Lust hat mich gezwungen",
Mandolinen Duo - Wiegenlied:
    „Im schönsten Wiesengrunde"
    „Morgen marschieren wir",
    „Nun ade, mein lieb Heimatland"
Theater „Aldo - bitt schön!"
PAUSE

Orchester:
    „Wohlauf noch getrunken"
    „Lustig ist das Zigeunerleben"
    „Lore, Lore"
Theater: „Die Geistreiche",
Reigen: „Klapptanz",
    „Kaffeekannenwalzer".

Der Juni in diesem Jahr war sehr heiß. Vom Montag, dem 24.06. - 27.06.35 mußte der Unterricht früher beendet werden. Es war seit Jahren der heißeste Juni.

Am 7. Juli 35 fand im Saale von Gustav Kaleschky ein bunter Abend statt.
Gesang- einstimmig: „In einem kühlen Grunde"

Gesang mit Cello und Geigen
3- stimmig
    „Das Lieben bringt groß Freud"
3- stimmig
    „Ännchen von Tharau"
Lustiges Duett:
    „Pitt und Pott".
Orchester:
    „Im Krug zum grünen Kranze",
    „Sah ein Knab ein Röslein stehn",
    „Morgen marschieren wir",
    „Der Gott, der Eisen wachsen ließ",
    „Nun Ade, du mein lieb Heimatland",
Walzer „Röslein auf der Heide",
    „Glück auf, der Steiger kommt",
    „Ich hab mich ergeben"
Lustig: „Die bösen Buben",
    „Die tüchtigen Hausfrauen"
Gesang 2- stimmig:
    „Es lebt der Schütze",
3- stimmig,
    „Wer recht in Freuden
    „Die Lust hat mich gezwungen"
Reigen und Orchester:
    „Im schönsten Wiesengrunde"
Orchester:
    „Wohlauf noch getrunken",
    „Lustig ist das Zigeunerleben",
    „Lore, Lore", „Liebesklingen"
    „Horch, was kommt von draußen";
    „Frisch auf" (Polka);
    „Friedensgrüße" (Marsch)

Theater:
    „Doktor allwissend".

Schlußlied 2- stimmig:
    „Kein schöner Land"

Auch der Juli ist sehr heiß. Dazu so trocken. Den Kartoffeln fehlt das Wasser. Am 15. Beginn der Aust[91]. Gegen Ende des Monats hat sich die Temperatur stark abgekühlt. Die Nächte sind geradezu kalt.

Am 6. Oktober 35 fand das diesjährige Erntefest statt, im Saale des Herrn Rösicke. Die Schule wartete mit folgendem Programm auf:
Gedicht:
    „Zum Erntedankfest"
        von Karl Schütte
Kurze Ansprache durch den Lehrer

Schulorchester:
    „Deutschlandlied"
    „Horst - Wessel - Lied"
Gedicht:
    „Bauernvolk"
        von Gustav Schüler
Sprechchor:
    „Lied der Dreschmaschine"
        von Boris Freiherr von
        Münchhausen
Orchester:
    „Heuwalzer",
    „Der lustige Mandolinenspieler"
Theater:
    „Das Angebinde"
        von Karl Schütte

Reigen mit Klavier und 2 Geigen:
    „Märkische Dreikehr",
    „Lindower Vierer"
Gesang 3- stimmig mit 3 Mandolinen:
    „Abend ist es wieder"

---

[91] Aust   *plattd.* Getreideernte

Orchester:
    „Auf sanften Wogen",
    „Am Brunnen vor dem Tore".

Der BDM brachte unter Leitung von Luise Gerwig ein kurzes Spiel, verschiedene Volkslieder und tanzte Volksreigen. Am Vormittag spielte das Orchester in der Kirche. „Wir treten zum Beten" und „Wir pflügen und wir streuen"- einstimmiger Gesang.

Die Gemeinde ließ dem Lehrer, für die Waschküche im Keller, eine Pumpe setzen. Sie kostete 66,00 M; ist aber nicht brauchbar. Der Lehrer hat im Garten 3 Löcher von 4 m² Fläche und einer Tiefe von 1,5 m gebuddelt, denn der Garten soll wieder einige Bäume erhalten. Unser Orchester besteht aus: 1 Blockflöte, 2 Klavierspielern, 6 Mandolinen, 2 Geigen, 1 Mandola, 1 Cello.

Am 16.11.35 fand wieder ein Elternabend bei Gustav Kaleschky statt.
Orchester:
    „Goldperlen",
    „Im Negerdorf",
    „Im Rosenduft"
Gemeinsamer Gesang mit Orchester:
    „Du, du liegst mir im Herzen".
3- stimmiger Kinderchor:
    „Es waren zwei Königskinder"
    „Regiment sein Straßen zieht"
Gedicht:
    „Bei Goldhähnchen"
Lustiger Kinderreigen:
    „Fritz und Franz"
Gedicht:
    „Schwere Wahl",
    „Die drei von der letzte.....",
    „Mäuschen und Katze",
    „Die Mühle"

PAUSE
Orchester:
    „Condolierwalzer",
    „Tremolowalzer",
    „Über Berg und Tal",
    „Wetterleuchten"
Gemeinsamer Gesang mit Orchester:
    „Freut euch des Lebens"
3- stimmiger Kinderchor mit
3- stimmiger Begleitung:
    „Schon die Abendglocken"
Theater:
    „Phylax"
Gedicht:
    „Abendlied" von M. Claudius.

Im November hat die Küche ein Doppelfenster bekommen. Der Bauer Otto Zander starb an einer Blinddarmoperation.

Im Garten sind 8 Bäume gepflanzt worden:
    1 Stck Ontariopflaume
    1 Stck Kaiser Wilhelm
    1 Stck Herzkirsche
    1 Stck Hauspflaume
    1 Stck Landsberger Renette
    1 Stck Nußbaum
    1 Stck Williams- Christ- Birne
    1 Stck Knauff - Knorpelkirsche

Am 22.12.35 fand die Weihnachtsfeier im Saale des Herrn Rösicke statt:

Orchester mit gemeinsamen Gesang:
    „Ich bete an die Macht der Liebe",
    „Stille Nacht, heilige Nacht"

Theater:
    „Ein Weihnachtliches Teufelsspiel"

Mandolinenduo:
    „Wiegenlied"

Orchester mit gemeinsamen Gesang:
    „Es ist ein Ros entsprungen"
3- stimmiger Kinderchor:
    „Vom Himmel hoch, da komm ich her"
Theater:
    Ein Krippenspiel.
PAUSE

3- stimmiger Kinderchor mit Orchester:
    „Leise rieselt der Schnee"
Orchester mit gemeinsamen Gesang:
    „Alle Jahre wieder"
3- stimmiger Kinderchor mit Orchester:
    „Morgen kommt der Weihnachtsmann"
Theater:
    „Der Weihnachtsmann vor dem Mikrophon"
3- stimmiger Kinderchor:
    „Oh, du fröhliche"
Orchester mit gemeinsamen Gesang:
    „Oh Tannenbaum"
3- stimmiger Kinderchor mit Orchester:
    „Du lieber heiliger, frommer Christ"
Gemeinsamer Gesang mit Begleitung:
    „Am Weihnachtsbaum"
Orchester:
    „Weihnachtsmarsch"
Theater:
    „Die Weihnachtsfahrt".

Der 3- stimmige Kinderchor mit 3- stimmiger Begleitung sang am Totensonntag in der Kirche die beiden Lieder:
    „Wo findet die Seele" und
    „Das Leben welkt wie Gras".

Am Heiligabend spielte das Orchester mit dem 3- stimmigen Kinderchor in der Kirche:
    „Stille Nacht, heilige Nacht"
Und am Feiertag:
    „Oh, du fröhliche".

Ein Junge hat sich zu Weihnachten eine Konzertflöte (Meyer) gekauft.

Das Jahr 1936

Am 01.02.36 fand im Saale des Herrn Kaleschky ein Elternabend statt.
Gedicht:
    „Zum neuen Jahr"
        von Eduard Mörike
Orchester:
    „Tiroler Gebirgsmarsch",
    „Elfentanz", „Zauberglöckchen"
Gemischter Gesang mit Orchester:
    „Schön ist die Jugend"
Lustige Szenen:
    „Das Klimbarium",
    „Das tapfere Schneiderlein"
3- stimmiger Gesang:
    „Und wenn wir marschieren"
Lustige Szenen:
    „Die Familie",
    „Die Bremer Stadtmusikanten"
Reigen:
    „Die drei Tore"
Lustige Szenen:
    „Kauft Zeitungen, vom Tonfilm"
Orchester:
    „Spanischer Tanz",
    „Schmeichelkätzchen",
    „Zugvögel",
    „Prinzenmarsch"
PAUSE
Gedicht:
    „Die Kinder im Schnee"
        von H. Seidel
Orchester:
    „Alpenveilchen",
    „Schön Morgen"
Gemischter Gesang mit Orchester:
    „Gold und Silber"
Reigen:
    „Kaffeekannenwalzer."
3- stimmiger Gesang:
    „Wach auf, du deutsches Land",
    „Einer längst den Weiher ging."
Theater:
    „Hier geht er hin, dort geht er hin"
Orchester:
    „Auf zur Heimkehr"

Am 20.01.1936 besuchte der Landrat Eckert, der Nachfolger des verstorbenen Landrats Borchert, den Stützpunkt Gülpe. Die Versammlung war im Gasthof Rösicke. Von Wolsier und Prietzen waren ebenfalls Hoheitsträger und Parteigenossen erschienen. Die Schule eröffnete den Abend mit folgendem Programm:
Fahneneinmarsch mit Orchester:
    „Marsch und Friedensgrüße"
3- stimmiger Gesang:
    „Wach auf, du deutsches Land"
Sprechchor:
    „Heimat" von Jupp Jasper
Reigen:
    „Dolziger Mühle",
    „Rüpel tanz"
    „Gelbzahn"
Orchester Marsch:
    „Die lustigen Mandolinenspieler"
    „Im Rosenduft" Walzer
    „Auf sanften Wogen" Walzer.

Der Landrat war überrascht, von den Leistungen der Kinder. Der neue Etat sieht 100,-- M für Lehrmittel und die Bücherei vor.

Am 23.02.36 Theaterabend im Saale des Herrn Rösicke.

Orchester:
："Die Husaren kommen"
  Reitermarsch,
  "Auf zur Heimat" Marsch.
3- stimmiger Gesang mit Orchester:
  "Kennt ihr das Land"
3- stimmiger Gesang:
  "Wie ein stolzer Adler",
  "Ein Jäger längst den Weiher ging"
Reigen mit Orchester:
  "Meermädchenlied"
    aus Oberon (als Elfentanz)
Theater:
  "Die Geldschrankknacker"
PAUSE

Theater:
  "Der schwebende Heinrich"

Am 7. März, dem Vortag des 8. März; beziehen die Truppen ihre alten Garnisonen im Rheinland. Der Reichstag wird aufgelöst. Die Neuwahl findet am 29. März statt. Um 12 Uhr mittags treten alle Formationen vor dem Gasthof Ziemann an. Der Ummarsch geht zum Wahllokal Kaleschky. Die Schule marschiert an der Spitze, und spielt Marschmusik. Die hiesige Gemeinde stimmt 100% für den Führer Adolf Hitler.

Der diesjährige Entlassungsabend war am Montag, den 30. März, im Saale des Herrn Kaleschky.
Orchester:
  "Traum"
3- stimmiger Gesang:
  "Abschied",
    ernste Feierstunde,
Sprechchor:
  "Wir grüßen das Leben"
Gedicht:
  "Der Schatzgräber"
    von Johann Wolfgang von Goethe,
  "Von der Arbeit" von Fischert
Entlassungsrede
Liederspiel 3- stimmiger Gesang, Mandoline, Gitarre, Klavier und Cello
  "Dem Vaterland wir singen"
PAUSE:

Theater:
  "Frühlingsfest"
Orchester:
  "Grisella - Tyrolienen",
  "Zürcher Ländler"
  "Die Biba - Musikanten"
Theater:
  "König Drosselbart"

Zur Entlassung kamen 3 Knaben. Aufgenommen wurde niemand.
Zu Beginn des neuen Schuljahres beträgt die Schülerzahl: 15 Schüler, davon
  9 Knaben und
  6 Mädchen.

01. Mai 1936: Zum Tag der Deutschen Arbeit war die Schule in dem Schulraum versammelt, und hörte Rundfunk. Die Jugendkundgebung im Berliner Lustgarten wurde übertragen. Mittags gab das Schulorchester vor der Hitlereiche ein Freikonzert. Am Abend war Kaffeetafel und anschließend Tanz im Saale des Herrn Rösicke. Für Unterhaltung während der Kaffeetafel sorgte die Schule mit folgendem Programm

Ansprache des Ortsgruppenführers der NSDAP Herrn Glimm
Orchester:
  "Friedensgrüße"
Schulorchester:
  "Deutschlandlied" und
  "Horst - Wessel - Lied"
Gedicht für 3 Knaben:
  "Der Arbeit Feiertag"

Schulorchester:
"Der Mai ist gekommen"
2- stimmiger Gesang:
"Drauß ist alles so prächtig"
Schulorchester:
"Im Wald und auf der Heide",
"Waldesgeflüster" und
"Lachtäubchen" (Mazurka)
3- stimmiger Gesang:
"Nun bricht aus allen Zweigen"
Schulorchester und gemeinsamer Gesang:
"Kehr ich einst zur Heimat wieder"
"Armeemarsch Nr.: 1a"
Schulorchester Ges.
"Präsentiermarsch"
3- stimmiger Gesang:
"So sei gegrüßt viel tausend Mal"
"Der bekehrte Tippelbruder".

Der diesjährige Mai ist kühl und regenreich.

13.05.1936: Die ersten Tage im Monat waren warm und brachten viel Gewitter. Am 3. Pfingstfeiertag unternahm die Schule ihren üblichen Ausflug. Diesmal ging es mit den Eltern und der NS- Frauenschaft im Auto nach Spandau. Von dort brachte uns ein Dampfer nach Potsdam, das besichtigt wurde. Am Abend fuhr uns das Auto nach Hause.

Am 12.07.36 veranstaltete die Schule einen bunten Nachmittag im Saale des Herrn Rösicke:
Duo mit 2 Mandolinen aufgeführt von 6 Mädchen
Orchester:
"Regiment sein Straßen zieht",
"Es lebt der Schütze froh und frei"

2- stimmiger Gesang, Geige und Gitarre:
"Es blies ein Jäger wohl in sein Horn"
2- stimmiger Gesang mit Gitarre:
"Auf, du junger Wandersmann"
Lustige Vorträge:
"Der Eismann",
"Mit dem Roller",
"Luftschaukel fahren",
"Bildtauschzentrale Universal"
Orchester mit Sologesang:
"Am Holderstrauch"
Orchester:
"Der Schweizer Marsch" und Wanderlieder Potpourri
Orchester mit Sologesang (Baß):
"Ein Rheinisches Mädchen"
PAUSE

Klavier, Geige und Sologesang (Alt):
"Das Mutterherz",
"Am Ort, wo meine Wiege stand"
2- stimmiger Gesang, Geige und Gitarre:
"Zum Tanz geht ein Mädel"
Orchester und Sologesang:
"Trau nicht den Frühlingstagen"
Orchester:
"Leonore",
"Eisperlen",
"Finnländischer Reitermarsch"
Orchester:
"An der schönen blauen Donau"
Theater:
"Der Schatzstock".

Ende Juli gebar die Arbeiterfrau Meta Wunderlich einen Knaben, Heinz.

Sonntag, den 02.08.1936, zog die hiesige Arbeitsfront (Gülpe) im Rahmen des Weltkongresses für Freizeitgestaltung

72

(NSG Kraft durch Freude) eine Veranstaltung auf. Das Sommerfest bestand aus der Nachmittagsveranstaltung auf dem Festplatz. Um 1 Uhr ging ein heftiger Regen nieder. Trotzdem konnte der Aufmarsch mit ½ - stündiger Verspätung um 2 ¼ Uhr vor dem Lokal Rösicke losgehen. Die Belustigungen waren, Kegeln, Würfeln, Schießen. Eine Trinkhalle hatte der Gastwirt Rösicke aufgebaut. Der Besuch am Nachmittag war nur sehr schwach. Der Tanzabend bei Rösicke dagegen war sehr stark besucht.

Das diesjährige Erntewetter läßt viel zu wünschen übrig. Die Tage sind kalt und regnerisch. Fast jeden Tag kommt es zu Regenfällen. In der Küche läßt sich der Lehrer eine Pumpe mit Ausguß anlegen.

Am 30. August feierten die Schulen von Spaatz, Wolsier und Prietzen das diesjährige Kienbergfest. Die Rede hielt Koll. Uhlig, Wolsier. Die Abendworte sprach Herr Horbel, Gülpe.
Das Programm sah wie folgt aus:
Gedicht:
 „Deutschland" ein Junge
 „Ein Deutsches Mädchen"
Ansprache durch Koll. Uhlig, Wolsier
2- stimmiger Gesang:
 „Wenn die bunten Fahnen
  wehen"
Kanon:
 „Tara, so blasen die Jäger"
Reigen:
 „Dort auf jenen hohen
  Bergen"
Spielreigen:
 „Der Zaun"
Reigen:
 „Tandaradei",
 „Rosenreigen"

Wettlauf für die einzelnen Jahrgänge.
Verteilung der Geschenke für die einzelnen Schulen.
½ Stunde PAUSE.

Hinderniswettlauf, Staffellauf, Völkerballspiel.

Am 19.09.1936 fand ein Weinabend (Patenwein) bei Gastwirt Kaleschky statt. Unser Orchester brachte folgende Geburtstagsständchen:
zum 70. Frau Liesicke   (13.09)
       Herrn Fritz Görn   (13.09)
zum 80. Herrn Friedrich Brose
                          (16.09).

Der Schüler des zweiten Schuljahres, Hans Witte (Rösicke), fiel nachmittags beim Spielen (sonntags) von einer Heumiete. Mit einer Gehirnerschütterung brachte man ihn ins Krankenhaus.

Pastor Rheinfurt ist beurlaubt. An seiner Stelle wirkt jetzt Vikar Wichert. Am 13.09. hielt er hier seinen ersten Gottesdienst ab. Die Kinder sangen 3- stimmig:
 „Mit dem Herrn fing alles an",
 „Der Herr ist mein getreuer
  Hirt".

Seit längerer Zeit wird die kleine Havel ausgebaggert.

Die diesjährige Ernte ist sehr reichlich gewesen. Das Stroh ist kaum abzusetzen, der Preis zu niedrig.

In der Nacht vom 30.09. zum 01.10.1936 und vom 01.10. zum 02.10.1936 fand abends 6 Uhr bis morgens 6 Uhr eine vollständige Verdunklung Gülpes statt.

Zum 01.10. ist dem hiesigen Schulrat Will, Rathenow, die vertretungsweise

Verwaltung einer Regierungs- und Schulratsstellung in der Abteilung für Kirche und Schule bei dem Regierungspräsidenten in Schneidemühl übertragen worden. Die Vertretung ist wie folgt geregelt: Herr Kreisschulrat Wolft in Brandenburg, Havelstraße 13, übernimmt die Stadt Rathenow und die Orte südlich der Eisenbahnlinie Rathenow - Berlin. Den Rest übernimmt der Kreisschulrat Neubauer in Kyritz

Zu Beginn des Winterhalbjahres hat die Schule folgende Schülerzahlen in der:
Unterstufe (1. und 2. Klasse):
    2 Knaben, 0 Mädchen

Mittelstufe (3. und 4. Klasse):
    1 Knaben, 1 Mädchen

Oberstufe (5. bis 8. Klasse):
    6 Knaben, 5 Mädchen
Summe:
    9 Knaben, 6 Mädchen.

Am 04. Oktober war die Feier des Erntedankfestes. In der Kirche fand um 8 Uhr morgens ein Gottesdienst statt.
Die Kinder spielten (1. und 2. Mandoline, Mandola, und Cello und 2- stimmiger Gesang) „Preis und Anbetung für unseren Gott" - im gemischten Chorsatz. Die Frauenstimmen wurden von den Mandolinen, die Männerstimmen von der Mandola und dem Cello übernommen. Dann sangen sie 3- stimmig im Satz „Danket dem Herrn, denn er ist freundlich". Am Abend ist eine Kaffeetafel mit anschließendem Tanz bei Gastwirt Rösicke vorgesehen.
Programm:
Orchester:
    „Frisch voran" - Marsch
Gedicht:
    „Bauerngebet" Willi Baars

2- stimmiges Lied:
    „Ich geh durch einen grasgrünen Wald"
Gedicht:
    „Wir Bauern" Martin Friesicke
2- stimmiger Gesang mit 2 Mandolinen:
    „Nun wird's so braun und falbe"
Sprechchor:
    „Pflügt nun.... Städte nieder."
Orchester:
    „Feenreigen"
Orchester und Lied (Sopran)
    „Seht, wie die Sonne dort sinket"
Orchester mit 3- stimmigen Gesang:
    „Es dunkelt schon in der Heide"
Orchester und gemeinsamer Gesang:
    „O, Deutschland hoch in Ehren"
Orchester und Lied (Bariton):
    „Guten Abend, du mein herziges Kind" von Abt

Der BDM tanzt drei Reigen mit Klavierbegleitung des Lehrers:
    „Wohl der Markt Tanz",
    „Fingerschottisch" und
    „Kreuz - Vierer".

Am 16. Oktober findet die Hochzeit des Erbhofbauern Fritz Schaar, hier, mit Fräulein Helene Schulz, Ritze (Altmark) statt.

Der Lehrer pflanzte im Garten:
-     6 Hauspflaumen
-     1 Birne
-     1 Schattenmorelle
-     1 Apfel
-     1 Quitte
-     2 Hauspflaumen (Hof)

Am 08.11.1936 fand im Saale des Herrn Kaleschky ein Elternabend statt.
Das Programm:
01. Begrüßung durch einen Schüler
02. Kanon:
    „Himmel und Erde werden vergehen, aber die Musizis..."
03.   „Von der Musik"
04. Orchester:
    „Frei weg!"- Marsch,
  - Solo- Gesang (Bariton)
    „Die Blümlein sie schlafen"
  - Gavotte[92]:
    „Tausendschön"
    „Liederkranz"
05. Gedicht:
    „Von den grünen Sommervögeln"
06. 3- stimmiger Gesang:
    „Sah ein Knab.." und
    „Muß i denn..."
07. Lustiges:
    „Funkologie",
    „Beim Fotographen",
    „Der Wellenreiter",
    „Lustiges Spielzeug",
    „Auf der Sanitätswache"
PAUSE
08. Orchester:
    „Frisch auf Polka"
    „Kein schöner Land"
        mit Sologesang: Alt
    „Wilhelminen - Gavotte",
    „Hab Sonne im Herzen"
        mit Sologesang: Alt
    „Dessauer - Marsch",
    „Wohlan noch getrunken"
        mit Solo: Bariton
09. Gedicht:
    „John Maynard"
1o. Theater:
    „Unrecht Gut gedeihet nicht".

Am 09.11.1936 fand ein Marsch zum Kriegerdenkmal statt, wo ein Kranz für die Toten des 9. Novembers 1923 niedergelegt wurde. Der Lehrer hielt eine Rede. Das Orchester spielte:
    „Ich hatte einen Kameraden",
    „Deutschlandlied" und
    „Horst - Wessel - Lied".

In der Nacht vom 15.11.zum 16.11 wird die hintere Stube die beiden Doppelfenster erhalten.

Am 16.11.1936 fehlen von den 15 Kindern insgesamt 6 Kinder. 4 sind an Masern erkrankt. Die anderen müssen zu Hause bleiben.

Die hintere Stube ist geweißt und tapeziert worden.

Am 04.12.1936 fällt der Staatsjugendtag (eingeführt Juli 1934) wieder weg. Es findet für alle Kinder, auch den Mitgliedern der HJ[93], wieder lehrplanmäßiger Unterricht, auch am Sonnabend, statt.

Vom 10.12. - 12.12.1936 war der Lehrer zum Luftschutzlehrgang in Birkenwerder bei Berlin. Die Schule fiel unterdessen aus.

Im November 1936 wurde mit Japan ein Bündnis gegen Rußland (Bolschewismus) auf 5 Jahre geschlossen.

Am Bußtag sangen die Kinder 3- stimmig: „Wenn Christus der Herr" (Gebet). In der Kirche spielte das Orchester: „Ich bete an die Macht der Liebe".

Am Totensonntag spielte das Orchester: „Selig sind die Toten, die in dem Herrn

---

[92] Gavotte   älterer Figurentanz

[93] HJ   *Abk.* Hitlerjugend

sterben". Gesungen wurde 3- stimmig „Wie sie so sanft ruhen".

Am 17. Dezember beteiligte sich das Schulorchester und der Chor an der Adventsfeier der NS - Frauenschaft in der Schule. Am 20. Dezember war die Weihnachtsfeier im Saale des Herrn Rösicke.

Adventsreigen mit Klavier und 2 Geigen:
    „Leise rieselt der Schnee"
Gedicht:
    „O, neige deine Flügel"
Orchester:
    „Weihnachtsouvertüre"
Orchester und 3- stimmiger Gesang:
    „Stille Nacht"
Gedicht:
    „Brich an, du schönes Morgenlicht"
Orchester und 3- stimmiger Gesang:
    „Süßer die Glocken nie klingen"
Gedicht:
    „Nun bricht die heilige Nacht herein"
Orchester und 3- stimmiger Gesang:
    „Vom Himmel hoch, da komm ich her"
Gedicht:
    „Über Fluren, Tal und Hügel"

Wechselgespräch:
    „Was ist das für ein heller Schein?"
Theater:
    „Die Krippe",
    „Irma und Hans"
3- stimmiger Gesang:
    „Ihr Hirten erwacht."
Theater:
    „Die Hirten",
    „Hans, Siegfried und Irma"
2- stimmiger Gesang:
    „Kommet ihr Hirten"
Orchester und 3- stimmiger Gesang:
    „Ihr Kinderlein kommet"
PAUSE

Orchester:
    „Weihnachtsmarsch".
    „Wechselgespräch der Bäume"
Orchester und 3- stimmiger Gesang:
    „Morgen kommt der Weihnachtsmann"
Gedicht:
    „Senkt sich in seiner Sternenpracht"
Orchester und 3- stimmiger Gesang:
    „Morgen Kinder wird's was geben"
Theater:
    „Hans und Gretels Himmelsreise".

Am Weihnachtsabend war um ½ 4 Uhr Gottesdienst in der Kirche. Der Gottesdienst wurde ausgestaltet durch:
„Phantasie über stille Nacht, heilige Nacht"
    von Kron für Geigen und Orgel
„Weihnachtspastorale"
    (aus dem Messias von G. Fr. Händel für zwei Geigen und Klavier)

Am 1. Feiertag wurde vom Chor die große Doxologie[94] („Ehre sei Gott in der Höhe") 3- stimmig gesungen.
Gespielt wurde:
-„Weihnachtspastorale"
    (aus dem Messias)
 von G. Fr. Händel für 2 Geigen und Orgel,

---

[94] Doxologie   *griechisch* Lobpreisung

- „Weihnachtspastorale"
von Giuseppe Valentini,
für 2 Geigen und Orgel.

Während seiner Predigt brach der Vikar Wichert auf der Kanzel bewußtlos zusammen. Der Lehrer schloß den Gottesdienst mit dem „Vater unser".

Am 31. Dezember fand abends um ½ 7 Uhr eine Jahresschlußfeier in der Kirche statt. Neujahr und am ersten Sonntag im Jahr ist kein Gottesdienst, da der Vikar Ruhe braucht.

Das Jahr 1937

Am 6. Februar 1937 starb plötzlich unser Nachtwächter. Nachmittags hatte er noch die Kohlen zum Heizen in die Schulstube gebracht. Abends begann er seinen Rundgang. Als ihm schlecht wurde, ging er in seine Stube, wo ein Herzschlag seinem Leben ein Ende brachte. Otto Friesicke war 61 Jahre.

Am 07.02.37 wurde der Familie Haberland ein Junge geboren.

Am 21.02.37 war die Feier des Heldengedenktages in der Kirche.

Der Kinderchor sang 3- stimmig:
„Über den Sternen",
„Mag auch die Liebe weinen".
In diesem Jahr haben wir wieder richtiges Hochwasser (kein Stau).

Am 07.03.37 war ein Theaterabend bei Gastwirt Rösicke:
01   Duett aus der „Zauberflöte"
    von Fräulein Gertrud Glimm
    und Lehrer Horbel
02.   „Das Stelldichein oder
    Liebe auf den ersten Blick"
    von Fräulein Gertrud Glimm
    und Fräulein Gertrud Franke
03. Theater:
    „Tante Hildes Testament"
PAUSE

04. Theater:
    „Eingeschneit, oder die
    verhängnisvolle Hochzeits-
    reise".

Am 14.03.37 war die Einsegnung der Konfirmanden durch den Pfarrer Ebeling (Rhinow) in Gülpe. Nachdem am Sonntag vorher Vikar Wichert die Prüfung vorgenommen hatte. Der Kinderchor sang 2-stimmig:
    „Der Herr ist mein Hirte".

Am 20.03.37 fand bei Herr Kaleschky die Feier der Schulentlassung statt.
01. Begrüßung
02. Orchester festlicher Reigen:
    „Wohlauf, in Gottes schöner
    Welt",
03. Entlassungsrede
04. Orchester:
    „Festreveille[95]",
    „Großmütterchen erzählt",
    „Präsentiermarsch"
    (Yorkscher Marsch),
    „Stimmt an, mit hellem hohen
    Klang".
05. Chor 3- stimmig:
    „Laßt mich zu deinem Lobe
    singen",
    „Was klinget und brauset"
06. Reigen mit Klavierbegleitung:
    „Schüddel de Büx"
    (Mönchguter Fischertanz)
07. Theater:
    „Wenn mancher Mann wüßte"

---

[95] Refeille   *franz.* Weckruf

PAUSE

08. Orchester:
    „Radio - Marsch",
    „Klein, aber niedlich",
    „Lieschens erster Ball"
09. Chor 3- stimmig:
    „Mein Havelland"
10. Chor 4- stimmig:
    „Russischer Vespergesang"
11. Gedicht:
    „Am Abend vor Ostern" von,
        Irma Franke
    „Ostereier" von
        Elfriede Ballerstedt,
        Edith Heise,
        Ursula Rösicke
12. Theater:
    „Die beiden Haderlumpen"
13. Orchester:
    „Ein Männlein steht im Walde"
14. Chor 3- stimmig:
    „Nun zu guter letzt."

Zur Entlassung kommen:
- drei Knaben:
        Willi Baars
        Ernst Görn
        Martin Friesicke
- ein Mädchen:
        Erika Heise
Anfänger:
    - zwei Mädchen:
        Edith Heise,
        Ursula Rösicke.

Die Schülerzahl zu Anfang des neuen Schuljahres beträgt demnach:
    13 Schüler, davon
      6 Jungen und
      7 Mädchen.

Die Ausbildung im Luftschutz hat begonnen. Drei Abende dienten der Grundschulung. Der Vortragende war der Lehrer.

Am Ostersonntag den 28.03.37 hielt Vikar Wichert seine Abschiedspredigt. Der Gottesdienst wurde durch den Sologesang: „Christus ist erstanden, von des Todes Banden" verschönt. Vikar Wichert war allseits sehr beliebt. Er verläßt uns, um noch ein halbes Jahr das Prediger - Seminar zu besuchen.

An demselben Tage wurde die Witwe Karoline Ballerstedt zu Grabe getragen. Sie stand im 74. Lebensjahr. Die Kinder sangen 3- stimmig: „Über den Sternen wohnt Gottes Frieden". „Mit dem Herrn fang alles an" und „Der Herr ist mein Hirte".
Der Konfirmandenunterricht ist auch gleich aufgenommen worden. Er ist Dienstags nachmittags von 2 Uhr bis 4 Uhr in der Gülper Schule.

Am Sonnabend den 24.04.37 heiratete Otto Brose und Minna Rohrschneider von hier. Die Trauung war in Spaatz.

Am Montag, den 26.04.37 begann der Bauer Walter Rösicke mit dem Abriß des alten Wohnhauses (Fachwerkbau).

Das Hochwasser hält in diesem Jahr immer noch den Stand der in früheren Jahren erreichten Stauhöhe. Hinzu kommt, daß es fast alle Tage regnet.
Dadurch können die niedrig gelegenen Äcker noch nicht bestellt werden, obwohl die Zeit drängt, denn wir haben schon den 28. April 1937.

Am 01. Mai vereinte eine Kaffeetafel die Einwohner des Dorfes im Saale des Herrn

Pg.[96]. A. Rösicke. Nach dem Fahneneinmarsch eröffnete der Ortsgruppenleiter der DAF[97], die Feier. Er begrüßte die Erschienenen und ermahnte alle, dem 3. Reiche seine Pflichten zu tun. Der erste Vierjahresplan verlangte den vollen Einsatz eines jeden einzelnen. Nun gehen wir in den 2. Vierjahresplan. Er stellt noch größere Anforderungen an alle. Wenn wir aber mit Mut und Freude ans Werk gehen, so wird uns auch diesmal der Erfolg nicht versagt bleiben.
HJ, BDM und Schule hatten die Unterhaltung während der Kaffeetafel übernommen. Der Sprechchor „Deutsche Arbeit" das Gedicht „Pflicht", mehrstimmige Gesänge und zwei Duette, zweier BDM - Mädel, fanden den Beifall der Versammlung. Das Schulorchester spielte bekannte Lieder und flotte Märsche.
Gut aufgenommen wurden auch Volkstänze des BDM; die zum allgemeinen Tanz überleiteten.
Orchester:
    „Coburger Marsch"
Gesang 2- stimmig:
    „Brüder in Zechen und Gruben",
    „Wo die Arbeit zieht ins Haus"

Sprechchor:
    „Deutsche Arbeit"
    von Adolf Schaube
Gedicht:
    „Pflicht"
    von Heinrich Anacker
Orchester:
    „Wann wir schreiten",
    „Der mächtigste König"
Orchester und Sologesang:
    „Lustiges Volk" (Marsch),
    „Der Mai ist gekommen"

Gesang 3- stimmig:
    „Die Sonne erwacht"
Duett mit Klavierbegleitung:
    „Wenn der Frühling auf die Berge"
    „So hat sich die ganze Woche"
Orchester:
    „Tina - Polka".
Orchester und Sologesang:
    „An der Weser"

Am Himmelfahrtstag sangen die Kinder in der Kirche 2- stimmig. Der Lehrer sang den Tenor, gesungen wurde das Lied: „Gen Himmel aufgefahren".

11.05.37: Ein heftiges Gewitter zog am Dienstag über unseren Ort hinweg. Gewaltiger Regen strömte vom Himmel hernieder. Blitze zuckten durch die Nacht. Ein Blitz schlug in das Stallgebäude des Erbhofbauern Fritz Schaar, als man gerade beim Melken war. Menschen und Vieh wurden zu Boden geworfen, kamen aber mit dem Schrecken davon. Das Dach dagegen war stark mitgenommen worden. Zum Glück war der Heuboden leer, so daß kein Blitz seine Nahrung fand.

Gottesdienst war am 2. Pfingstfeiertag um 8 Uhr. Es wurde gesungen:
    „O Heiliger Geist, o heiliger Gott",
    die große Doxologie und
    „O, du Geist der Herrlichkeit".

Am 2. Pfingstfeiertag wurden in Spaatz der Arbeiter Otto Friesicke und Johanna Theo, beide von hier, getraut.

Am Mittwoch, dem 09.06.37 tagte hier die Pädagogische Arbeitsgemeinschaft.

---

[96] Pg.   *Abk.* Parteigenosse
[97] DAF   *Abk.* Deutsche Arbeitsfront

Der Lehrer hielt eine Lektion: „Von den Niederschlägen". Mittag gegessen wurde bei Gastwirt Ziemann, wo die Kollegen dann kameradschaftlich zusammensaßen.

Geboren wurden:
        am 28.05.37 Anneliese Klare
und   am 05.06.37 Otto Kehrberg

Während des Feuerwehrfestes versank beim Baden in der Havel, vor den Augen seiner Kameraden, der 18 Jahre alte Landhelfer Karl Weins aus dem Rheinland. Der Arbeiter Erich Wunderlich holte ihn wieder heraus. Die Wiederbelebungsversuche blieben allerdings erfolglos.

Am Sonntag, dem 13.06.37, feierte die hiesige Feuerwehr ihr 25 - jähriges Jubiläum. Um 9 Uhr morgens erfolgte der Ausmarsch der Wehren von Kietz, Prietzen, Rhinow, Spaatz, Stölln, Strodehne und Gülpe zur Exerzier - und Geräteübung unter dem Kommando des Brandmeisters Göthlin, Prietzen. Der Angriff auf die brennenden Ställe und Scheunen bewies die Einsatzbereitschaft der Wehren. Mit dem Vorbeimarsch vor dem Oberbrandmeister Jung, Rhinow, schloß der Vormittag ab. Nach der Mittagspause ging es um 1 Uhr mit Musik durchs Dorf und dann zum Festplatz. Oberbrandmeister Jung gratulierte der Gülper Wehr zum Jubiläum. Er dankte insbesondere den Wehrleuten, die nun seit der Gründung der Wehr ihren Dienst tun. Ihnen nachzueifern sei Pflicht der Jugend. Bald entwickelte sich auf dem Festplatz reges Leben. Kegelbahn, Würfelbecher und Schießstand lockten mit Gewinnen.
Um ½ 8 Uhr wurde zum Einmarsch angetreten. Den Abschluß der Feier bildete am Abend der Festball im Saale von Kaleschky und Rösicke.

Am 21.06.37 traf der Arbeitsdienst hier ein. Er ist den Bauern eine Hilfe. Jeder Bauer kann seine Hilfe beantragen. Das Quartier ist in Kaleschky`s Saal. Am Sonnabend wird nur vormittags beim Bauern geholfen.

23.06.37: Geboren wurde beim Arbeiter Albert Otto ein Junge mit Namen Dieter.

Am 23.07.37 wurde den Eheleuten Fritz Schaar eine Tochter mit Namen Hiltraud geboren.

Um das diesjährige Kienbergfest hat es sehr viel Zank und Streit gegeben. Durch das verschärfte Rauchverbot im Walde wurde das Fest auf dem Kienberg vom Landrat als verantwortungslos und bestimmungswidrig bezeichnet. Ein anderer Ort zur Austragung des Festes fand aber keinen Beifall. Gülpe wollte daher in seinen Weiden ein eigenes Kinderfest mit Beteiligung des BDM und des Arbeitsdienstes aufziehen. Alle Vorbereitungen waren getroffen, alle Genehmigungen eingeholt, als der Landrat unter bestimmten Bedingungen das Fest auf dem Kienberg genehmigte. Da die Schulen die Bedingungen nicht übernehmen konnten, wurden jetzt die vier Gemeinden, Gülpe, Wolsier, Prietzen und Spaatz die Veranstalter. Wobei aber die Lehrer sich die innere Ausgestaltung des Festes vorbehielten. Gülpe mußte, um des lieben Frieden willens, sein Fest fallen lassen.

Am 05.09.37 fand das gemeinsame Fest auf dem Kienberg statt. Die Ansprache hielt der Lehrer Fiedler aus Spaatz.
Als Gesänge sind gewählt worden:
„Laßt uns jauchzen" Kanon,
„Jugend will marschieren",
„Auf ihr Mädel, auf ihr Buben!"
Getanzt wurden folgende Reigen:

„Zipfelmütze",
„Wen soll ich nach Rosen schicken",
„Kiekebusch".

Dann folgten Gesänge des Arbeitsdienstes Gülpe und des Landjahres Prietzen. Der Gülper Arbeitsdienst bekam auch Kuchen und Kaffee. Die Schlußrede hielt Koll. Fiedler aus Spaatz.

Ein schöner Feiertag für unser Dorf wurde das Erntedankfest 1937. Das Programm war:
09 Uhr Festgottesdienst in der Kirche
 Geige (Lehrer) und
 Orgel (Lehrersfrau):
„Andante[98]" von Chr. von Gluck
 Gesang: Sopran, Alt und Tenor (Lehrer):
„O Gott von dem wir alles haben".

¼ 3 Uhr Umzug der Jugend durch das Dorf. Voran der Erntewagen des Milchkutschers mit den Allerkleinsten. Gefeiert wurde auf Gerwig`s Wiese.

Sprechchor:
 „Unserem Volkskanzler Adolf Hitler" von Marie Bedürftig
Lied 2- stimmig:
 „Heil Hitler, Heil!"
und der Schluß 3- stimmig:
 „Es kommt mit hellen Wogen!"
3- stimmig
 „Wenn alle Brünnlein fließen"
2- stimmig
Reigen des BDM
Lied: „Argonner Wald" 2- stimmig
 „Der Jäger in dem grünen Wald"
1- stimmig mit 2 Geigen und Gitarre
Reigen der Schule:
 „Ritsch, ratsch, videbumm bumbum"
 „Guten Abend!"
Lied:
 „Wie lieblich schallts"
 2- stimmig,
 „Weit laßt die Fahnen wehen"
 2- stimmig
Spiellieder der Allerkleinsten:
 „Hule, hule Gänschen"
 „Hampelmann"

Lauf: BDM
<u>1 Gruppe</u> über 14 Jahre:
 1. Sieger Martha Pelzer
 2. Sieger. Herta Schulenburg.
<u>2. Gruppe:</u>
 1. Sieger Hildegard Repke
 2. Sieger Luise Kaleschky
<u>Männliche Jugend über 14 Jahre:</u>
 1. Sieger Martin Friesicke
 2. Sieger Willi Lusow
Schule:
 Sieger: Lieselotte Neubauer,
 Gerhard Schönemann,
 Irma Franke,
 Ursula Rösicke
Lauf der Allerkleinsten
Dazwischen Vorführungen vom Rathenower BDM und Jungvolk.

Abends:
¾ 7 Uhr Fackelzug der Jugend durch das Dorf.
8 Uhr Kaffeetafel bei Gastwirt Rösicke mit:
Sprechchor: „Erntedank der Deutschen" von Hermann Claudius
Lied 4- stimmiger Kanon:
 „Grüßet die Fahnen"
Orchester:
 „Annemyrl"
 „Gnomenwalzer"

---

[98] Andante mäßig bewegtes Tonstück

„Strömt herbei ihr Völkerscharen"
Lied Gemischter Chor, BDM, Schule und Arbeitsdienst:
„Sehnsucht nach dem Rhein"
Männerchor des Arbeitsdienstes:
„Sah ein Knab ein Röslein stehn"
Gemischter Chor, wie oben und Orchester:- 1. Mandoline,
- 2. Mandoline,
- Flöte,
- Gitarre und
- Klavier:
„Annmarie, komm Tanz mit mir"
Orchester:
„Militärmarsch".

Hochzeit von Erbhofbauer Karl Friedrich Ferdinand Hünemörder, hier und Erna Gertrud Elfriede Suhr, Strodehne.

Fräulein Helene Frieda Liesbeth Gerwig heiratet den Kaufmann Otto Hermann Willi Leppin und zog nach Rehberg.

Silberhochzeit feierten die Händler Wilhelm Schönemann und Frau am 05.11.37 Die Kinderkapelle spielte morgens ein Ständchen: „Lobe den Herrn", und „Duftende Blumen". (Quadrille).

Am 07.10.37 mußte der Arbeitsdienst plötzlich abrücken.

Der Maurer Adolf Rösicke heiratete Elisabeth Klare geb. Radfan und zog nach Rhinow

Am 13.11.37 meldeten sich die Schülerin Lieselotte Neubauer und Erich Neubauer wegen Umzugs der Eltern nach Rathenow ab. Die Schülerzahl beträgt nunmehr 11 Schüler.

Im Garten wurden wieder 7 neue Bäume gepflanzt:
- 4x Apfel: Apfel aus Lunow, London Pepping, Kaiser Wilhelm, Schöner aus Boskoop
- 2x Birne: Präsident Drauerd und doppelte Phillipsbirne
- 1x Pflaume: Ruth Gerstetter.

Der kommissarische Schulrat, Herr Rektor Thiele, Rathenow, ist ab 01.12.37 nach Templin versetzt worden. Nach hier kam Herr Schulrat Kirchgatter aus Meseritz.

Am 28.11.37 wurde Frau Karoline Brose 80 Jahre alt. Das Schulorchester brachte der betagten Frau ein Ständchen.

Der Nußbaum wurde aus dem Garten ausgegraben, und auf den Hof gepflanzt.

Am Totensonntag sangen die Kinder in der Kirche:
„Das Leben welkt wie Gras"
und
„Harre meiner Seele".

Am Bußtag fiel der Gottesdienst aus. Am 15.11. war nämlich der Vikar Merz nach Berlin abgereist. Totensonntag vertrat der Strodehner Vikar. Bis jetzt ist noch kein neuer Vikar angekommen.
Am Sonntag, den 19.12.37 hielt der neue Vikar seine Antrittspredigt. Der Sonntag vor Weihnachten wird immer nur schwach besucht. Im vorigen Jahr fiel der Gottesdienst deshalb aus. Diesmal war nur ein Mann anwesend, außerdem allerdings waren noch 2 Schulmädchen gekommen. Der Gottesdienst fand statt. Am Abend des 19.12. fand im Saale des Herrn Rösicke die Weihnachtsfeier statt. Die Schule war der Veranstalter.

Das Programm war folgendes:
1. Vorspruch: Gerda Franke
2. Reigen: „Leise rieselt der Schnee"
3. Kurze Ansprache des Lehrers
4. Orchester:
„Weihnachtsouvertüre"
5. Gedicht:
„Weihnachten"
von Eichendorf
von Elfriede Ballerstedt vorgetragen
6. Orchester und 3- stimmiger Gesang:
„Süßer die Glocken nie klingen"
7. Kindertheater:
„Im Zwergental zur Weihnachtszeit"
PAUSE

8. Gedicht:
„Knecht Ruprecht"
von Theodor Storm
vorgetragen von Siegfried Görn
9. Orchester:
„Weihnachtsmarsch"
10. Orchester und 3- stimmiger Gesang:
„Leise rieselt der Schnee"

11. Orchester:
„Weihnachtsjubel überall"
12. Erwachsenentheater:
„Menschenleid und Weihnachtsglück"

Am 15.12. spielte die Schulkapelle bei Frau Pauline Rösicke zum 70. Geburtstag.

Am 1. Weihnachtsfeiertag war hier um ½ 9 Uhr Gottesdienst. Er wurde ausgestaltet durch „Weihnachtspastorale" (aus dem „Messias" von Händel für 2 Geigen und Klavier).

Am 30.12. früh ½ 4 Uhr starb die Witwe Karoline Ziemann geb. Ziemann im 73. Lebensjahr. Die Trauerfeier wurde verschönt durch den Trauermarsch aus „Antigone" von Mendelssohn-Bartholdy für 2 Geigen, und den dreistimmigen Gesang „Wo findet die Seele, die Heimat, Ruh".

Das Jahr 1938

Der Neujahrsgottesdienst war am Neujahrstag um 10 Uhr. Das Orgelspiel hatte der Bürgermeister Friesicke aus Spaatz übernommen.
Die Beerdigung von Frau Ziemann war am Sonntag den 02.01.38 um 1 Uhr

Am 01.12.37 wurde in Gülpe der Fußballclub gegründet. Vereinsführer ist der Lehrer des Ortes. Im Januar 1938 hat der Verein bereits 22 Mitglieder. Der Verein schließt sich dem DRL an. Gespielt wird vorläufig auf Gerwig`s Wiese an der Kleinen Havel.

Am Montag, dem 17.01.38, brachte die Schulkapelle dem Zeitungsausträger Adolf Rösicke zum 70. Geburtstag ein Ständchen.
Seit Anfang Dezember hatten wir einen strengen Winter und viel Schnee. Gegen Mitte des Januars setzte Tauwetter ein. Regenstürme folgten. Überall in Deutschland ist Hochwasser. In Gülpe tritt die Havel über ihre Ufer.

Am Montag, den 24.01.38 wurde dem Ehepaar Trütschler eine Tochter geboren, mit Namen Ursula.

Der neue Vikar hält die Konfirmandenstunde in Wolsier ab.

Der FC[99] Gülpe spielte am Sonntag, den 23.01. auf der Gänsewiese gegen TV Jahn Rathenow 2 und verlor 1:7.

Das Hochwasser steigt mehr und mehr. Seit 1933 war es nicht mehr so hoch. Der Januar bringt immer mehr Regen. Täglich fallen große Regenmassen. Was soll das noch werden?

Der FC Gülpe spielte am 06.02. in Rathenow gegen die alte Herrenmannschaft von TV Jahn und gewann das Spiel knapp mit 3:2.

Am Mittwoch, den 09.02. spielte die Schulkapelle zur Silberhochzeit des Büdners Richard Repke.

Der bisherige langjährige Kreismedizinalrat. Dr. David, ist nach Minden versetzt worden.

Seit dem 01.04. ist das Hochwasser am Fallen.

Laut Bescheid des Landrates vom 18.02.38 werden, auf Antrag des Lehrers vom 10.02.38, die auf das Diensteinkommen des Lehrers einzunehmenden Stalleinkünfte vom 01.04.38 wie folgt festgesetzt:
- Jagdpacht: 1,15 RM
- Hausgarten jährlich: 5,00 RM
- Landertrag: 181,50 RM

Sie fließen in die Gemeindekasse. Aufgerundet auf den nächsten durch 12 teilbaren Betrag von 4.80 RM in Worten: (Vier Reichsmark und 80 Reichspfennige) gez. Eckert.

Der Lehrer hatte im Herbst des vorigen Jahres ein drittes Zimmer beantragt. Der Schulraum sollte wegen der geringen Kinderzahl verkleinert werden. Die Gemeindevertretung lehnte diesen Antrag ab. Der Lehrer wandte sich daher an den Landrat mit der Bitte um Abhilfe. Das Schreiben ging an das staatliche Hochbauamt Brandenburg. Dies forderte nun vom Lehrer eine Zeichnung des Schulgrundstückes. Nun kam das Schreiben noch einmal an die Gemeinde. Der Bürgermeister mußte die Kinderzahlen bis 1943 angeben. Sie beträgt voraussichtlich 17 Schüler und noch ein paar andere Dinge, wie: beheizbare Zimmer der Lehrerwohnung und Kopfzahl der Lehrerfamilie. Die Gemeinde lehnte den Umbau aufs Neue ab. Daraufhin löste der Lehrer das Schulorchester auf. Nachdem er schon auf den Theaterabend verzichtet hatte, sieht er nun auch von einer Schulentlassungsfeier ab. Das letzte Wort dürfte in dieser Angelegenheit noch nicht gesprochen sein.

Am Heldengedenktag trat der Kriegerverein vor dem Gasthaus A. Rösicke an und marschierte zum Gefallenendenkmal, wo ein Kranz niedergelegt wurde. Von dort ging es zur Kirche, wo um ½ 10 Uhr Festgottesdienst war.

Im Februar hat der neue Schulrat, Herr Kirchgatter, sein Amt in Rathenow angetreten. Er wünscht, daß die amtlichen Schulleiter- und die Ministerialamtsblätter gebunden aufbewahrt werden. Alle Terminmeldungen erfolgen an den Kreisabschnittsverwalter, Lehrer Marks, Neuwerder, der sie gesammelt weiterreicht. Die Lehrer sollten sich für eine schöne Lehrerdienstwohnung und gute Klassenzimmer einsetzen. Am Montag, den 21.03.38 besichtigte der Landrat die

---

[99] FC   *Abk.* Fußballclub

Lehrerdienstwohnung. Er sagte, daß die Gemeinde den Antrag des Lehrers noch einmal unberechtigt abgelehnt habe. Die Lehrerdienstwohnung hätte 4 beheizbare Zimmer, was genüge. Zu einem zwangsweisen Einschreiten kann sich der Landrat nicht entschließen, da andere Dienstwohnungen noch erheblich schlechter wären, und erst für diese Geldmittel bereitgestellt werden müßten.

Am 01.04. wurden 2 Knaben entlassen: Herbert Kaleschky und Gerhard Schönemann. Aufgenommen wurde 1 Knabe: Werner Wunderlich.
Damit beträgt die Schülerzahl des Schuljahres 1938 / 39:   10 Kinder:
6 Mädchen und
4 Jungen.

Der Ortsgruppenleiter der NSDAP Pg. Scharlock, Wolsier, hat den Lehrer gebeten, das Schulorchester wiederaufzunehmen. Das Orchester hat sich im ganzen Kreis Westhavelland großer Beliebtheit erfreut. Darauf hat der Lehrer das Orchester wiederaufgenommen. Er spielte zum ersten Mal wieder zur Wahlversammlung am 2. April, im Saale des Pg. A: Rösicke.
Der Flötist ist nun aus der Schule entlassen worden, und geht nun nach Rathenow, um das Schlächterhandwerk zu erlernen. Er spielte auf seiner Orchesterflöte schon ganz brav. Sein Fortgang bedeutet für das Orchester einen großen Verlust. Der Lehrer will nun eine Flöte bestellen, und sie dem Schlosserlehrling Alfred Görn zur Verfügung stellen, damit sich die Lücke wieder schließt, wenn der Betreffende fleißig übt.

In der Angelegenheit der Lehrerdienstwohnung antwortete der Landrat:

Rathenow, den 12.04.1938
„Auf den Antrag vom 28.11.1937.
Eine Vergrößerung Ihrer Dienstwohnung durch Abtrennen eines Schulzimmers ist nicht angängig. Es muß damit gerechnet werden, daß die Zahl der Schulkinder auf Grund der bevölkerungspolitischen Maßnahmen des Führers wesentlich zunehmen werden. An einen Schulneubau ist in absehbarer Zeit nicht zu denken. Bei der Besichtigung ihrer Wohnung habe ich festgestellt, daß diese in ihrem jetzigen Zustand unzureichend ist. Der Gemeinde ist aufgegeben:
1. Das Giebelzimmer zu vergrößern, die Wände zu verstärken und einen Kachelofen darin zu setzen.
2. Das Dach über diesem Zimmer auszubessern, damit die Zimmerdecke gesichert wird.
3. Die Dielung des Dachbodens auszuführen.
Die Arbeiten sollen sofort in Angriff genommen werden. Wenn die Arbeiten ausgeführt sind, ist die Wohnung als ausreichend anzusehen. Ich bitte zum 1. Mai dieses Jahres mir mitzuteilen, ob mit den Arbeiten begonnen ist.
gez. Eckard"
Das Schreiben liegt im Original unter den Eingängen.

Der Antrag des Lehrers lautete:
„Die Lehrerdienstwohnung in Gülpe ist unzureichend. Von 4 Räumen sind nur 2 als Zimmer verwendbar. Ein Raum ist als Zimmer zu klein, der andere ist auf dem Boden viel zu leicht gebaut, um im Winter bewohnt werden zu können. Der Antrag des Lehrers, von dem Schulraum ein Wohnzimmer abzu-

schlagen, wurde von der Gemeindevertretung einstimmig abgelehnt, obwohl der Schulraum 9,20m mal 5,08 m groß ist, und die Schülerzahl nur 11 beträgt. Die Schülerzahl wird zunächst noch geringer und steigt in den späteren Jahren nur unbedeutend. Die 2 Zimmer reichen für die Lehrerdienstwohnung nicht aus. Ich bitte daher um Abhilfe.
gez. Horbel, Lehrer"

Am Sonnabend, den 30.04.38 starb der Fischer Hermann Ritter im Alter von 62 Jahren an Skorbut.

Am Sonnabend, den 30.04. feierte man bereits den 1. Mai. Am Abend war bei Gastwirt Rösicke eine Kaffeetafel. Während der Kaffeetafel:
Schulorchester:
„Am Holderstrauch",
„Frühlingszeit",
„Der Mai ist gekommen",
„Ein rheinisches Mädchen"
Gedicht:
„Was ist des Deutschen
Vaterland"
von E. M. Arndt.
Während des Tanzes, Volkstänze des BDM.

1. Ostertag. Der Vikar Dantz ist zum letzten Mal in Gülpe zum Gottesdienst gewesen. Er ist nach Söst (Westfalen) abberufen worden.

12.05.38: Bei dem Bauern Richard Friesicke (Insel) und Ernst Gerwig, wird die Maul - und Klauenseuche festgestellt. Der Landjäger wohnt bei dem Bauern Repke und überwacht die Sicherheitsmaßnahmen.

08.05.-21.05.38 Der Lehrer war zu einem Schulungskurs des NSLB[100]. in Hohenlychen. Die Vertretung hatte Koll. Uhlig, Wolsier übernommen. Er wollte jeden Tag von 10 - 12 Uhr vertreten, wurde aber schon nach dem ersten Tag der Vertretung krank. Nun vertrat Koll. Krause aus Prietzen. Dienstag und Mittwoch
von 10 Uhr - 12 Uhr,
Freitag
von 7 Uhr - 12 Uhr.
Die anderen Tage fiel der Unterricht aus.

Am. Freitag, den 20.05.38 wurde dem Ehepaar Otto Friesicke ein Junge geboren (Horst).

Sonnabend, der 04.06. Der Bauer Ernst Winter mußte sein Vieh eintreiben, da der Tierarzt bei den Kühen die Maul - und Klauenseuche festgestellt hatte.

März 1938: Das Wetter war sehr warm. Die Bäume, Sträucher usw. treiben sehr stark, so daß durch den Nachtfrost die zarten Triebe und Knospen erfroren. Es gibt in diesem Jahr kein Obst, abgesehen von Erdbeeren und Himbeeren.

Dienstag 19. April: In der Schule fand die erste Mütterberatungsstunde vom staatlichen Gesundheitsamt statt. Die Mütter erhielten unentgeltlich Rat über Ernährung und Pflege ihrer Kinder. Die Beratungsstunden werden alle acht Wochen abgehalten.

Donnerstag 09. Juni: Die hiesige NS Frauenschaft und die Schule fuhren mit

---

[100] NSLB *Abk.* Nationalsozialistischer Lehrerbund

KdF[101] in den Harz. Über Rathenow, Magdeburg und Halberstadt ging es über die Berge nach Rübeland. Die dreistöckige Hermannshöhle mit ihrer seltsamen Pracht versetzte die Besucher in die unterirdischen Zauberschlösser der Märchen, in die Wohnungen der Zwerge und Kobolde. Nach der Mittagsrast in Elbingerode brachte das Auto die Teilnehmer nach Treseburg. Von hier ging es zu Fuß an der Bode entlang und die Schurre hinauf zur Roßtrappe, wo ein herrlicher Ausblick auf den Unterharz und das schöne Vorland die Mühe des Aufstiegs lohnte. In Thale gab es Kaffee und Kuchen, und dann wurde die Rückfahrt angetreten.

Donnerstag 09. Juni: Der Bauer Arnold Bollmann hat auch unter seinem Viehbestand die Maul - und Klauenseuche festgestellt. Alle bisherigen Fälle in Gülpe waren aber gutartig.

Sonntag 19.06.38: Der neue Pfarrer Zander hat seinen Gottesdienst in Gülpe zum ersten Mal gehalten. Er verwaltet die hiesige Stelle ein Jahr als Hilfsprediger, hofft aber hier bleiben zu können. Er ist schon im vorgerückten Alter, hat Frau und drei Kinder. Er hat zunächst in anderen Berufen sein Glück versucht, und sich erst spät, nach dem durch Abendstudium nachgeholten Abitur, für den Pastorenberuf entschieden.

Donnerstag 23.06.38: In Gülpe trafen 13 Ferienkinder auf 4 Wochen zur Erholung ein.

Es nahmen ein Ferienkind bei sich auf:
<u>je ein Mädchen:</u>
- Müller Otto Gerwig
- Kaufmann Ernst Rösicke

- Bauer Arnold Bollmann
- Paul Bollmann
- Erich Schulenburg
- Gastwirt Alfred Ziemann
- Julius Paproth
- Wilhelm Leinemann
- Gastwirt Gustav Kaleschky
- Erich Winter
<u>je einen Jungen:</u>
- Arnold Zander
- Bauer Ernst Gerwig
- Paul Ziemann.

Die Kinder kamen aus Köln - Deutz (Rheinland).

01. Juli 38: Der hiesige Stützpunkt Gülpe, mit Wolsier und Prietzen ist wieder Ortsgruppe. Ortsgruppenleiter ist Pg. Scharlock, Wolsier. Stützpunktorganisationsleiter Karl Heinz?????[102] Prietzen, mußte sein Amt zur Verfügung stellen. Der Lehrer ist am 01. April zum Ortsgruppenschulungsleiter ernannt worden und bestätigt von Kreisschulungsleiter Scharnbeck. Das Landjahr Prietzen hat den hiesigen Lehrer um Übernahme heimatkundlicher Vorträge gebeten.

01.07.38: Der Bauer Arnold Bollmann hat heute zum ersten Male wieder ausgetrieben. Das Einfahren von Heu mit Kuhgespannen ist ab heute freigegeben.
In Gülpe ist die Maul - und Klauenseuche erloschen.
„Die Gehöfts - und Ortssperre ist ab 07.07. aufgehoben. Gülpe bleibt Schutzgebiet."
(Rathenow, den 05.07.1938 Der Landrat)

Am Montag 18.07.38: Die 13 Ferienkinder, die aus der Kölner Gegend waren und

---

[101] KDF   Organisation Kraft durch Freude

[102] ???   war nicht lesbar geschrieben

für 4 Wochen zu uns gekommen sind, fuhren wieder in ihre Heimat zurück. Nachdem das Heimweh überwunden war, fühlten sie sich bei ihren Pflegeeltern recht wohl, so daß der Abschied allen recht schwerfiel.

Der Pg. Fritz Schaar hat die Kasse der hiesigen Ortsgruppe der NSDAP an Lehrer Uhlig, Wolsier, abgegeben. Lehrer Horbel, Gülpe, hat als neues Amt noch die Propaganda übernommen, so daß er Schulungs- und Propagandaleiter der hiesigen Ortsgruppe ist.

Wegen Arbeitermangels werden in diesem Jahr 4 polnische Landarbeiter im Ort beschäftigt. 3 davon können kein Wort Deutsch sprechen. Der vierte war im vergangenen Jahr schon in der Magdeburger Gegend tätig.
Sie helfen bei:
Pelzer
Paul Ziemann
Baars
Paul Bollmann.

Donnerstag 04.08.38: Die Maul - und Klauenseuche ist schon wieder im Ort. Der Maurer August Görn meldete die Maul - und Klauenseuche unter seinen Viehbeständen an.

Dienstag 09. August: Der Erbhofbauer Fritz Schaar meldet die Maul - und Klauenseuche unter seinen Viehbeständen an.

Montag 22. August: Im Rathenower Krankenhaus verschied, früh um 7 ½ Uhr, Frau Friederike Schatz im 78. Lebensjahr. Am Mittwochnachmittag war um 2 Uhr in Gülpe die Beerdigung. Die Kinder sangen 3- stimmig: „Wo findet die Seele."

Sonntag 28.08.38: Der Torwächter Herbert Franke vom FC Gülpe wurde im Spiel gegen MTV Schollene auf dem Gülper Platz von einem Schollener Stürmer bei der Ballabwehr so unfair angegangen (Tritt mit dem Fuß) daß er noch am Sonntag ins Krankenhaus geschafft werden mußte. Am Montagabend mußte der Arzt zur Operation schreiten, wobei er feststellte, daß die Milz in zwei Teile gerissen war. Der Verletzte schien die Operation gut zu überstehen. Er befindet sich heute, eine Woche später, auf dem Weg der Besserung, denn heute hat er schon Kartoffeln und Gemüse zum Mittagessen bekommen.

03.09.38: Die Havel steigt sehr. Auf Anraten aus Garz (Staustufe) sollen die Wiesen geräumt werden. Zu dieser Zeit habe ich in Gülpe noch kein Hochwasser mitgemacht. Die Oder hat schon seit längerer Zeit Hochwasser. Die Havel steigt immer noch; der höchste Stand ist noch nicht erreicht (12.09.).

Sonntag 04.09.38: Die Kirchenältesten von Gülpe waren nach Spaatz eingeladen, wo Pastor Lettenhauer aus Berlin - Hohenschönhausen seine Probepredigt hielt.

Donnerstag 08.09.38: Gülpe ist seuchenfrei.

Sonnabend 10.09.38: Es war ganztags Spiel und Sport für die Lehrer des Kreisabschnittes Rhinow und Friesack, in Rhinow. Abends schloß sich ein kameradschaftliches Beisammensein im Lokal Blumental an. Durch die 5 Turnstunden in der Schulwoche muß auch der Lehrer sportlich herangebildet werden.

Sonntag 11.09.38: Das diesjährige Kienbergfest beginnt. Es fand allerdings verspätet statt. Die Oberleitung (Rede) hatte von den Kollegen Lehrer Krause aus Prietzen.

Im Einzelnen verlief der Tag wie folgt:
¼ 12 Uhr Abfahrt vor der Gülper Schule
  mit dem Gespann (Ernst Schmidt)
½ 1 Uhr
  Abmarsch ab Wolsierer Schule
  Mit Musik nach den Kienberg
¼ 2 Uhr
  Ankunft auf dem Kienberg
¼ 2 - ¼ 3 Uhr
  Kaffeepause.
¼ 03 Uhr
  Antreten zum Marsch nach
  der Grube.
Darbietungen der Schule und des Landjahres Prietzen.
Die Schulen boten:
  „Bunt sind schon die Wälder."
Begrüßung und Rede: Koll. Krause aus Prietzen
Gesang:
  "Singend wollen wir marschieren"

Reigen:
  "Ritsch, ratsch wiede bumm bimbum"
  „Guten Abend, guten Abend".
Spiel der Kleinen:
  "Es zog ein Mann nach Asienland"
Gesänge und Reigen des Landjahres
Kasperletheater des Landjahres
Marsch zum Wettlauf
Preisverteilung auf dem Festplatz. Gülpe ging diesmal ganz leer aus!
Abends 7 ¼ Uhr Abmarsch nach Wolsier.
Vor dem Abmarsch:
  Kanon: „Heim, heim, heim."
Abschlußworte des Koll. Horbel, Gülpe.
Am Abend war Tanz in Prietzen und Gülpe. Der Saal des Gastwirts Rösicke war überfüllt.

Gesammelt worden zum Kienbergfest 86,20 RM. Ein sehr guter Betrag.

Freitag 16.09.38: Dem Ehepaar Karl Hünemörder und Frau Elfriede, geb. Suhr, wurde ein Junge geboren, mit Namen Hans - Joachim.

Die NS Frauenschaft ist nach dem Vorbild der Partei in Ortsgruppen aufgegliedert worden. Unsere Ortsgruppe heißt Gülpe. Ortsgruppenleiterin ist Frau Horbel aus Gülpe.

20.09.38: Das Hochwasser ist gefallen. Die Havel reicht aber immer noch über die Ufer hinaus

01. Oktober: Das Erntedankfest wurde diesmal am Abend im Saal des Gastwirts A. Rösicke gefeiert.

01. Gesang, 2- stimmig:
  "Nichts kann uns rauben."

02. Gedicht:
  „Was bleibt"
  von Gerhard Dabel.
03. Rede des Lehrers mit:
  „Sieg - Heil" und
  „Deutschlandlied" und
  „Horst - Wessel - Lied".
04. Gesang:
  „Singend wollen wir marschieren"
  „Auf hebt unsere Fahnen."
06. Orchester:
  „Duftende Blumen" (Estasy)

- Ehrung Gerhard Babe für 9 Jahre Tätigkeit beim Bauern Fritz Schaar
- Ehrung Otto Ziemmeck für 10 Jahre Tätigkeit beim Bauern Erich Winter.

07. Orchester:
   „Torgauer Marsch"
08. Gedicht:
   „Bauernerbe"
   von Alfred Huggenberger
09. Gesang, Kanon:
   „Bim-bam, horch der Glocke Ton"
   „Es klappert die Mühle"
10. Gesang, 2- stimmig:
   „Ich trag ein goldenes Ringelein"
11. Gesang des FC Gülpe:
   „Ich bin ein freier Wildbretschütz[103]"
12. Gesang:
   "Abends unterm Weizenkranz."
13. Reigen:
   „Dolziger Mühle"
   „Gelbzahn".

02. Oktober 38: Am Erntedanktag war in Gülpe kein Gottesdienst. Am Nachmittag war ein Ausmarsch der hiesigen Jugend (Schule, BDM, und Fußballclub) zum Sportplatz, wo unter Leitung des Lehrers ein frischer Sportbetrieb einsetzte (Staffel, Völkerball, Ball über die Schnur, Wettlauf um Preise, Handball).
Am Sonntag ging die Schwester von August Görn nach Rathenow.

06.10.38: Sonntag. Der FC Gülpe hielt beim Kameraden A. Rösicke seine Jahresversammlung ab. Der Club blickt damit auf ein einjähriges Bestehen zurück. Die Mitgliederzahl des FC stieg im Laufe des vergangenen Jahres von 19 auf 31.
Einer Jahreseinnahme von: 169,73 RM steht
eine Jahresausgabe von: 145,03 RM gegenüber,
so daß ein augenblicklicher Kassenbestand von: 24,70 RM bleibt.

Spielerisch konnten noch keine großen Erfolge errungen werden. Von den bisher 24 ausgetragenen Spielen wurden nur 6 gewonnen, zwei Spiele endeten unentschieden und 16 gingen verloren. Durch die regelmäßigen Übungsabende dürfte doch im kommenden Jahre die Spielstärke zunehmen.

09.10.38: Der erste Eintopfsonntag erbrachte das Ergebnis von 29,55 RM. Die NS Frauenschaft hat die Sammlung wieder übernommen, während der BDM die Pfundpakete einsammelt und die Mitglieder der Deutschen Arbeitsfront und der Partei den Plakettenverkauf übernommen haben.

Im Schulhaus sind im Oktober die Handwerker. Das Dach wird vollständig umgedeckt. Das obere Zimmer wird vergrößert, die Mauern werden verstärkt. Der Boden wird gedielt. Dachrinnen werden angebracht. In der Schulstube wird ein neues Fenster eingesetzt. Der Kreismedizinalrat hat einen Bericht (Oktober 1938) über das hiesige Schulhaus an den Bürgermeister geschickt, worin er viele Schäden aufdeckte und ihm die Beseitigung empfahl. Der Lehrer hat keine Abschrift erhalten. Der Bürgermeister las es auf einer Gemeindeversammlung vor.
Einige Schäden: Die Lehrerwohnung hat nur zwei Zimmer, und die Küche und ein Zimmer müssen renoviert werden. Es ist keine Waschküche vorhanden Der Flur ist gemeinsam. Die Schule liegt an einem Seitenweg, vor dem Schulhaus ist nicht gepflastert. Die Kinder müssen auf dem

---

[103] Wildbret   essbares Wildfleisch

Schulweg durch hohen Schmutz; dadurch sind Sauberkeit und Ordnung nicht zu erreichen. Die Pumpe hat keine zementierte Abflussrinne. Die Aborträume sind in Ordnung. Das Schulzimmer ist verkehrt belichtet. Der Lehrertisch muß an die Westwand. Dahin müssen auch die Bänke gerichtet werden, damit das Licht von hinten einfällt. Der Schulraum bedarf eines neuen Anstriches. Die beiden Fenster an der Straßenseite müssen durch Abschnappvorrichtungen verdübelt werden.

10.10.38: Aufgeboten sind der Fabrikarbeiter Friedrich Wilhelm Otto Mangelsdorf, hier, und Else Emma Anna Führ aus Hohengöhren-Damm.

30. Oktober 38: Pastor Zander hat Spaatz verlassen.

03. November 38: Zwei neue Schüler aus Spaatz melden sich in der hiesigen Schule an; Rudi Kukelinsky und Inge Kukelinsky, beide im ersten Schuljahr.
Damit beträgt die Schülerzahl:
    12 Kinder
    5 Knaben und
    7 Mädchen.

Die Sammlung der hiesigen Frauenschaft für die Sudetendeutschen war ein voller Erfolg. In jedem Haus wurden die Sammlerinnen gern und freudig aufgenommen, und jeder gab herzlich und reichlich. Niemand schloß sich aus.
Es wurden in unserem kleinen Ort gespendet:
- 14 Paar Schuhe,
- 7 Paar Strümpfe,
- 1 Paar Handschuhe,
- 4 Pfund Lebensmittel, Wolle,
- 117 Kleidungsstücke und Wäschestücke,
- ein Geldbetrag von 21,50 RM.

Am 09. November 38 marschierten die Parteien und ihre Gliederungen zum Gefallenenehrendenkmal, wo ein Doppelposten der SA[104] mit Fackeln Aufstellung genommen hatte. Gesang leitete die Feierstunde ein. Nachdem die Namen der Gefallenen vorgelesen waren, sprach Ortsgruppenführer Scharlock und legte einen Kranz nieder. Den Abschluß der Feier bildeten:
das Gedicht der:
    „Novembergefallenen",
das Lied:
    „Nun lasset die Fahnen
    fliegen"
und das große:
    „Morgenrot".

Vom Gefallenenehrendenkmal ging es zum Pg. Kaleschky. Hier gedachte der Ortsgruppenleiter zunächst der Opfer des Genthiner Unglückes. Darauf las der Ortsgruppenschulungsleiter „Der 09. November 1923" vor.
In der sich anschließenden Mitgliederversammlung wies der Ortsgruppenleiter auf die Kundgebung am 15.11.38 in Wolsier hin, zu der Kreisleiter Pg. Stegemann kommt. Alle Volksgenossen sollen daran teilnehmen.

Aufgeboten sind der Schiffer Otto Wilhelm Görn und Elfriede Martha Lina Komnick, ohne Beruf, beide von hier.

Sonnabend 11. Dezember: Das erste Stiftungsfest wird beim Kameraden Arthur Rösicke gefeiert.

15.11.38: Öffentliche Kundgebung.
Im festlich geschmückten, überfüllten Saale des Gastwirts Tonne fand am Dienstag eine öffentliche Versammlung

---

[104] SA   *Abk.* Sturmabteilung

statt. In Mittelpunkt stand die Rede des Kreisleiters Stegemann.
Musikalische Darbietungen des Landjahres Prietzen und der Dorfkapelle Gülpe unter Leitung des Schulungsleiters Pg. Horbel umrahmten die Veranstaltung. Nach dem Fahneneinmarsch und der Totenehrung eröffnete Pg. Scharlock die Versammlung und gab einen Bericht über die NSU[105], WHW[106] und die Ergebnisse der Ortsgruppe. Die Rede des Abends stand unter dem Leitspruch: „Wir danken unserem Führer". Die Geschlossenheit, welche uns die Krisenzeit erfolgreich überwinden half, so führte der Kreisleiter aus, muß weiter bleiben. Weshalb schlugen die Gegner damals nicht zu? Im Wesen ihrer parlamentarischen Regierung liegt es, daß ihre Landesverteidigung nicht so intensiv durchgeführt werden kann, wie in einem autoritären Staat. Ferner wirkte sich ihre völkische Vielheit nachteilig auf die Güte der Erzeugung aus. Der kanadische Arbeiter wird seiner Arbeit weniger Interesse entgegenbringen als der deutsche Arbeiter, der einmal seine von ihm hergestellten Waffen handhaben muß. Wesentliche Erziehungsinstrumente zu der völkischen Geschlossenheit sind die NSV[107] und das WHW. Alle sollen für die Gemeinschaft opfern, denn nur ihr verdanken wir alles, was wir haben. Der einzelne wäre nichts, wenn ihm die Gemeinschaft keine Verdienstmöglichkeiten gäbe. Der jüdische Meuchelmörder zeigt den Erzfeind unserer Volksgemeinschaft. Erstaunlich ist es, wie wenig manche Menschen vom Hasse des Judentums wissen, von denen uns eine Welt trennt.

Da Pastor Funke noch krank ist, predigte am Bußtag für ihn Freund Vikar Rohr aus Rathenow.
Am Totensonntag vertrat der Vikar Gottschalk aus Strodehne den noch kranken Pastor Funke.

Sonnabend, den 26.11.38: Die Trauung, Otto Wilhelm Görn und Elfriede Martha Lina Komnick, segnete Pastor Ebeling aus Rhinow in der Gülper Kirche ein. Der Lehrer (Geige) und seine Frau (Orgel) spielten zu Beginn „Treulich geführt". Nach dem Ringwechsel sangen die Kinder 2- stimmig „Ein getreues Herz".

Montag 28. November: Die Witwe Karoline Schröder starb im 76. Lebensjahr. Die Beerdigung ist am Freitagnachmittag, den 02. Dezember um 2 Uhr. Die Predigt hielt der neue Pastor Funke, der ab 01. Dezember hier seinen Dienst versieht. Eingangs sangen die Kinder einstimmig „Laß mich gehn", die Lehrersfrau begleitete auf der Orgel, der Lehrer spielte die zweite Stimme auf der Geige. Nach der Predigt sangen die Kinder 3- stimmig „Wo findet die Seele"; der Lehrer sang die 2. Stimme.

10.12.38: Der Schulrat Kirchgatter besuchte die hiesige Schule. Er kam um ½ 11 Uhr an. Die Kinder übten gerade für den am Abend vorgesehenen Vortrag des Berufsschuldirektors Bethage über Rasse und Volk im Saal von Rösicke. Am Abend vorher hatte der Herr Schulrat einen Vortrag in Spaatz gehalten, war über Nacht in Spaatz geblieben und hatte sich am Sonnabend durch Bäcker Roloff aus Spaatz nach Gülpe fahren lassen. Die Prü-

---

[105] NSU *Abk.* Nationalsozialistische Union
[106] WHW *Abk.* Winterhilfswerk

[107] NSV *Abk.* Nationalsozialistischer Verein

fung dauerte bis ¾ 2 Uhr. Der Herr Schulrat war mit dem Können der Kinder zufrieden. Die Prüfung erstreckte sich auf Rechnen, Deutsch, Raumlehre, Geschichte und Musik. Der Redner des Abends wurde davon verständigt, daß der Schulrat in Gülpe war, und nun auch gleich den Vortrag am Abend übernommen hatte.

"Deutschland treibt Rassenpolitik?"
Über dieses Thema hielt Hauptstellenleiter Pg. Kirchgatter am Sonnabend vor den Partei - und Volksgenossen aus Gülpe, Prietzen und Wolsier im Lokal des Pg. A. Rösicke in Gülpe einen Vortrag. Die großen Erfolge, die Deutschland unter seinem Führer Adolf Hitler errang, konnten nur auf Grundlage der rassenpolitischen Ausrichtung des Deutschen Volkes erreicht werden. Wir müssen uns unserer rassischen Werte bewußt sein, und einen festen Block gegen die jüdischen Weltherrschaftsgelüste aufrichten. Deutschlands Bestand muß durch die Forderungen gesichert werden:
1. Förderung der Eheschließungen und Geburtenzunahme.
2. Ausscheidung des erbbiologisch Minderwertigen.
3. Schutz des Deutschen Blutes.
Im zweiten Teil des Abends wurden Lichtbilder zu obigem Thema gezeigt.
Die Kundgebung wurde durch:
Sprechchor:
„Wir sind die Kette ohne Ende"
und Lieder der Schulkinder
„Heilig Vaterland" und
„Deutschland heiliges Wort"
und Musikvorträge der Dorfkapelle eingeleitet.

Dezember 1938: Der Lehrer hat wieder 6 neue Obstbäume gepflanzt:
- 1x Nußbaum auf dem Hof (der zweite)
- 1x Birne "Gräfin von Paris"
- 1x Birne "Köstliche von Charneu"
- 1x Apfel "Jakob Lebel"
- 1x Mutterapfel
- 1x Pflaume "Czar"

Das Zimmer auf dem Boden ist nun endlich fertig, nachdem der Maler und der Lichtleger ihre Arbeit beendet haben. Für die Lichtanlage auf dem Boden hat die Gemeinde 70, -- RM erhalten. Die Lichtanlage kostete aber nur 40, -- RM, darum konnte auch gleich im Klassenraum eine vorschriftsmäßige Anlage für drei Lampen angelegt werden.

Sonnabend 17.12 38: Treibjagd in Gülpe.
Von den Pächtern der Wolsierer Jagd (General Loeb und Major Horklimmer) und der Gülper Jagd (Leinemann und Ziemann) wurde eine Treibjagd veranstaltet, bei der zuerst drei Kessel auf der Feldmark von Wolsier und dann die übrigen auf Gülper Gebiet gemacht wurden.
Geschossen wurden insgesamt 67 Kreaturen,
in Wolsier:
    27 Hasen und 1 Kaninchen
in Gülpe:
    29 Hasen und 3 Kaninchen,
    6 Wildgänse und
    1 Jungfuchs.
Jagdkönig wurde: Jürgens aus Kietz,
der 1. Ritter: Heinrich aus
                       Strohdehne,
der 2. Ritter: Dr. Blume aus
                       Rathenow.

Nach dem wie üblich von Frau Ziemann vorbildlich ausgerüsteten Schüsseltreiben, wurden die Wildgänse amerikanisch zu Gunsten des Winterhilfswerkes versteigert. Sie brachte das großartige Ergebnis von 38, -- RM. Dieser Betrag wurde an den Rundfunk geschickt, damit für die

Jagdgesellschaft Gülpe und Wolsier beim nächsten Wunschkonzert das Lied „Grün ist die Heide" gespielt wird.

Sonntag 18.12.38: Die Schule veranstaltete ihre diesjährige Weihnachtsfeier im Saale des Gastwirts A. Rösicke. In der vorausgegangenen Woche setzte eine starke Kälte ein (bis -16°C), so daß der Besuch nicht so ausfiel wie in den Vorjahren.

Das Programm:
Orchester und gemischter Gesang:
„Stille Nacht"
Weihnachtsouvertüre - Orchester Fanal –
Sprechchor:
„Vor dem Christbaum"

Gedicht:
„Zu Weihnachten"
(von Edith),
„O du fröhliche"
(von Ursula)
Orchester und gemischter Chor:
„Weihnachtsmarsch"
Orchester:
„Leise rieselt der Schnee"
Orchester und gemischter Chor:
„Weihnachtsjubel überall"
Orchester:
„Das Deutsche Märchenbuch"
Theaterstück der Kinder.
PAUSE

Theaterstück der Großen:
„Um Ehre und Glück".
Beginn am Abend:
7.00 Uhr, Ende: 10 ¾ Uhr.
Der Lehrer hat wieder (aus der Schulkasse) zwei Mandolinen bestellt, eine für
- Gisela Kolpin, die Stütze des Gastwirts
Ziemann und
- Albert Wilke, den Lehrling

21. Dezember: Den Eheleuten Haberland wurde das zweite Kind geboren, ein Mädchen, das den Namen Christa erhielt.

Am Heiligabend war hier um 5 Uhr nachmittags Kirche.

Die Kinder sangen einstimmig mit Orgelbegleitung:
„Heilige Nacht",
„Finsternis weichet" und
„Herbei, o ihr Gläubigen".

Am 1. Feiertag war um ½ 12 Uhr Gottesdienst. Frl. Luise Kaleschky (Orgel) und der Lehrer (Violine) spielten die Hirtenmusik aus dem Oratorium: „Der Messias" von Händel. Die Kinder sangen einstimmig mit Orgelbegleitung „Sei uns gegrüßt, du Gotteskind."

Neujahr um ½ 12 Uhr Kirche. Der Lehrer sang zur Orgel „Das alte Jahr ist nun dahin!"

Das Jahr 1939

07.01.39: Die Maul - und Klauenseuche ist wieder im Ort. Die Seuchengehöfte sind:
- Bürgermeister Schulenburg
- Walter Rösicke
- Schatz und
- W. Leinemann.

08.01.39: Pastors Funke wird in Spaatz durch Superintendent Heimerdinger eingeführt.

10.01.39: Die Maul - und Klauenseuche ist auf folgenden Gehöften ausgebrochen:
Schulenburg
Schatz
W. Leinemann
Arnold Bollmann und
Otto Görn.

Vor den Weihnachtsferien hat Frau Marie Friesicke die Schulreinigung abgegeben.

07.01.39: Der Unterricht soll wieder beginnen. Weil sich keine Frau zum Heizen und Saubermachen gemeldet hat, war das Heizen und Saubermachen des Klassenraumes unterblieben. Der Unterricht mußte daher an folgenden Tagen ausfallen: am 07.01., 09.01., 10.01. und 11.01.

Donnerstag 12.01.39: Der Unterricht konnte wieder beginnen, nachdem Frau Amanda Franke die Heizung und Reinigung übernimmt, bis Käthe Schumann den Arbeiter Paul Görn geheiratet hat und dann als Frau Görn die ständige Heizung und Reinigung übernimmt.

Die Maul - und Klauenseuche tritt diesmal im Ort sehr heftig auf. Außer auf den oben aufgeführten Gehöften ist sie auch bei Paul Bollmann und Pelzer aufgetreten. Schließlich auch beim früheren Gemeindevorsteher Otto Mangelsdorf.

Montag 30. Januar: Die Partei - und Volksgenossen der Ortsgruppe Gülpe, Wolsier und Prietzen versammeln sich im Saale des Pg. Gustav Kaleschky zum Gemeinschaftsempfang der Übertragung aus dem Großdeutschen Reichstag. Die Jugend unseres Dorfes trug eingangs einen Sprechchor, Lieder und Musikstücke vor (Programm siehe unten). Dann eröffnete der Ortsgruppenführer Scharlock die Kundgebung mit einem Führerwort. Die Dorfkapelle spielte „O Deutschland hoch in Ehren"; das von allen mitgesungen wurde. Nach Beendigung der Führerrede, wies der Ortsgruppen Leiter auf das Ehrenbuch des Kreises Rathenow - Westhavelland hin, jeder kann durch ein Opfer seinen Dank für den Führer beweisen.

Pg. Max Leinemann hat durch seine bevorstehende Heirat mit Martha Pelzer sein Amt als Kassierer für den Ort Gülpe abgegeben. Der Ortsgruppenleiter dankte ihm für die geleistete Arbeit und bestimmte zum Nachfolger den Pg. und SA - Mann Arnold Zander.

Das Programm am Abend:
Orchester:
    "Torgauer Marsch"
Gesang und Orchester:
    "Kennt ihr das Land so
    wunderschön"
Gesang Kinder und Lehrer 2- stimmig
    "Heil Hitler, heil!"

Sprechchor:
    „Unserem Volkskanzler
    Adolf Hitler"
    von Marie Bedürftig
Orchester:
    „Präsentiermarsch 1a"

Am Vormittag hörten die Kinder in der Schule die Übertragung der Rede des Dr. Göbbels aus der Berliner Volksschule.

Sonnabend 04.02.39: Infolge Herzschlag verschied plötzlich der Bauer Ferdinand Schatz im 78. Lebensjahr. Die Beerdigung war am Dienstag, den 07.02.39 Die Kinder sangen in der Kirche zu Beginn: „Wo findet die Seele, die Heimat, die Ruh" uns zum Schluß: „Laß mich gehn, daß ich Jesu möge sehn". Die Frau des Lehrers begleitete sie auf der Orgel, der Lehrer spielte auf der Geige eine zweite Stimme dazu.

Am Montag, dem 06.02.39 abends, wurde dem Erbhofbauern Fritz Schaar eine zweite Tochter geboren. Sie soll den Namen Brigitte erhalten.

Dienstag 07.02.39: Die Maul - und Klauenseuche ist wieder erloschen im Dorf. Die Ortssperre wurde aufgehoben.

Montag 27.02.39: Eine Versammlung aller wehrfähiger Männer im Alter von 18 - 45 Jahren fand im Lokal Ziemann statt. Es sprach ein SA - Führer. Er forderte zum Eintritt in eine NS - Formation auf.

Mittwoch 01.03.39: Im 82. Lebensjahr verschied Frau Karoline Brose. Am Sonnabend war die Beerdigung. Die Kinder sangen einstimmig mit Orgelbegleitung: „Wo findet die Seele die Heimat, die Ruh" und „Laß mich gehen".

Am Freitag (10.02.39) war die Trauung von Max Leinemann mit Martha Pelzer in der Gülper Kirche. Zu Beginn spielten der Lehrer (Geige) und die Lehrersfrau (Orgel): „Treulich geführt". Nach dem Ringwechsel sangen die Kinder: „Ein getreues Herze wissen". Der Lehrer sang die zweite Stimme dazu. Die Feier war anschließend im Saal des Herrn Kaleschky.

12.03.39: Die Feier des Heldengedenktages fand statt. Gottesdienst war um 10 ¼ Uhr. Lehrer und Lehrersfrau (Geige und Orgel) spielten zu Beginn das Largo von Händel. Zu Beginn der Predigt sang der Lehrer das Ave Verum von Mozart. Die Lehrersfrau begleitete auf der Orgel.
Aufgeboten: Der Fabrikarbeiter Paul Wilhelm Hermann Görn und die Hausangestellte Käthe Frieda Pauline Schumann, beide Gülpe.

21.03.39: Die hiesige Ortsgruppe der NSDAP hielt ihre monatliche Versammlung ab.

Aus dem Zeitungsbericht: „Am Dienstag hielt die hiesige Ortsgruppe der NSDAP ihre Monatsversammlung im Saal des Pg. G. Kaleschky ab. Der Ortsgruppenleiter Scharlock gedachte zunächst des geschichtlichen Tages von Potsdam (21.03.1933) und ging dann auf die großen politischen Ereignisse der letzten Woche ein. Für das Opferbuch wurden:

in Gülpe 163,50 RM

und

in Wolsier 238,00 RM

gezeichnet.

Das Amt des Ortsgruppenorganisationsleiters wurde dem Pg. Ernst Winter übertragen. Inzwischen war Pg. Laschke vom Landratsamt erschienen, um vor den Partei- und Volksgenossen einen eingehenden Vortrag über den Deutschen Ostraum zu halten. In seinen Ausführungen ging der Redner auch auf die Beziehungen Deutschlands zu Litauen, Polen, Ungarn und Rumänien ein".

Schulentlassungsfeier:
Zeitungsbericht vom 31.3.1939
„Am letzten Schultag veranstaltete die Schule im Saal des Gastwirts G. Kaleschky ihre Schulentlassungsfeier. Gedichte, Gesänge, Musikvorträge des Orchesters und zwei Theaterstücke bildeten den Inhalt des Abends. Der Lehrer sprach über das Wort des Führers: "Im Dritten Reich gilt nicht nur das Wissen, sondern auch die Kraft, und höchstes Ideal ist uns der Menschentyp der Zukunft, in dem strahlender Geist sich findet im herrlichen Körper, auf daß die Menschen über Geld und Besitz den Weg zu idealen Reichtümern finden". Die Aufnahme der Scheidenden in die Volksgemeinschaft vollzog der Ortsgruppenleiter.

Entlassen wurden zwei Mädchen:
Gerda und Vera Franke.

Programm:
Gedicht:
　„Adolf Hitler"
　　sprach Gerda Franke und
　„Kamen an"
　　sprach Vera Franke
Gesang 2- stimmig. Der Lehrer sang die zweite Stimme:
　„Alle stehen wir verbunden"
　„Unter der Fahne schreiten wir",
Gesang Kinder und Orchester:
　„Vorwärts",
Orchester und allgemeiner Gesang:
　„Kennt ihr das Land",
Orchester:
　„Yorkscher Marsch",
　„Spinnrädchen"
Entlassungsrede des Lehrers
Theater:
　"Kälberbrüten"
PAUSE

Orchester:
　„Wilhelminen - Gavotte",
　„Feenreigen",
　„Tausendschön",
Theater:
　„Das tapfere Schneiderlein"
Schlußwort
　　Ortsgruppenleiter
　　Pg. Scharlock, Wolsier.

Am 01.04.39: war die Hochzeit des Fabrikarbeiters Paul Wilhelm Hermann Görn und der Hausangestellten Käthe Pauline Schumann. Die Trauung fand in Spaatz statt.

Am Sonnabend zog der Bruder von Otto und Walter, Ferdinand Schatz mit Frau und Kindern hier zu. Er kam aus Berlin, wo er einen Kuhstall gepachtet hatte, und bewohnt das frühere Neubauersche Gehöft. Am Karfreitag, dem 07.04.39 wurde ihnen in Gülpe das 3. Kind geboren. (Horst).

Am Karfreitag war in Gülpe Abendmahl Gottesdienst.
Der Lehrer sang:
　　„Siehe da ist Gottes Lamm"
und　„Wenn doch alle Seelen wüßten".

Am Ostersonntag war in Gülpe um 10 ¼ Uhr Gottesdienst.

Der Lehrer sang zur Orgel:
　„Erstanden ist der Heilige Geist" und
　„Wenn Christus der Herr zum Menschen sich neigt".

In den Osterferien wurde das Schulzimmer von dem Maler Volkmann aus Rhinow gestrichen.

19.04.39: Die hiesige NS Frauenschaft hat für die 4 bis 10- jährigen eine Kindergruppe eingerichtet.
Am Mittwoch, den 19.04. kamen die Kleinen unter Leitung der Lehrersfrau zum 1. mal in der Schule zusammen und spielten, tanzten und sangen nach Herzenslust. Wie sehr diese Einrichtung von allen Müttern begrüßt wurde geht daraus hervor, daß ohne Ausnahme alle Kinder erschienen.

Am 20. April wurde Hitlers Geburtstag gefeiert. Der Tag wurde zum Nationalfeiertag erklärt. Am Nachmittag fand beim Pg. Ziemann eine Parteiversammlung statt. Am Abend fand im Saal des Pg. A. Rösicke eine gemeinsame Kaffeetafel statt.
Die Schulkapelle spielte zwei Märsche, den:
　„Torgauer Marsch" und den

Lied „Yorkschen Marsch" sowie das Lied „Deutschland hoch in Ehren".
Um 9 Uhr war die Vereidigung im Billardzimmer des Lehrers, als Propaganda- und Schulungsleiter der Ortsgruppe, des Blockobmanns Otto Kehrberg und der Kassenverwalterin Hannchen Winter von der NS[108] Frauenschaft. Anschließend spielten zwei Rathenower Musiker zum Tanz auf.

Sonnabend, den 29.04.39: Während eines Gewitters schlug der Blitz in die Antenne des Lokals von G. Kaleschky. Die Sicherungen der elektrischen Leitung, die elektrischen Birnen und Steckdosen wurden zerstört. Auch die Haussicherung der benachbarten Schule wurde beschädigt. Menschen wurden nicht verletzt.

Unsere Ortsgruppe veranstaltete ihren Maiball schon am Vorabend des 01. Mai im Saal des Pg. Artur Rösicke. Eine gemeinsame Kaffeetafel, Lieder der NS Frauenschaft und der Schule, Marschmusik der Mandolinenkapelle und Volkstänze des BDM leiteten den Abend ein. Der Schulungsleiter Horbel sprach von der Arbeit, dem gemeinsamen Land, das uns alle erzieht und verbindet, und der Ortsgruppenleiter Scharlock ermahnte zur Treue zum Führer. Der Tanz schuf bald eine ausgelassene Stimmung.
Programm:
Orchester und gemeinsamer Gesang:
„Der Mai ist gekommen".
Orchester:
„Frühlingsmarsch",
„Coburger Marsch",
„Im Rosenduft",
„Yorkscher Marsch".
Lieder: Gesang 2- stimmig:
„Die braune Kompanie" und
„So weit, wie Falken fliegen".
NS Frauenschaft:
„Uns ward das Los gegeben".
NS Frauenschaft und Lehrer (Geige)
„Zum Tanze", und
„Da geht ein Mädel".

In einer von der NS Frauenschaft, dem BDM, der HJ und der Schule würdig ausgestalteten Feierstunde überreichte am Sonntag im prächtig geschmückten Saal des Pg. Gustav Kaleschky der Ortsgruppenleiter Scharlock den betagten Müttern (über 60 Jahre) die vom Führer gestifteten Ehrenkreuze. Nach der Eröffnung der Feierstunde durch den Ortsgruppenleiter wurde gemeinsam das Lied: „Deutschland heiliges Wort" gesungen. Das Mandolinenorchester spielte zwei dem Charakter des Tages entsprechende Musikstücke: „Traum" und „Großmütterchen erzählt". Am Schluß, an ein Führerwort, trugen Schulkinder Gedichte vor. Dann folgte ein Lied für Gesang, Geige und Klavier „Das Mütterchen" und „Am Ort wo meine Wiege stand". NSF, BDM und Schule sangen gemeinsam den Kanon: „Muttertreu ist unergründet". Nach der Verlesung des Märchens: „Die Geschichte von einer Mutter" von Andersen, hielt der Ortsgruppenleiter eine Rede und verteilte die Ehrenkreuze. Jede geehrte Mutter erhielt von den Kindern der Kindergruppe und NS Frauenschaft einen großen Fliederstrauß. Mit einer Kaffeetafel endet die Feierstunde. Anwesend waren BDM, HJ und Schule, Ortsgruppenleiter Scharlock, Blockleiter Paul Ziemann, NSV Amtswalter Ernst Rösicke, Schulungsleiter Horbel.

---

[108] NS *Abk.* Nationalsozialistisch

Geehrt wurden folgende Frauen:
- Goldenes Ehrenkreuz:
  Minna Paproth
- Silbernes Ehrenkreuz:
  Minna Görn
  Anna Ritter
  Marie Rösicke
- Bronzenes Ehrenkreuz:
  Marie Friesicke
  Pauline Trütschler
  Emilie Schaar
  Auguste Rösicke
  Auguste Wunderlich
  (Abwesend in Nennhausen)

Programm:
Begrüßung und Eröffnung durch den Ortsgruppenleiter Scharlock.
Gemeinsames Lied:
  „Deutschland, heiliges Wort"
Orchester:
  „Traum" und
  „Großmutter erzählt"
Ortsgruppenleiter Scharlock:
  „Führerwort"
Gedichte:
  „Das große Brot",
                    Edith Heise
  „Muttersorgen",
                    Ursula Rösicke:
  „Meiner Mutter",
                    Albert Segel und
                    Irma Franke
Gesang, Klavier, Geige:
  „Das Mutterherz"
- Klavier:
      Luise Kaleschky
- Gesang:
      Gertrud Franke,
      Gertrud Glimm,
- Geige:
      Horbel, Lehrer

---

[109] ??? Text nicht lesbar geschrieben

Kanon:
  „Muttertreu ist unergründet".
Märchenlesung:
  „Die Geschichte einer Mutter"
  (H. Ch. Andersen) Horbel
Rede des Ortsgruppenleiters und Verteilung der Ehrenkreuze
  „Deutschlandlied" und
  „Horst - Wessel - Lied"
Kaffeetafel.

Pfingstsonntag sang der Lehrer in der Kirche das Lied:
  „O, du Geist der Herrlichkeit".

Am Donnerstag, den 01.06.39 fuhren NS Frauenschaft und Schule mit dem KdF nach Merseburg. Das Reiseziel war Plau am See. Die über 700 Jahre alte Stadt wurde kurz besichtigt. Dann brachte das Auto die Teilnehmer nach dem Kurhaus Gesundbrunn, wo Mittag gegessen wurde. Nach einer einstündigen Motorbootfahrt auf dem Plauer See, an Wendeburg, Silbermühle und Bad Ruer vorbei und den **TEXT???**[109] Keller schloß sich ein Spaziergang auf der Strandpromenade an. Inzwischen war im Kurhaus die Kaffeetafel gedeckt worden. Auf der Rückfahrt wurde in Wusterhausen noch einmal angehalten. Ein Motorboot fuhr die Reisegesellschaft nach der Untersee - Insel. Gegen 22 Uhr traf das Auto wieder in Gülpe ein.

04.06.39: Festtag „Mutter und Kind." Der Festtag wurde für unseren Ort ein schöner Erfolg. Vormittags wurden auf dem Festplatz (Fußballplatz) feierlich die Flaggen gehißt. Von dem Lokal des Pg. Kaleschky aus erfolgte mittags ein Umzug durchs

Dorf. Auf dem Festplatz wurde fleißig geschossen, gewürfelt und gekegelt. Die Kindergruppe der NS Frauenschaft traf zum ersten Mal vor die Öffentlichkeit und zeigte, was sie in der kurzen Zeit ihres Bestehens schon alles gelernt hat. BDM und HJ tanzten Reigen und erfreuten mit Liedern. Das Mandolinenorchester vertrat die Stelle einer Kapelle.

Die Lose der Tombola waren rasch vergriffen. Um 19 Uhr erfolgte der Einmarsch. Am Abend wurden die gespendeten Gewinne verteilt. Dann wurde im Saal des Pg. A. Rösicke getanzt. Überschuß gleich 122,50 RM.

Am Donnerstag, den 08.06.39, wurde der Schweizerfamilie Kukelinsky (Bollmann) ein Junge geboren, mit Namen Dieter.

Am Donnerstag, den 08.06.39, wurde dem Ehepaar Max und Martha Leinemann ein Junge geboren, mit Namen Günter.

Am Sonnabend, den 08.07.39, wurden Paul Paproth und Teresia Bartosch in der Gülper Kirche getraut.
Lehrer und Lehrersfrau spielten zu Beginn der Trauung aus der Oper
„Lohengrin" für Geige und Orgel:
„Treulich geführt"
Die Kinder sangen 2- stimmig:
„Ein getreues Herze wissen".

In der Nacht zum Donnerstag verschied der Büdner Friedrich Meier. Die Beerdigung war am darauffolgenden Sonntag.
Der Lehrer spielte zu Beginn der Trauerfeier auf der Orgel den Trauermarsch von Beethoven.

Die Kinder sangen mit Orgelbegleitung: „Wo findet die Seele, die Heimat, die Ruh".

01.08.39: Schulrat Kirchgatter ist auf seinen Antrag hin nach Berlin zurückversetzt worden. Mittelschulrektor Prett, Rathenow ist vertretender Schulrat.

09. / 10.08.39: In der Nacht zum Donnerstag entstand in dem Schlafzimmer des Bauern W. Schatz ein Brand, der bald gelöscht werden konnte. Der Bauer hatte so starke Brandwunden erhalten, daß er ins Krankenhaus geschafft werden mußte, wo er seinen Verletzungen erlag. Das ist nun der 3. Todesfall der Familie Schatz innerhalb eines Jahres (am 22.08.38 die Mutter, am 04.02.39 der Vater und am 10.08.39 W. Schatz).
Der Fall ist umso tragischer, als der Bauer in 4 Wochen mit Frl. Irene Schaar die Ehe eingehen wollte. 8 Jahre hatte Irene auf ihren „Schatz" gewartet, nun war es soweit, da stirbt der „Schatz" der Familie Schatz. Hauptsächlich die Mutter war gegen die Heirat.
<u>Randbemerkung</u>: Nach Aussage von Frl. Schaar, die andere Seite stellte das in Abrede.
Weil die Söhne uneinig wegen der Erbfolge waren, vermutete man Brandstiftung. Die Untersuchung verlief jedoch ergebnislos.

Am Dienstag, den 15.08.39, fand unter großer Beteiligung der auswärtigen Feuerwehren, der hiesigen Wehr und der Kriegerkameradschaft die Beerdigung statt. Vier Rathenower Soldaten waren zum Ehrenschießen abkommandiert. Die Kinder sangen einstimmig mit Orgelbegleitung die beiden Lieder: „Wo findet die Seele" und „Laßt mich gehen". Zu Beginn spielte der Lehrer auf der Orgel den Trauermarsch von Beethoven.

Mittwochabend kam Otto Schatz aus der Haft zurück.

Am Sonntag, den 20.08.39 feierte die hiesige Feuerwehr ein Sommerfest. Um 13 Uhr erfolgte der Ausmarsch zum Festplatz, wo bald fleißig gekegelt und gewürfelt wurde. Das Bierzelt und die Zuckerbude erfreuten sich regen Zuspruchs. Am Abend fand ein Ball im Lokal von A. Rösicke statt.

24. / 25.08.39: Die Spannung mit Polen hat ihren Höhepunkt erreicht. In der Nacht vom Donnerstag zum Freitag wurden einberufen:

<u>aus Wolsier:</u>
- Hunhold   nach: Friesack
- Hasso Winter   nach: Groß-Behnitz

<u>aus Gülpe:</u>
- Kaufmann Ernst Rösicke   nach: Groß-Behnitz

In der Nacht vom Freitag zum Sonnabend wurden wieder sieben Gülper einberufen. Die sieben Gülper heißen:
- Wilhelm Ballerstedt
- Otto Wunderlich
- Fritz Rösicke
- Arthur Rösicke
- Otto Görn zwo
- Fritz Busch und
- der Eleve von Arnold Bollmann.

Am Sonntag müssen fort:
- Otto Kaleschky
- Ernst Schulz.

Am Sonnabend mußten außerdem drei Reitpferde beschlagen und nach Neu-Friedrichsdorf gebracht werden (Baars, Schaar, Pelzer, je ein Reitpferd).

In der Nacht zum Sonntag 1 Uhr bringen je ein Zugpferd nach Neu-Friedrichsdorf:
- E. Gerwig
- Schulenburg
- P. Bollmann
- F. Schatz.

Paul Ziemann fährt den Wagen mit dem Hafer und bringt die Leute auf dem Wagen wieder zurück. Die einberufenen Volksgenossen müssen Mundvorrat auf zwei Tage mitbringen. Hasso Winter sollte den Wagen von Schmidt, den Fahrer des Kreisjägermeisters aus Friesack, fahren. Da Schmidt aber seinen Wagen lieber selber fahren wollte, konnte Hasso Winter wieder zurückkehren. Hasso Winter hat sich aber bereit erklärt mit seinem eigenen Wagen zu fahren, wovon man bei Bedarf Gebrauch machen will. Der Kaufmann Ernst Rösicke aus Gülpe, ist augenblicklich in Friesack wo er hin und her gefahren wird und mit Schreibarbeiten beschäftigt ist.

27.08.39: Unser Pastor ist auch eingezogen worden. Zur Taufe bei Leinemann (Max und Martha) Täufling Günter, kommt der Pastor aus Hohennauen.
Pastor Funke mußte nach Gransee.

Je ein Zugpferd mußten auch die Bauern:
- Erich Winter
- Wilhelm Leinemann und
- Arnold Bollmann stellen.
Zanders Pferd wurde nicht genommen.

Es mußten die Volksgenossen:
- Otto Görn eins und Otto Wunderlich nach: Gransee,

- Wilhelm Ballerstedt und Arthur Rösicke
  nach: Rathenow
- Otto Kaleschky und Ernst Schulz
  nach: Karstadt (bei Magdeburg (Wittenberg)
- Fritz Rösicke
  nach: Dallgow-Döberitz.

Ab Montag, den 28.8.39 gab es viele wichtige Lebensmittel nur noch auf Karten. Auch für Lederwaren, Spinnstoffe ist Bezugsscheinpflicht eingeführt.

28.08.39: Heute Abend trafen der Kaufmann Ernst Rösicke, Fritz Busch, Arthur Rösicke und Wilhelm Ballerstedt hier ein. Der Kaufmann Ernst Rösicke ist bis auf weiteres entlassen, die anderen hatten Nachturlaub aus Rathenow und müssen am anderen Tag um ½ 8 Uhr wieder im Dienst sein.

01.09.39: Der Führer Adolf Hitler hat einen Aufruf an die Wehrmacht erlassen. Da der polnische Staat den Vorschlag einer friedlichen Lösung mit der Mobilmachung beantwortet hat, setzte der Führer „Gewalt gegen Gewalt". Der zivile Luftschutz ist ausgerufen worden. Verdunkelung, Bodenentrümpelung, Fliegeralarm usw. treten ab sofort in Kraft. Die Stadt Danzig hat ab heute die bisherige Verfassung außer Kraft gesetzt und die Rückkehr ins Deutsche Reich vollzogen.

03.09.39: Die Schule fällt ab heute bis auf Widerruf aus.

Der Führer Adolf Hitler hat Englands Ultimatum, Deutschlands Truppen aus den besetzten polnischen Gebiet bis 11 Uhr mittags zurückzunehmen abgelehnt.
Für sämtliche Amtsverwalter wurden für den Fall ihrer Einberufung, Vertreter benannt.

- NSV Kaufmann Ernst Rösicke:
  - Vertreter Erich Schulenburg,
- NSV Kasse Otto Kaleschky:
  - Vertreter Wilhelm Franke,

Ortsgruppen Schulungs- und Propagandaleiter H. Horbel: - Vertreter W. Baars.

In der Nacht vom 01. / 02. 09.39 ist Otto Görn zwei gefallen.

Im Felde, den 02.09.1939
Sehr geehrte Frau Görn!
Es ist mir eine sehr traurige Pflicht, Ihnen mitteilen zu müssen, daß Ihr Mann, Ihres 10- jährigen Sohnes Vater, auf dem Felde der Ehre geblieben ist. Er fiel in der letzten Nacht durch unbekannte Umstände anläßlich eines befürchteten Feuerüberfalls. Ein Geschoß verletzte ihn, der sich mit seinen Kameraden bereits im Biwak zur Nachtruhe begeben hatte, so schwer, daß der Tod in wenigen Minuten eintrat. (Bauch- und Leberverletzungen) Gelitten hat er nicht, sich nur erschreckt und war dann gleich tot. Wir haben unseren Kameraden in der frühen Morgenstunde am Waldrande an einer Chausseebezeichnung, so daß sein Grab leicht zu finden ist, zur letzten Ruhe gebettet. Als sein Schwadronführer sprach ich ihm Worte des Abschieds, ebenso der Herr Abteilungsführer und ein zufällig mit einberufener Geistlicher. Ihr Pfarrer aus Spaatz segnete ihn aus. Sein Heldengrab ist mit einem schlichten selbstgefertigten Kreuz und mit Blumen geschmückt.
Ihr Mann und Vater fiel in soldatischer Pflichterfüllung, getreu seinem Führereid für das Vaterland. Ich spreche ihnen, zugleich im Namen seiner

Kameraden und namens der ganzen Schwadron, in die er eingezogen war, meine wärmste Anteilnahme aus. Die Schwadron wird ihn stets ein ehrendes Andenken bewahren.

Möge die Gewißheit, daß ihr Mann und Vater sein Leben für die Größe und den Bestand von Volk und Führer und Reich hingegeben hat, Ihnen ein Trost in dem schweren Leid sein, das Sie betroffen hat. Den Ort der Beisetzung gibt man ihnen später näher an, ebenfalls wird ihnen dem Toten abgenommene Wertgegenstände der Schwager des Gefallenen Unterwachtmeister Tautz übergeben. In allen Fürsorge und Versorgungsfragen wird Ihnen das zuständige Versorgungsamt oder die Wehrmachtfürsorge, dessen Standort bei jeder militärischen Dienststelle zu erfahren, ist helfen.

Ich grüße Sie mit aufrichtigem Mitgefühl
   gez. Macke
   Oberleutnant und
   Schwadronführer

Am Donnerstag, den 07.09.39 wurde in Gülpe der Unterricht wieder aufgenommen.

Am Sonntag, den 10.09.39 fand um 11 Uhr für den gefallenen Volksgenossen Otto Görn in der Gülper Kirche, ein Trauergottesdienst statt.
Orchester:
   „Ich hatt einen Kameraden"
Gemischter Chor:
   „Jesus meine Zuversicht 1-3"
Worte der Beugung:
   „Herr sei uns gnädig"
   3x „Herr erbarme Dich"
   „Ehre sei Gott in der Höhe"
   „Frieden auf der Erden"
Lesung Solo:
   „Es ist bestimmt in Gottes Hand"
Sologesang des Lehrers mit Orgelbegleitung
Glaubensbekenntnis:
   „Was Gott tut, das ist wohlgetan"
   1. 2. und 3. Strophe
Ansprache,
Gebete und Segen   3x Amen:
   „Wenn ich einmal soll scheiden"
Vertretung unseres eingezogenen Pastors war Pastor Dr. Winterhager aus Hohennauen gekommen.
Am gleichen Tage fand ebenso um 20 Uhr im Saal des Pg. Gustav Kaleschky ein Generalappell der Ortsgruppe statt. Eingeladen waren sämtliche politischen Leiter und Leiterinnen sowie alle Parteigenossen, Führer sämtlicher Formationen, wie NS Kriegsbund, Luftschutz, Bauernführer usw. einschließlich freiwilliger Feuerwehr und Bürgermeister.
Um 20 ½ Uhr eröffnete der Ortsgruppenleiter Pg. Scharlock, Wolsier, die Versammlung und gedachte zunächst der Toten. (Pg. W. Schatz, verbrannt während seines Schlafzimmerbrandes, Volksgenosse Otto Görn, gefallen in der Nacht vom 1. auf den 2.09.39 an der Ostfront). Der Propagandaleiter spielte das „Lied vom guten Kameraden". Der Ortsgruppenleiter forderte alle auf, die vom Feinde abgeworfenen Flugblätter sofort abzuliefern. Die Schwere der Zeit fordert den Einsatz der Männer an der Front und der Männer in der Heimat. Aufgabe der Partei ist es, einen November 1918 zu verhindern. Die Zusatzverfügungskarten für die Vertreter des NSV Amtsleiters (Pg. Erich Schulenburg), des NSV Kassenleiters

(Volksgenosse Wilhelm Franke), des Organisationsleiters (Pg. Alfred Ziemann) und des Propaganda- und Schulungsleiters (Pg. Wilhelm Baars) wurden den in Klammern angegebenen Vertretern ausgehändigt. Der Obmann der DAV (Pg. Adolf Glimm), der NSV (Pg. Ernst Rösicke) und der Propagandaleiter (Pg. Hermann Horbel) erhielten für ihren Luftschutzdienst grüne Armbinden. Sie dürfen während eines Luftangriffes auf der Straße bleiben. Bei Einberufungen müssen alle Amtsleiter sich vorschriftsmäßig abmelden und die Unterlagen abgeben. Wer sich freiwillig melden will, kann das tun. Die Bearbeitung der Unterstützungsanträge von Angehörigen Zugezogener dauert etwas, daher kann ein Vorschuß gezahlt werde. Der Luftschutz muß ordnungsmäßig durchgeführt werden. Viele Ärzte sind jetzt eingezogen worden, daher sollen wir nicht wegen jeder Kleinigkeit den Arzt anrufen.

Die Partei muß den gesamten Handel und Wandel im Vaterland überwachen. Schiebergeschäfte sind sofort der Ortsgruppe zu melden. Dann verliest der Propagandaleiter einen Aufruf an die deutsche Hausfrau. Die gesamten Mitarbeiter der Ortsgruppe sind jetzt eng zusammengeschlossen. Alle übertragenen Arbeiten müssen zuverlässig ausgeführt werden. Die Anordnungen trifft der Ortsgruppenleiter. Wir befinden uns im Kriegszustand und unterstehen daher den Kriegsgesetzen. Der Ortsgruppenleiter ging näher auf die Bezugsscheinpflicht ein. Der Normalverbrauch eines Volksgenossen ist in einem Merkblatt festgelegt. Ein Schreiben vom Kriegswehrverband an dem Brandmeister Fritz Ziemann, worin zur Schrottsammlung aufgerufen wird, wurde vorgelesen. Für die durch Einberufungen und Pferdelieferungen benachteiligten Familien ist die Nachbarschaft und Kameradschaftshilfe vorgesehen. Nach dem Verkaufen der Schulungsbriefe schloß der Ortsgruppenleiter die Sitzung mit der Aufforderung an alle, mitzuarbeiten und Pflichterfüllung zu üben.

Die eingezogenen Kameraden Fritz Busch, Arthur Rösicke, Wilhelm Ballerstedt sind neu eingekleidet worden und haben Rathenow mit unbekanntem Ziel verlassen. Der Kamerad Fritz Rösicke, der bisher in Neugarten und Döberitz war, soll auch seinen bisherigen Aufenthaltsort verlassen. Ernst Schulz war bisher in Pausin, er soll zur Westgrenze abgefahren sein. Die, die bisher in Karstadt lagen sind ebenfalls abgereist. Wahrscheinlich nach Polen zum Wiederaufbau der zerstörten Gebiete.

Am Dienstag, den 12.09.39 ist auch Otto Friesicke einberufen worden, er hat in diesem Jahr erst seine Vierteljahrsübung gemacht.

13.09.39: Der eingezogene Arthur Rösicke hat aus Schneidemühl an seine Angehörigen geschrieben.

Es findet wieder eine Musterung der hiesigen Pferde auf Militärtauglichkeit statt.

Ab 15.09 Freitags besucht die Enkeltochter unseres Schmiedes (Adolf Glimm), Helga Lorenz aus Havelberg, vorläufig besuchsweise die hiesige Schule. Sie ist allerdings in ihren Kenntnissen weit hinter den hiesigen Kindern im 2. Schuljahre zurück. Besonders kraß ist das im Rechnen. In diesem Jahr ist das 2. Schuljahr schon beim Einmaleins, während Helga erst Aufgaben rechnet wie 20-2 oder 30-5. Das ganze Malnehmen, einfaches kleines Einmaleins, fehlt. Da der Vater, der

Schwiegersohn unseres Schmiedemeisters eingezogen ist, weilt die Mutter Helgas bei ihren Eltern.

Am Sonntag, den 17.09.39 hat die russische Regierung den polnischen Botschafter in Moskau eine Note überreicht worin es heißt: „Der polnische Staat hat aufgehört zu bestehen, die polnische Regierung hat das Land Polen verlassen, damit sind Ruhe und Ordnung und Sicherheit der Weißrussen und Ukrainer nicht mehr gewährleistet. Zu ihrem Schutz sind daher heute früh unter Wahrung der vollen russischen Neutralität russische Truppen über die russische Grenze nach Polen einmarschiert".

Am Mittwoch, 20.09.39 hatte der Soldat Fritz Rösicke noch einmal Heimaturlaub, dann soll er aber bestimmt fortkommen von Döberitz.

21.09.39: Der Gastwirt Arthur Rösicke hat aus Marienwerder geschrieben. Der Landwirt Fritz Busch soll mit ihm zusammen sein. Auch der Arbeiter Wilhelm Ballerstedt müßte demnach in der angeführten Gegend sein.

26.09.39: Der Gastwirt Arthur Rösicke soll aus Insterburg und Ares (Spidingsee) geschrieben haben.

Bis jetzt wurde die Tür zum verbrannten Schlafzimmer des Walter Schatz geschlossen gehalten. Ab heute wird der Verschluß aufgehoben.

30.09.39: Der Viehhändler und Kassenverwalter der NSV soll sich in der Nähe von Gleiwitz in Oberschlesien befinden, wo sein Pioniertrupp mit dem Zuwerfen von Schützengräben usw. beschäftigt wird. Die Kolonne, zu der der Gefallene Otto Görn gehörte, soll wieder zurück sein und in Gransee, von wo sie auszog, wieder Quartier bezogen haben. Der einzige Verlust soll Otto Görn sein. Es wird erzählt, das die Kugel, die Otto Görn traf, gegen einen Baum flog, wo sie abprallte und dem Getöteten ein großes Loch in den Bauch riss. Wäre das Geschoß entgegengesetzt abgeprallt, so hätte es seinen Schwager aus Premnitz, Tautz, getroffen. Der eingezogene Fritz Busch soll erkrankt sein, und ins Lazarett nach Brandenburg kommen. Der eingezogene Fritz Rösicke soll in Krakau sein.

Heute meldete sich die Familie Kukelinsky, (Melker beim Bauern P. Bollmann) nach Luckskow bei Nennhausen ab. Inge und Rudi Kukelinsky und Helga Lorenz verlassen damit die hiesige Schule. Die Schülerzahl beträgt jetzt 8 Kinder.

01.10.39: Am diesjährigen Erntedanktag war um ½ 12 Uhr Gottesdienst in unserer Kirche. Pastor Dr. Winterhager aus Hohennauen war gekommen. Der Lehrer sang „Die Himmel rühmen des ewigen Ehre" wozu die Lehrersfrau auf der Orgel begleitete. Am diesjährigen Erntedanktag überreichten der Ortsgruppenpropagandaleiter in Vertretung des erkrankten Ortsgruppenleiters den Frauen Anna Ziemann und Minna Voigt die 3. Stufe des Ehrenkreuzes der Deutschen Mutter.

03.10.39: Die Soldaten Artur Rösicke, Fritz Busch, Wilhelm Ballerstedt sind in Polen in Petrikau.

06.10.39: Die Rathenower Pioniere sind aus dem Osten nach Rathenow zurückgekommen. Der Gülper Hermann Mangelsdorf ist auch dabei. Er hat Urlaub bekommen, vom Sonnabend den 07.10. Am kommenden Freitag muß er wieder in Rathenow sein. Hermann Mangelsdorf war bei Ausbruch des Krieges in Polen aktiver Soldat. Auch der Unteroffizier Otto Wunderlich hat fast eine Woche Heimaturlaub bekommen. In der Nacht vom Mittwoch zum Donnerstag muß er wieder in Thorn sein. Der Viehhändler Otto Kaleschky war auch auf Urlaub in Gülpe. Am Sonnabend den 8.10. fuhr er in Gleiwitz ab, den Montag verbrachte er bei seiner Frau. Dienstag um 17 Uhr fuhr er wieder ab nach Gleiwitz. Sein Pioniertrupp räumt die ehemaligen Bunker fort.

12.10.39: Zur Bergung der Hackfruchternte (Kartoffeln) sind hier einige Soldaten eingetroffen. Die Soldaten Arthur Rösicke, Fritz Busch, Wilhelm Ballerstedt haben Petrikau wieder verlassen und sind in die Nähe von Warschau gekommen.

Seit dem 20.09.39 sind hier Jungen der Hitlerjugend eingesetzt. Je einen Jungen haben:
- Lore Rösicke   Otto Schatz
- Erich Winter   Ernst Gerwig.

Vom 09.10.-19.10. sind auch Soldaten zur Ernteleilfe hierhergekommen. Sie sind zugewiesen:
- je 3 Soldaten: Otto Schatz
- je 2 Soldaten: Arnold Zander
- je 1 Soldaten: Fritz Rösicke
                      Fritz Busch,
                      Karl Ziemann und
                      Wilhelm Baars

Der hiesige Schuhmacher Ernst Schulz, der seit dem 27.08.39 einberufen ist, und zurzeit in Pausin bei Nauen war, ist jetzt an der Westfront. Er gehört einem motorisierten Sanitätstrupp an und liegt in Mannheim, 100 km von Saarbrücken und 30 km von Kaiserslautern gelegen. Der Schuhmacherlehrling Willi Luckow, der bei dem hiesigen Schuhmachermeister Robert Schulz lernte, legte in Rathenow seine Gesellenprüfung ab. Er arbeitet nun als Geselle in Rathenow.

Die Fußballmeisterspiele fallen in diesem Jahr wegen des Krieges aus. Es wird nun um einen von der Havelzeitung gestifteten Pokal gespielt. Die Spiele werden Beschäftigungsspiele genannt und mit Hin- und Rückspiel ausgetragen. Der FC Gülpe hat auch eine Mannschaft dazu gemeldet. Eine Altersgrenze besteht für diese Spiele nicht. Spielberechtigt ist jeder Deutscher, gleich welchen Alters und ob Mitglied des Vereins oder nicht.
Am 15.10.39 wurde dem Lehrer in Rhinow erzählt, daß der Gefallene Otto Görn ein Opfer der Deutschen Flakartillerie[110] geworden sei. Die Deutsche Flakartillerie hatte ihn getroffen, wobei durch die Explosion seiner eigenen Munition in der umgeschnallten Patronentasche die Verletzungen so stark waren, daß der Tod sehr schnell eingetreten sei.

16.10.39: Der Sohn unseres Schmiedemeisters, Otto Glimm, der sich vor Jahren zum Heeresdienst meldete und bei den Kämpfen in Polen als Angehöriger eines Panzerwagentrupps beteiligt war, ist am Montag den 16.10. zu einem achttägigen Urlaub hier eingetroffen. Der Sohn des Gastwirts, Alfred Ziemann, der auch in Polen eingesetzt war, ist ohne Urlaub an die Westfront gekommen. Er gehört der Panzerabwehr an.

19.10.39: Am heutigen Donnerstag sind 5 Soldaten wieder abgereist. Sie waren als Erntehelfer eingesetzt. Die übrigen 6 Soldaten verließen am Freitag früh Gülpe.

---

[110] Flak *Abk.* Flugzeugabwehrkanone

23.10.39: Heute Montag, findet in Rathenow die Musterung der Jahrgänge 1911/12 statt. Auch die bei der früheren Musterung als untauglich zurückgestellten werden gleichzeitig nachgemustert.

Am heutigen Montag ist der Unteroffizier Otto Wunderlich erneut auf Urlaub gekommen.

Das Ergebnis des ersten Eintopfsonntag's (22.10.39) betrug in der Ortsgruppe Gülpe
    in Gülpe   34,35 RM
    in Wolsier   21,35 RM
    in Prietzen   16,15 RM
Aufgebracht wurden insgesamt:
                        71,85 RM
Die Sammlung wurde von der NS - Frauenschaft durchgeführt.

01.11.39: Am heutigen Mittwoch spielte die Schulkapelle zur Silberhochzeit des Schmiedeehepaares Adolf und Ida Glimm ein Ständchen. An demselben Tag starb um 18 Uhr die Frau Anna Ziemann an Krebs der Gallenblase. Die Beerdigung war am Sonntag um ½ 2 Uhr. Die Trauerrede hielt unser Spaatzer Pastor Funke, der gerade aus einem fünftägigen Urlaub zurückgekommen ist. Die Kinder sangen einstimmig zur Orgelbegleitung: "Wo findet die Seele, die Heimat, die Ruh" und „Laßt mich gehn". Pastor Funke hatte auch ihren Schwiegersohn Otto Görn ausgesegnet, der von einem Geschoß der Panzerabwehrkanone (Pak) getroffen wurde. Die Herkunft des Geschosses war in der Nacht nicht zu erkennen. Pastors Funkes Truppe hielt sich lange Zeit in Thorn auf. Sie soll jetzt in die Gegend südlich von Warschau kommen.

04.11.39: Die diesjährige Jahreshauptversammlung beim Kameraden A. Rösicke.

Nach einem 2-jährigen Bestehen gehören dem FC Gülpe 37 männliche Mitglieder an. Im Juni 1939 wurde dem Club eine Frauenmannschaft angegliedert, der bis jetzt neun Frauen beigetreten sind. Trotz des Krieges kann der Sportbetrieb aufrechterhalten werden. Es findet wöchentlich je ein Übungsabend statt. Die Fußballmannschaft beteiligt sich an den Spielen um den Pokal der Havelzeitung.

Die Mitglieder des FC Gülpe sind:
Willi Baars	Fritz Klare
Wilhelm Ballerstedt	Ernst Komnick
Hermann Betzin	Willi Liesicke
Otto Brose	Willi Luckow
Fritz Engel	Otto Paproth
Herbert Franke	Alfred Ritter
Martin Friesicke	Arthur Rösicke
Otto Friesicke	Walter Rösicke
Richard Friesicke	Ernst Rösicke
August Görn	Ernst Rösicke
Paul Görn	Gustav Trütschler
Alfred Görn	Erich Wesemann
Ernst Görn,	Albert Wilke
Otto Görn,	Ernst Winter
Hermann Horbel	Otto Wunderlich
Erwin Jeckstedt	Erich Wunderlich
Gustav Kaleschky	Oskar Zetschik
Otto Kehrberg	Otto Zimmeck

Die Frauenabteilung besteht aus folgenden Mitgliedern:
Frl. Paula Bollmann	Frau Elisabeth Horbel
Frl. Gertrud Franke	Frau Helene Kaleschky
Frl. Gerda Franke	Frl. Luise Kaleschky
Frl. Vera Franke	Frl. Hannchen Winter
Frl. Gertrud Glimm	

Vereinsführer: Hermann Horbel
Stellvertreter: Artur Rösicke
Schriftwart: Herbert Franke
Kassenwart: Otto Kehrberg
Sportwart: Erich Wunderlich und
                      Ernst Rösicke
                      (Arbeiter)

Werbewart: Albert Otto
Kassenwart: Gerda Franke
Werbewart: Paula Bollmann

Kassenprüfer:
August Görn
Ernst Rösicke (Kaufmann)

Ältestenrat:
Willi Liesicke
Richard Friesicke
Arthur Rösicke
Hermann Horbel
Ernst Rösicke (Kaufmann)

Leiterin der Frauenabteilung:
Elisabeth Horbel

Tabelle 1938 / 39

Pl.	Verein	Spiele			Tore
1	Vfl. Rathenow III	18	16-2-0		35:0
2	IG Farben Premnitz	18	15-1-2		72:19
3	Vfl. Rathenow IV	18	12-1-5		61:42
4	SV Mögelin	18	10-2-6		35:40
5	Rathenow 09 III	18	7-2-9		49:45
6	Arado Rathenow	18	7-1-10		52:69
7	Ruhlandwerke Rathenow	18	6-1-11		35:65
8	MTV Rhinow	18	4-2-12		35:56
9	FC Gülpe	18	3-2-13		27:73
10	Germania Nennhausen	18	2-2-14		24:96

30.10.1939 Beschäftigungsspiele um den Pokal der Havelzeitung

Pl.	Verein	Tore	Tore
1	Vfl. Rathenow IV	34:1	8:0
2	RBC	11:12	4:2
3	WKG	8:2	4:4
4	. SV Mögelin	9:12	4:4
5	WKG Arado	5:13	2:4
6	MTV Rhinow	5:13	2:4
7	FC Gülpe	3:13	0:6

Von 45 Spielen wurden:
                 - 7 Spiele gewonnen,
                 - 4 Spiele unentschieden
gespielt und - 34 Spiele verloren.

Kassenbestand:
- Männerabteilung: 78,81 RM
- Frauenabteilung: 12,00 RM

05.11.39: Der Soldat Otto Kaleschky ist erneut auf Urlaub gekommen.

09.11.39: Eine Feierstunde. Die hiesige Ortsgruppe der NSDAP beging den Tag des 9. Novembers mit einer schlichten Feierstunde im Rahmen einer Parteiversammlung beim Pg. A. Ziemann. Der Ortsgruppenleiter gedachte dabei auch des ruchlosen Anschlages auf unseren Führer am Vorabend in München. Im weiteren Verlauf des Abends wurde darauf hingewiesen, daß Pfund[111]- und Sachspenden in diesem Jahr wegfallen, dafür ist der bisherige Eintopfsonntag zum Opfersonntag geworden. (Zeitungsbericht)

Um ¼ 09 Uhr eröffnete der Ortsgruppenleiter Pg. Scharlock die Versammlung der Ortsgruppe Gülpe der NSDAP. Er gedachte zuerst der gemeinen Tat von München vom 8. November. Wir wollen nun in noch größerer Liebe zu unserem Führer

---

111 Pfundspende   eine in Tüten verpackte Naturalspende von haltbaren Nahrungsmitteln

stehen. Er gratulierten dem Pg. Adolf Glimm nachträglich im Namen der Partei zur Silberhochzeit.

Die Partei ist wieder geöffnet. Zuerst käme der Volksgenosse Walter Rösicke für den Eintritt in Frage. In Betracht kämen auch schließlich ehemalige Opferring – Mitglieder aus Gülpe:
- Wilhelm Franke - Otto Gerwig
- Arnold Bollmann - Wilhelm Schönfeld
- Otto Franke.

Die Ortsfrauenschaftsleiterin Elisabeth Horbel hat auch ein Anrecht darauf.
Da für die Gemeinderatsmitglieder die Parteizugehörigkeit Pflicht ist, müssten auch aus Wolsier:
- Ernst Kähne - Ernst Giese
- Erhard Walsleben - Hermann Keil und
- Erich Schäplitz
aufgenommen werden.

Aufgenommen wird nur, wer das 21. Lebensjahr vollendet hat. Das Mitgliedsbuch des Pg. Ernst Schulz ist eingetroffen.

Pg. Ernst Schulz steht als Soldat an der Westfront.

Der Kassenverwalter Pg. Hans Uhlig spricht über die Kassengeschäfte. Die Parteitafeln werden erwähnt. Die Anwesenheitsliste wird vorgelesen. Die Schulungsbriefe werden abgesetzt. Batterien für Rundfunkempfänger brauchen:
- Richard Friesicke
- Ernst Rösicke
- Otto Wunderlich.

Schlachtfragen werden besprochen. Pfund- und Sachspenden fallen in diesem Jahr fort, dafür ist der Eintopfsonntag zum Opfersonntag erklärt worden. An den Opfersonntagen sollen Partei- und NS Frauenschaft abwechselnd sammeln.

Die Kalender „Neues Volk" werden gekauft von:
- Richard Friesicke - Pg. Alfred Ziemann,
- Hermann Tonne - Hermann Scharlock
und   - Hermann Horbel.

Die Versammlung wurde um ¾ 22 Uhr mit einem Gruß an den Führer geschlossen.

Bei der zweiten Reichsstraßensammlung in der Ortsgruppe Gülpe wurden 170 Plaketten verkauft.

Die Einnahme betrug:
in Gülpe	35,92 RM
in Prietzen	20,32 RM
in Wolsier	09,15 RM
insgesamt:	65,38 RM

Die Landwirtschaftsspende ist in diesem Jahr durch eine Geldspende abgelöst worden und ergab einen
Betrag von: 1.004,75 RM
der sich wie folgt zusammensetzt:
Gülpe	529,75 RM
Wolsier	315,00 RM
Prietzen	160,00 RM

Die Konservenspende der NS Frauenschaft in Gülpe brachte 21 Büchsen mit Obst und neun Büchsen mit Gemüse ein.

Einige Panzerspähwagen unserer Wehrmacht durchfuhren unseren Ort. Das war eine freudige Überraschung für Jung und Alt. Was gab es da zu sehen und zu staunen!

Der 2. Opfersonntag in der Ortsgruppe Gülpe übertraf das Ergebnis des ersten ganz beträchtlich. Insgesamt wurden diesmal aufgebracht: 105,95 RM
- Gülpes Betrag stieg auf: 42,90 RM
- Prietzen opferte: 17,45 RM
- Wolsier opferte: 45,60 RM
mehr als das Doppelte des diesjährigen ersten Opfersonntags.

14.11.39: Gemeinschaftsabend der NS-Frauenschaft. Am Dienstag nahm auch die hiesige NS- Frauenschaft ihre Gemeinschaftsabende in der Schule wieder auf. Die Ortsfrauenschaftsleiterin gedachte des kürzlich verstorbenen Mitgliedes Anna Ziemann, des gefallenen Gatten des Mitgliedes Olga Görn und der Blutopfer von München. Im Mittelpunkt des Abends stand der Vortrag „Die Geschichte des Deutschen Ostens". Gemeinsam gesungene Lieder und Geschäftliches füllten den übrigen Teil des Abends aus.

Am Dienstag, den 14.11.39, besucht ein Pole die hiesige Schule. Die Mutter stammt aus der Gegend von Warschau und arbeitet beim Bauern Arnold Zander. Der Vater soll bereits fünf Jahre tot sein.

15.11.39: Die erste Reichsstraßensammlung des Kriegswinterhilfswerks 1939/40 der Ortsgruppe Gülpe erbrachte insgesamt:
        74,22 RM und 20 Zloty.
Davon in:
- Gülpe 45,65 RM und 2o Zloty
  (das doppelte gegenüber dem Vorjahr)
- Wolsier   20.57 RM und
- Prietzen   08,00 RM
gesammelt.

Unsere in Polen beim Sicherheitsdienst eingesetzten Soldaten:
        Arthur Rösicke
        Fritz Busch und
        Wilhelm Ballerstedt
sind heute zu einem 14- tägigen Heimaturlaub hier eingetroffen.
Am 18.11. Sonnabend meldete sich Helga Lorenz, das Enkelkind unseres Schmiedes, sie besuchte die hiesige Schule vom 15.09.39 - 18.11.39, wieder nach Havelberg ab.

Am Abend wurde dem Ehepaar Paul Paproth und Teresia geb. Bartosch ein Mädchen geboren. Sie soll den Namen Anita erhalten.

Ab Dezember gibt es zur gerechten Verteilung der Kleidungsstücke auch Kleiderkarten.

25.11.39: Heute ist der Händler Otto Kaleschky wieder 10 Tage auf Urlaub gekommen. Am selben Tag wurde die Gastwirtsfrau Alma Kaleschky ins Krankenhaus gebracht. Sie hatte am Montag einen starken Blutsturz und lag einige Tage im Bett. Da keine Besserung eintrat, brachte man sie ins Krankenhaus nach Rathenow.

01.12.39: Der Sohn unseres Gastwirts A. Ziemann, Alfred Ziemann, hat seinen Heimaturlaub wieder beendet.

Zum 01.09.39 ist Herr Kreisschulrat Hähne aus Luckau in den Schulaufsichtskreis Rathenow versetzt worden. Er stellte sich anläßlich eines Schulungslehrganges für Maulbeeranbau und Seidenraupenzucht in den Schulen den Lehren vor. In Rathenow: (Jahnschule). Alle Schulen sollen Maulbeerbäume anbauen und Seidenraupenzucht durchführen.

02.12.39: Heute früh mußte der Viehhändler Otto Kaleschky wieder fort. Der Schuhmachermeister Ernst Schulz ist zum ersten Mal seit Kriegsbeginn auf Urlaub gekommen. Er bleibt bis zum 15.12.39. Er ist im Westen.

Der FC Gülpe vereinte seine Mitglieder mit ihren Angehörigen am Sonnabend zu einem Kameradschaftsabend im Lokal von A. Rösicke. Die Ansprache des Vereinsführers schloß mit dem Führerwort: „Ihr müßt treu sein, ihr müßt tapfer sein und ihr müßt untereinander eine einzige, große, herrliche Kameradschaft bilden". Musik und Gesang, gymnastische Übungen der Männer und Frauen und Volkstänze der Frauen leiteten den Abend ein, der alle beim Tanz lange fröhlich beisammenhielt.

Das Programm:
Orchester und Gesang:
    „Das kannst du nicht ahnen"
    Böhmische Polka
Volkstänze:
    „Kreuzpolka" und
    „Kaiserländler".

08.12.39: Der Viehhändler Otto Kaleschky ist mit seinem Trupp nach Kyritz / An der Knatter zurückgekommen.

Im November hat es oft und viel geregnet. Zwei Sonntage hintereinander hat es von morgens bis abends ununterbrochen durchgeregnet. Dadurch ist die Havel über die Ufer getreten, und das Wasser reicht bis zum Schulgarten heran. Seit meinem Hiersein ab 1933, hat das Wasser nicht solchen hohen Stand erreicht. Die Heumieten auf Gerwigs Koppel mußten weggeschafft werden. Das Grundwasser ist so hoch gestiegen, daß die Keller von Kartoffeln u.a. geräumt werden mussten.

10.12.39: Der dritte Opfersonntag dieses Jahres brachte in der Ortsgruppe Gülpe insgesamt: 101,70 RM
davon wurden
    in Gülpe   50,10 RM
    in Prietzen   21,10 RM
    in Wolsier   30,50 RM
gesammelt.
Der Gemeinschaftsabend der hiesigen NS- Frauenschaft am Dienstag den 12.12.39 in der Schule stand im Zeichen der Advents- und Weihnachtszeit. Auf einer weißgedeckten und mit Tannengrün geschmückten Tafel leuchteten die Weihnachtslichter und machten die Herzen aufnahmebereit für das Wort der Reichsfrauenführerin Gertrud Scholz-Klink. „Trotz Kampf, Krieg und Tod bleibe uns Weihnachten das Fest der Liebe, aus der Kraft der Liebe wachse uns das neue Leben", mit dem die Ortsfrauenschaftsleiterin den Abend eröffnete. der Ortsgruppenschulungsleiter der Partei las aus einem Brief aus dem Weltkrieg: „Kriegsweihnacht" vor und übte mit den Frauen neue Weihnachtslieder ein.

Die Kleidersammlung für die Volksdeutschen Brüder und Schwestern im Osten wurde von der hiesigen NS- Frauenschaft in Verbindung mit der NSO am Mittwoch den 6. Dezember durchgeführt. Obwohl auf dem Lande alle Kleidung aufgetragen werden kann, war der Erfolg gut.

In der Vorwoche kam der Viehhändler Otto Kaleschky am Sonnabend zu einem kurzen Sonntagsbesuch hier an. Er hatte die Strecke von Kyritz bis Gülpe mit dem Rad zurückgelegt.

15.12.39: Am heutigen Freitag traf er wieder hier ein, Sonnabend früh fuhr er wieder ab.

17.12.39: Am heutigen Sonntag ist auch der Landwirt Fritz Rösicke aus Gülpe auf Urlaub gekommen. Der Arbeiter Otto Friesicke ist auch auf Sonntagsurlaub gekommen. Den Sonntagsurlaub benutzte der Viehhändler Otto Kaleschky auch, um wieder nach Gülpe zu kommen.

19.12.39: Der Arbeiter Wilhelm Ballerstedt ist auch auf Weihnachtsurlaub gekommen. Weihnachtsurlaub haben auch die Arbeiter Otto Friesicke und der Landwirt Fritz Busch erhalten.

Bei der dritten Reichsstraßensammlung in der Ortsgruppe Gülpe sammelte die HJ insgesamt: 66.58 RM

wovon auf die Listensammlung:
25,73 RM
und auf den Plakettenverkauf:
40,85 RM
entfallen.
Die Einzelergebnisse sind:
Büchsensammlung Gülpe 12,o3 RM
Wolsier 1o,29 RM
Prietzen 03,41 RM

Plakettenverkauf Gülpe 17,65 RM
Wolsier 11,20 RM
Prietzen 12,00 RM.

Die Gesamtanteile der angeschlossenen Orte sind demnach:
Gülpe 29,68 RM
Wolsier 21,49 RM
Prietzen 15,41 RM.

Der Ferienbeginn ist in diesem Jahr auf Mittwoch, den 20.12. 39 vorverlegt worden, damit sich der Verkehr wegen der Urlauber zu Weihnachten nicht so sehr zusammendrängt. Der Beginn nach den Ferien blieb so bei dem 08.01.40 Montag.

In einer Feierstunde im Lokal des Pg. A. Rösicke überreichte der Ortsgruppenleiter Gülpe, Pg. Scharlock, den Frauen Minna Voigt, Luise Heise und Hedwig Repke aus Gülpe und den Frauen Kluge, Forth und Noack aus Wolsier das Ehrenkreuz der Deutschen Mutter. Die zu ehrenden Mütter saßen an einem besonderen Tisch und vor jeder Mutter stand ein Licht, das im Verlauf einer symbolischen Weihehandlung von einem BDM Mädel angezündet wurde. Nach der Verteilung der Urkunden und Ehrenkreuze erklang das Lied „Das Mutterherz". Die Ehrung war vor einer Weihnachtsfeier der Schule eingegliedert worden. Der Ortsschulungsleiter sprach über den Sinn des Weihnachtsfestes als Fest der Liebe, des Lichtes und des neuen Lebens. Die Jugend von Gülpe trug Weihnachtsgedichte vor, sang Weihnachtslieder und spielte ein Märchen und ein Weihnachtsstück. Die Musikkapelle brachte Weihnachtslieder zu Gehör.

Das Programm war:
Orchester und gemeinsamer Gesang:
„Leise rieselt der Schnee"
Sprechchor:
„Am Heiligen Abend"
Gedicht:
„Senkt sich in der Sonnepracht"
gesprochen. von Irma Franke
und „Du lieber heiliger frommer Christ"
gesprochen von:
Ulla Rösicke
Hans Otto
Edith Heise
Werner Repke.
Wechselgespräch:
„Was ist das für ein heller Schein?"
Gesprochen von:
Hans Witte,
Siegfried Görn
Symbolische Weihehandlung mit Orchester:
„Licht in die Welt!"
Orchester:
„Vom Himmel hoch",
„Es ist ein Reis entsprungen",
„Stille Nacht" und
„Oh du fröhliche"
Personen:
Paula Bollmann
Herta Schulenburg
Gertrud Franke
Gertrud Glimm
Erna Busch
Gerda Franke
Vera Franke
Mütterehrung: Lied:
„Das Mutterherz"
gesungen von Gertrud Glimm,
Gertrud Frank

Lehrer Geigenbegleitung
Sprechchor
:   Feierspruch
Theater:
    „Schneewittchen"
    von Th. Storm.
    Gespielt von:
        Elfriede Ballerstedt
        Willi Ballerstedt
        Irma Franke
        Hans Witte
        Siegfried Görn
        Ulla Rösicke
        Edith Heise
        Werner Repke.
PAUSE

Gesang, einstimmig:
    „Hohe Nacht der klaren
    Sterne",
    „Kinderlein part"
Zweistimmiger Gesang:
    „Oh Tannenbaum, du hast
    einen grünen Zweig"
Theater mit Orchester:
    „Annemies Himmelfahrt"
    Personen:
        Elfriede und Willi
            Ballerstedt
        Irma Franke
        Hans Witte
        Siegfried Görn
        Ulla Rösicke
        Edith Heise
        Werner Repke
        Friedhelm Schulz
        Hans Otto
        Gisela Liesicke
Musik:
        Herbert Franke
        Albert Wilke
        Willi Baars
        Gerda Franke
        Vera Franke.

Am Heilig Abend hielt der Lehrer in der Kirche eine Christvesper ab. Auf der Orgel spielte die Lehrersfrau Frau Horbel ab 18 Uhr. Folge:
Sprechchor:
    „Am Heiligen Abend"
Gemeindegesang:
    „Vom Himmel hoch 1-4, 13
Wechselgespräch:
    „Was ist das für ein heller
    Schein?"
Der Lehrer sprach die Weihnachtsgeschichte.
Vier Kinder sangen:
    „Du lieber, heiliger frommer
    Christ"
Gemeindegesang:
    „Es ist ein Ros entsprungen"
            1-2 Strophe
Sprechchor:
    „O laßt uns Brüder sein!"
Gemeinsames Gebet:
    „Vater unser, der du bist im
    Himmel"
Gemeindegesang:
    „Stille Nacht" 1-3 Strophe.

Am 1. Weihnachtsfeiertag war um 9 Uhr Gottesdienst. Es predigte Vikar Thierack, der die Vertretung für den einberufenen Pastor Funke übernommen hatte.
Der übliche Weihnachtstanz fiel in diesem Jahr aus, wie auch der übliche Sylvestertanz. Sylvester war in der Kirche um 18 Uhr eine Jahresabschlußfeier.

Das Jahr 1940

Ernst Rösicke wird bis 1945 Bürgermeister von Gülpe.

Am Neujahrstag war um 9 Uhr Kirche.
Am Neujahrstag verkauften die Männer der Bewegung und der Gliederungen in der Ortsgruppe Gülpe:
150 Adler Plaketten für insgesamt

An erster Stelle steht diesmal:
Wolsier:
mit einem Betrag von: 29,50 RM
dann Gülpe:
mit einem Betrag von: 16,89 RM
dann Prietzen:
mit einem Betrag von: 09,01 RM

55,40 RM

Der Arbeiter Otto Friesicke hatte wieder Sonntagsurlaub, vom 07.01.40 bis 08.01.40

Der Gastwirt Arthur Rösicke ist in der Nacht vom Montag zum Dienstag aus Polen zum Urlaub gekommen. Der Urlaub läuft am 21.01.1940 wieder ab.

Die politischen Leiter der Ortsgruppe Gülpe erzielten beim Verkauf der Waldaktion folgende Ergebnisse:
Büchsensammlung:
    Gülpe, 31,31 RM
    Wolsier 10,40 RM
    Prietzen 08,40 RM.
Das Gesamtergebnis der Ortsgruppe beträgt bis dato: 89,00 RM.

Am Sonnabend, den 13.01.40, brachte die Schulkapelle den Einwohner Gustav Repke zum 70. Geburtstag ein Ständchen.

Der Januar 1940 war sehr kalt. Temperaturen bis -20° C waren keine Ausnahme. In der ersten Januarwoche liefen viele Bewohner von Gülpe nach Rehberg hinüber übers Eis und schlugen dort Holz. Der Fischer Richard Franke wurde dabei von einem fallenden Baumstamm getroffen, und mußte einige Zeit im Bett liegen. Das Holz wurde mit dem Fuhrwerk über das Eis nach Hause gefahren. Die Schüler konnten in diesem Jahr zum ersten Mal vom Pilatsch herunterrodeln, was sehr große Freude bereitete. Das Eis reichte nämlich bis an den Pilatsch.

Müllermeister Otto Gerwig 1940

Der FC Gülpe ist schon seit dem 18.11.39 ohne Spiel. Im neuen Jahr mußte bisher jeder Spielbetrieb wegen der grimmigen Kälte und zuletzt auch wegen dem Schnee abgesagt werden. Es ist heute der dritte (neben den 21.01., 14.01. und 07.01.) abgesetzte Sonntag.

14.01.40: Der 4. Opfersonntag in der Ortsgruppe Gülpe ist mit seinem Ergebnis von: 111,05 RM
der erfolgreichste des Kriegs - Winterhilfswerkes.
Der Hauptverdienst an dem Erfolg gebührt:
- Wolsier:
    mit einer Spende von: 47,90 RM,
- Gülpe:
    folgt mit einer Spende von: 43,95 RM,
- Prietzen:
    opferte eine Spende von: 19,40 RM.

Am Sonnabend, den 20.01.40, Schoß die hiesige Schule mit 7 Kindern (Siegfried Görn war krank und Johann Ochinsky ist Pole) in der letzten Schulstunde im Lokal von A. Rösicke für das Kriegs - Winterhilfswerk. Es schossen die Knaben und Mädchen. Bei den beiden Mädchen aus dem 3. Schuljahr (Ursula Rösicke und Edith Heise) mußte der Lehrer beim Halten des Gewehres etwas helfen. Die Einnahme beträgt bei 3 Schuß für 10 Ringe 2,00 RM. Bester Schütze wurde die 14-jährige Schülerin Elfriede Ballerstedt mit 27 Ringen (10, 9 und 8 Ringe).

Am Freitag, Sonnabend und Sonntag (19., 20. und 21.01.40) führten der Ort Gülpe und die gleichnamige Ortsgruppe des Kriegs - Winterhilfsdienstes Schießen durch. Wegen der zahlreichen und schönen Preise im Gesamtwert des Spendenbetrages von 74,80 RM war die Beteiligung der Einwohner sehr stark. Das kommt auch in der hohen Gewinneinnahme von 217,55 RM zum Ausdruck. (Das vorjährige Ergebnis betrug nur 136,50 RM).

Die einzelnen Abende verliefen wie folgt:
Freitagabend: Schießen der DAF und der Feuerwehr:
Sieger:
34 Ringe A. Görn   W. Rösicke
33 Ringe A. Otto   A. Busch
H. Ritter M. Friesicke
Einnahme: 45,80 RM.

Sonnabendabend: Schießen der NS Kriegerkameradschaft und des Fußballclubs
Sieger:
36 Ringe W. Franke
35 Ringe M. Meier H. Franke
H. Ritter E. Kommnick
34 Ringe O. Brose
Einnahme: 49,80 RM.

Sonntagnachmittag und abends:
Schießen der Partei und der HJ

Sieger:
36 Ringe A. Ritter
35 Ringe F. Meier, F. Betzin
34 Ringe E. Rösicke,
H. Kaleschky E. Jeckstedt
Einnahme: 81.60 RM

Würfeln der NS Frauenschaft und des BDM
Sieger:
mit 44 Punkten Ida Glimm
mit 43 Punkten M Paproth
E. Horbel
mit 42 Punkten Busch

mit 41 Punkten H. Schaar.
Einnahme: 33,50 RM.

Das Schulschießen brachte eine
Einnahme: 2,00 RM
bei einer Beteiligung der 7 Schulkinder.

Bei der Abrechnung der Listen und der Preise ergab sich ferner ein Überschuß von 4,85 RM, wodurch obige Gesamteinnahme erzielt wurde.

Am heutigen Montag, den 29.01.40, ist der Landwirt Fritz Rösicke, der bisher in Polen als Soldat stand, bis auf Widerruf beurlaubt worden.

30.01.40 Dienstag
Heute hörten die Mitglieder der NS Frauenschaft während ihres Gemeinschaftsabends die Übertragung der Führer - Rede aus dem Berliner Sportpalast.
Eingangs konnte die Ortsfrauenschaftsleiterin der Frau Mathilde Mangelsdorf die zweite Stufe des Ehrenkreuzes der Deutschen Mutter überreichen. Anschließend gab der Ortsgruppenschulungsleiter der Partei einen Kurzblick auf das Entscheidungsjahr 1932.
In der Ortsgruppe Gülpe konnten: 220 „Wilhelm Busch" Abzeichen verkauft werden. Davon in:
Gülpe:
105 Abzeichen   24,30 RM
Wolsier:
50 Abzeichen   10,96 RM
Prietzen:
65 Abzeichen   13,00 RM
Spendeneinnahme: 48,26 RM

Dazu kommt durch die Büchsensammlung eine Spendeneinnahme:
aus Gülpe   15,22 RM
aus Wolsier   7,00 RM
aus Prietzen   5,76 RM

Gesamteinnahme Büchsensammlung:
27,98 RM

Die Gesamtspendeneinnahme beträgt jetzt:
aus Gülpe 39,52 RM
aus Prietzen 18,76 RM
aus Wolsier 17,96 RM
Gesamteinnahme der Sammlung:
76,24 RM

Heute ist schon der 11.02.1940 und doch hält die Kälte unvermindert an. Überall liegt noch Schnee. Während über Nacht die Temperaturen immer noch bis -16° C sinken, tritt am Mittag zuweilen Tauwetter ein. So liegt über dem Schnee eine harte Eisschicht.

11.02.40: Der Opfersonntag brachte der Ortsgruppe folgendes Ergebnis:
Block Wolsier: 40,90 RM
Block Gülpe: 38,95 RM
Block Prietzen: 17,85 RM
Eine Spende von: 25,00 RM
der freiwilligen Feuerwehr Prietzen ging zusätzlich ein.

Am 17.02.40 war beim Kameraden G. Kaleschky eine Vereinsversammlung mit einer kleinen Abschiedsfeier.

18.02.40 Nun ist wieder eine Woche vergangen, aber das Wetter ist immer noch dasselbe. Der Frost hält immer noch an. Auch am Tage um die Mittagszeit steigt das Thermometer nicht über Null Grad Celsius an. Heute waren um 3 (15) Uhr - 2° C. Alles stöhnt über den ungewöhnlich langen und kalten Winter. Die Vorräte an Kohlen sind aufgebraucht. Besonders schlimm ist die Kohlenversorgung in den Städten.

Die Fußballspiele wurden ebenso wie am vorherigen Sonntag wieder abgesagt.

In der kommenden Woche müssen wieder einige Gülper zum Militär einrücken:
- August Görn (geb. 08.01.1912) nach Spandau,
- Ernst Rösicke (geb. 19.11.1912) nach Brandenburg,
- Alfred Ritter (geb. 24.04.1910) und
- Ernst Winter (geb. 21.11.1910), der aber nach einer Mandelentzündung an Gelenkrheumatismus erkrankt ist. Da die beiden Gülper ständige Spieler des FC Gülpe waren, mußte der Fußballclub sich von den Kreismeisterschaften zurückziehen.

18.02.40: Am Tag der Deutschen Polizei wurden in der Ortsgruppe Gülpe 138 RM aufgebracht. Außerdem sammelte unser Hilfswachtmeister in den Orten Spaatz, Wolsier und Gülpe 53,70 RM, so daß sich der Gesamtbetrag auf 191,70 RM erhöht. Die Einzelergebnisse sind:
Block Gülpe:
- 120 Plaketten mit 32,15 RM
- Büchsensammlung mit 09,45 RM
- Spende der freiwilligen Feuerwehr
30,00 RM
- insgesamt: 71,60 RM

Block Wolsier:
- 40 Plaketten mit 08,00 RM
- Büchsensammlung 09,70 RM
- Spende der freiwilligen Feuerwehr
23,50 RM
- insgesamt: 41,20 RM

Block Prietzen:
- 40 Plaketten mit 08,00 RM
- und Büchsensammlung 17,20 RM
- insgesamt: 25,20 RM.

In der Woche vom 18.02. - 25.02.40 war auch der Sohn des Schmiedemeisters Adolf Glimm auf 2 Tage bei seinen Eltern auf Urlaub gekommen.

25.02.40: Am vergangenen Donnerstag hat nun endlich die strenge Kälte nachgelassen und Tauwetter hat eingesetzt. Am Freitag und Sonnabend stieg das Thermometer bereits auf plus 11° C. Dadurch hat es stark getaut. Am Sonnabend hat es dazu noch geregnet. So ist der Schnee beträchtlich geschmolzen.
Heute am Sonntag ist es allerdings wieder etwas kälter, nachdem es auch in der Nacht zu heute wieder gefroren hatte. In den Schulgarten sind Kaninchen eingedrungen, und haben die jungen Bäume arg benagt.
Der Schaden ist beträchtlich, denn viele Bäume werden wohl eingehen, da die ganze Rinde ringsherum um den Stamm abgenagt worden ist.

25.02.40: Am Sonntag kam auch der Sohn unseres Gastwirtes Alfred Ziemann für 1½ Wochen auf Urlaub. Der ältere Sohn Fritz ist seit einiger Zeit bei der Polizei, wozu er sich freiwillig gemeldet hatte.
Heute fand auch eine Versammlung der hiesigen Ortsgruppe der NSDAP beim Pg. A. Ziemann statt.
Um 20 ¼ Uhr eröffnete der Ortsgruppenleiter Pg. Scharlock, Wolsier, die Versammlung. Er gedachte zuerst der 20. Wiederkehr der Parteigründung. Da es die erste Versammlung im neuen Jahr war, sprach er auch seinen Mitarbeitern für die Mitarbeit im vergangenen Jahr seinen Dank aus. Das Jahr 1940 ist ein Schicksalsjahr. Der Sieg wird unser sein. Der Führer hat das Volk zu einer großen Opfergemeinschaft aufgerufen. Die Neutralen müssen die Einheit von Front und Heimat sehen. Dann erklärte der Ortsgruppenleiter das Opferbuch.

Bis zum 31.03.40 ist völlige Versammlungsruhe.

Am 20.04.40 soll der Film vom Polenkrieg vorgeführt werden. Das Buch „die polnische Blutsschuld" wird in 3 Exemplaren in der Ortsgruppe ausgegeben.

Die ersten Einzeichnungen zum Opferbuch erreichten eine Höhe von:
515,00 RM.

Es wird zu weiteren Einzeichnungen ausgelegt.
- 29.02.40 Donnerstag,
    19 - 21 Uhr, Lokal A. Ziemann
- 03.03.40 Sonntag,
    19 - 21 Uhr, Lokal Kaleschky
- 06.03.40 Mittwoch,
    19 - 21 Uhr, Lokal Kaleschky

25.02.40: Auch für diesen Sonntag wurden die Fußballspiele abgesagt.

26.02.40: Der Arbeiter Otto Wunderlich ist nun von der Wehrmacht freigestellt.
27.02.40: Dienstag, hielt die hiesige NS Frauenschaft ihren Gemeinschaftsabend in der Schule ab. Der Schulungsleiter der Partei, Lehrer Horbel, sprach über die Zeit vom Weltkrieg bis zum jetzigen Krieg. Es wurden 88,00 RM in das Opferbuch eingetragen.

Seit Wiederbeginn des Unterrichts nach den Weihnachtsferien übt das Orchester am Freitagabend nicht mehr bei dem Gastwirt G. Kaleschky, sondern in der Schule.
Die Schülerin des 3. Schuljahres, Ursula Rösicke hat von ihren Eltern eine sehr schöne Mandoline bekommen. Sie übt

sehr fleißig und kann leichtere Lieder wie „Winter ade", „Kuckuck", „Schneeflöckchen, Weißröckchen" sehr gut spielen.
03.03.40: Auch diesmal findet kein Fußballspiel statt.

Die 3. Reichsstraßensammlung in der Ortsgruppe Gülpe brachte einen Betrag von: 75,17 RM.

Der Betrag wurde wie folgt aufgebracht:
Block Gülpe:
- Plakettenverkauf   20,67 RM
- K-Spendensammlung   17,35 RM
- insgesamt: 38,02 RM

Block Wolsier:
- Plakettenverkauf   12,30 RM
- K-Spendensammlung   09,70 RM
- insgesamt: 22,00 RM

Block Prietzen:
- Plakettenverkauf   10,40 RM
- K-Spendensammlung   04,75 RM
- insgesamt: 15,15 RM

10.03.40: Heute ist der Volksgenosse Alfred Ritter aus Potsdam auf Urlaub gekommen (Sonntagsurlaub).

Von dem früheren Bürgermeister Otto Mangelsdorf stehen auch 2 Söhne im Krieg:
- Walter Mangelsdorf, der in Saalfeld / Thüringen dient,
- Friedrich Mangelsdorf tut in Ostpreußen Heeresdienst.

10.03.40: Der letzte Opfersonntag des KWHM. in der Ortsgruppe Gülpe erbrachte einen Betrag von: 116,80 RM.

Es sind beteiligt:
Block Gülpe mit   47,80 RM
Block Wolsier mit   44,50 RM
Block Prietzen mit   24,50 RM.
Es ist zugleich auch das höchste Ergebnis.

14.03.40: Am heutigen Donnerstag kam der Soldat Fritz Busch aus Polen auf Urlaub.
Der FC Gülpe kann sich mit einer Spende von 70,40 RM in das Opferbuch einzeichnen. Die Mitglieder spendeten trotz erfolgter Einzeichnung nochmals durchweg 3,00 RM. Die weiblichen Mitglieder trugen sich alle mit je 1,00 RM ein. So kam es zu dem schönen Erfolg.

Heute früh ging eine Bekanntmachung durch den Ort:
Magdeburg meldet einen voraussichtlichen Wasserstand von 6,10 m. Alle Keller und Mieten sind wegen der drohenden Hochwassergefahr von Kartoffeln zu räumen.

Heute wurden die Zwillinge Elfriede und Willi Ballerstedt in Wolsier von dem Vikar Thierock eingesegnet.

17.03.40: Am Tag der Wehrmacht konnte der Soldat August Görn in Spandau noch in einer Militärmannschaft als Rechtsaußen Fußball spielen. Auch der Soldat Ernst Rösicke betätigte sich an diesem Tag in Brandenburg als Fußballer in einer Militärmannschaft als Linksaußen. Auf der Gegenseite stand der ehemalige Kamerad im Gülper Fußballclub Willi Schmidt (während der Arbeitsdienstzeit beim Bauern Bollmann) im Tor.

17.03.40: Am Tag der Wehrmacht wurden in der Ortsgruppe Gülpe insgesamt 87,76 RM gesammelt. Die angeschlossenen Orte sind wie folgt beteiligt:

Gülpe:
- Plakettenverkauf 23,70 RM
Wolsier:
- Plakettenverkauf 11,00 RM
- K-Spendensammlung 08,44 RM
Prietzen:
- Plakettenverkauf 11,30 RM
- K-Spendensammlung 06,05 RM
zusammen 46,97 RM

19.03.40: Der Altsitzer Karl Ziemann wurde 70 Jahre alt. Das Orchester brachte dem betagten Volksgenossen ein Ständchen. Es spielte „Lob den Herrn den mächtigen König" und den „Geburtstagsmarsch".

Heute wurde auch der Arbeiter Otto Paproth zum Heeresdienst eingezogen. Dazu auch der in Rhinow wohnende Sohn des Volksgenossen Adolf Rösicke, Adolf Rösicke.

Am 19.03.40 beging die Schule abends in der Klasse eine Feierstunde für die zur Entlassung kommenden und neu aufgenommenen Schulkinder. Entlassen wurden die Zwillinge Willi und Elfriede Ballerstedt. Aufgenommen wurden die Lernanfänger Friedhelm Schulz, Werner Schatz und Hans Otto. Somit beträgt die Schülerzahl des neuen Schuljahres 10 Schüler.
Die Schulentlassungsfeier mußte in der Schule sein, weil Kaleschky`s Saal nicht frei war und die Gastwirtsfrau Lore Rösicke keine Kohlen mehr hatte.
Wegen des strömenden Regens waren nur 40 Personen erschienen, obwohl Bänke und Stühle noch mehr Besuchern Platz gegeben hätten. Mit Blumen, dem Führerbild und der Fahne des Dritten Reiches war die Schule feierlich geschmückt.

Das Programm:
Gesang und Orchester:
„Soldaten - Kameraden"
Gedicht:
„So spricht der Führer",
von Elfriede Ballerstedt
Kanon:
„Der Teufel soll versinken"
Gedicht:
„Soldatenabschied"
Von H. Lersch, und
Willi Ballerstedt
Gesang und Orchester:
„Panzerlied"
Gedicht:
„Ein Mann sollst du werden"
der Lehrer
Gesang und Orchester:
„Die blauen Dragoner"
Kurzgeschichte:
„Ein Bauernwort",
von Willi Ballerstedt
Rede des Lehrers zur Schulentlassung.

Ein Ausschnitt aus der Arbeit der Kindergruppe unter Leitung der Lehrersfrau
Gesang und Orchester:
„Fliegermarsch"

Geschichten:
„Die gescheite Trude"
von Edith Heise
Gedicht:
„Der kluge Heino"
von Werner Wunderlich

Gedicht:
„Kein Regenschirm"
. von Ursula Rösicke

Gedicht:
„Verdacht"
.. von Hans Witte
Geschichten:
„Von der Schule"
von Irma Franke

Gedicht:
>"Zirkus"
>von Siegfried Görn

Gedicht:
>"Kirmes"
>…von Siegfried Görn

Gedicht:
>"Der wilde Mann"
>von Willi Ballerstedt

Kleine Szene:
>"Im Kaufmannsladen"
>von Werner Wunderlich
>und Ursula Rösicke

Gesang und Orchester:
>"Wir sind Kameraden auf See"

Orchester:
>"Das kannst du nicht ahnen"
>"Edelweiß"
>"Erika"

Orchester und Gesang:
>"Engellandlied"

Theater:
>"Der Bauer und der Kuhdieb"

21.03.40: Das Hochwasser ist nun auch in den Schulgarten eingedrungen. Zwischen Schule und Lokal G. Kaleschky wurde ein Deich aufgeworfen.

Die Wasserstände der Elbe bei Magdeburg wurden gemeldet am:
>19.03. 5,70 m
>20.03. 6,20 m
>21.03. 5,58 m

In der Nacht zum vom Sonntag zu Montag (Ostern) soll die Elbe bei Magdeburg mit 5,70 m voraussichtlich ihren höchsten Stand erreichen.

22.03.40: Heute Karfreitag war Gottesdienst und Abendmahl. Am Ostersonntag wird Vikar Thierrock zum letzten Mal in Gülpe vertreten. Am 02.04. muß er in Spandau als Infanterist den Soldatenanzug anziehen.

Auch der Arbeiter Erich Wunderlich muß am 01.04 zu den Soldaten nach Wünsdorf bei Zossen.

23.03.40: Heute meldet Magdeburg einen Wasserstand der Elbe von 5,27 m.

24.03.40: Heute Ostersonntag hielt Vikar Thierrock um 12 Uhr seinen letzten Gottesdienst. Um 13 Uhr wurde die Tochter des Ehepaars Paul und Teresia Paproth, Anita, in der Kirche getauft.

27.03.40: Am 26.03.40 meldete Magdeburg einen Wasserstand von 5,74 m, heute einen von 5,71 m.

Die Wasserstände der Elbe waren am:

	23.03.40	26.03.40	7.03.40
Aussig:	7,40 m	5,23 m	7,08 m
Dresden:	6,60 m	6,52 m	6,45 m
Torgau:	7,62 m	7,66 m	7,68 m
Barby:		5,93 m 6,27 m	6,22 m
Wittenberg:	5,47 m	5,68 m	5,66 m
Magdeburg:	5,27 m	5,74 m	5,71 m

An der Dosse soll ein Deich gebrochen sein. Fast auf der gesamten Gülper Feldmark steht das Wasser. An eine Bestellung der Äcker ist noch nicht zu denken.

Der Fußballplatz steht hoch unter Wasser (Grundwasser), die Gärten vor dem Dorf stehen ebenfalls beträchtlich unter Wasser. Auf den Stücken gegenüber der Schule wurden die Mieten geräumt, weil das Grundwasser bis zu den Kartoffeln gestiegen war. Die Einwohner Repke und Wilke können nicht mehr trockenen Fußes von ihren Häusern zu ihren Ställen gehen. Das Wasser steht bis Otto Friesickes Haus heran. Auch im Schulgarten steigt noch immer das Wasser, nur noch ein kleines Stück zwischen Scheune und Kaleschky`s Hof ist noch frei.

27.03.40: Mittwoch Heute ist das Wasser gegen Abend bis an den Deich zwischen G. Kaleschky und Schule vorgedrungen. Auch Heute (29.03.40) ist das Wasser noch gewachsen.

Der Soldat August Görn, der nach Spandau eingezogen wurde, ist kurz vor Ostern schon nach den Westen gekommen.

Die Wasserstände der Elbe am:
28.03.40 29.03.40 30.03.40
Aussig: 7,09 m   7,16 m   7,07 m
Dresden: 6,48 m   6,39 m   6,37 m
Torgau: 7,66 m   7,66 m   7,61 m
Barby: 5,93 m   6,27 m   6,22 m
Wittenberg: 5,66 m 5,66 m   5,63 m
Magdeburg: 5,63 m 5,58 m   5,58 m

31.03.1939 - 1940 **DATUM ???**[112] Die letzte Sammlung des KWHW[113] brachte mit dem Verkauf der Schmetterlinge in der Ortsgruppe Gülpe eine Gesamteinnahme von: 71,05 RM.

Die Einzelergebnisse sind:
Gülpe:
- Plakettenverkauf: 20,55 RM
- K-Spendensammlung   13,74 RM
insgesamt: 34,29 RM
Wolsier:
- Plakettenverkauf: 14,80 RM
- K-Spendensammlung   06,70 RM
insgesamt: 21,50 RM
Prietzen:
- Plakettenverkauf: 11,00 RM
- K-Spendensammlung   04,26 RM
insgesamt: 15,26 RM

---

[112] Datum   kann hier nicht stimmen
[113] KWHW   Abk. für Kriegswinterhilfswerk

Die Wasserstände der Elbe am:
01.04.40 02.04.40 03.04.40
Aussig: 5,64 m   5,14 m   4,83 m
Dresden: 5,26 m   4,85 m   4,39 m
Torgau: 7,18 m   6,56 m   6,11 m
Barby: 6,06 m   5,96 m   5,79 m
Wittenberg: 5,56 m 5,39 m   5,26 m
Magdeburg: 5,58 m 5,47 m   5,28 m

Herr Schulrat Höhne hat für die Schulen Westhavellands das Lukesche Tagebuch eingeführt. Außerdem sollen halbjährlich Zeugnisse verteilt werden.

03.04.40 Im Schulkeller steht das Grundwasser 3 Stufen hoch.
Ein Waschen in der sogenannten Waschküche ist undenkbar. Die Feuerung des Ofens ist auch im Wasser und der Waschkessel ist vom Wasser gehoben worden.

04.04.40: Der Soldat Arthur Rösicke ist für 14 Tage aus Polen auf Urlaub gekommen.

Das Hochwasser geht seit heute auch in Gülpe zurück. Nur das Grundwasser steigt noch. Im Schulkeller geht es bald über den Waschkessel hinaus.

05.04.40: Das Hochwasser geht weiter zurück.

Die Wasserstände der Elbe am:
04.04.40 05.05.40 08.04.40
Aussig   4,70 m   4,69 m   6,62 m
Dresden   4,29 m   4,20 m   5,29 m
Torgau   5,84 m   5,76 m   6,64 m
Barby   5,63 m   5,48 m   5,38 m
Wittenberg 5,16 m 5,07 m   5,12 m
Magdeburg 5,00 m 4,84 m   4,64 m

121

09.04.40: Heute wurden keine Wasserstandsmeldungen durchgegeben.
Der Rundfunk brachte Marsch- und Unterhaltungsmusik und die neuesten Nachrichten von dem Vormarsch unserer Truppen in Dänemark und Norwegen. Früh um 5.15 Uhr hatte der Einmarsch der Deutschen Truppen in dänisches und norwegisches Gebiet begonnen.

Die Eintragungen in das Opferbuch der Ortsgruppe Gülpe ergeben einen Betrag in Höhe von: 2.830,50 RM.

Davon zeichnete der Ort:
- Gülpe: 1.469,50 RM
- Ort Wolsier: 1.361,00 RM

Wenn man die Beträge auf die Kopfzahl der beiden Orte umrechnet, so ergibt das für jeden Einwohner einen Spendenbetrag von:
- Gülpe: 6,12 RM und
- Wolsier: 8,00 RM

Das ist ein sehr gutes Ergebnis. allen Spendern für ihren Opfersinn recht herzlichen Dank.

Heute ist der hiesige Maler Albert Otto eingezogen worden. Er kommt nach Potsdam und von dort wahrscheinlich nach Krakau. Am 19.04. soll sich auch der Arbeiter Erich Rohrschneider bei den Soldaten melden.

Der neue Schulrat hat in einem Rundschreiben vom 08.04. den Schulleitern für ihre Arbeit Richtlinien erteil. Das Rundschreiben ist eingeheftet worden.

17.04.40: Heute wurden im Rundfunk zum ersten Mal wieder Wasserstandsmeldungen durchgegeben.

Die Wasserstände der Elbe am:

	17.04.40	18.04.40	19.04.40
Aussig	3,56 m	3,49 m	3,41 m
Dresden	2,93 m	2,90 m	2,90 m
Torgau	4,35 m	4,38 m	4,36 m
Barby	4,57 m	4,36 m	4,20 m
Wittenberg	4,58 m	4,35 m	4,33 m
Magdeburg	3,87 m	3,67 m	3,47 m

17.04.40: Seit dem 07.04. hat die Familie Heise eine junge Ziege. Die erste in Gülpe.

Am 20.04.40 gab es keine Wasserstandsmeldungen.

Der Soldat Otto Kaleschky ist heute auf Urlaub gekommen.

Am Geburtstag des Führers hielt die hiesige Ortsgruppe der NSDAP eine Versammlung ihrer Mitglieder beim Pg. A. Ziemann ab. Der Ortsgruppenleiter Scharlock gab einen Überblick über das KWHW. Es brachte in unserer Ortsgruppe eine Gesamteinnahme von:
5.839,99 RM

Die Einzelergebnisse:
- Reichsstraßensammlung mit Plaketten: 469,21 RM
- Opfersonntage: 565,88 RM
- Gau-Straßensammlungen: 143,49 RM
- Landwirtschaftsspende:
    Gülpe: 529,75 RM
    Wolsier: 315,00 RM
    Prietzen: 160,00 RM
    Zwischensumme: 1.004,75 RM
- KWHW Opferschießen:
    Gülpe: 217,55 RM
    Wolsier: 176,40 RM
    Prietzen: 101,40 RM
    Zwischensumme: 495,35 RM
- Tag der Polizei: 191,70 RM
- Tag der Wehrmacht: 83,76 RM
- KWHW Briefmarken: 18,35 RM
- Barablösung Kleiderspende: 25,00 RM

- Opferbuch: 2.830,50 RM
insgesamt: **5.839,99 RM**

Dem Ortsgruppenamtsverwalter der NSV, Pg. Ernst Rösicke, wurde für treue, gewissenhafte und vorbildliche Pflichterfüllung die „Medaille für Deutsche Volkspflege" verliehen.

Nachdem der Ortsgruppenleiter auf den Aufruf für das Deutsche Rote Kreuz hingewiesen hatte, gab er einen Rückblick über die Zeit von 1914 bis jetzt und las aus der Reichstagsrede unseres Führers vor dem Großdeutschen Reichstag am 01. September vorigen Jahres vor. Nach der Bekanntgabe einiger Anordnungen schloß er mit dem Treuegelöbnis auf den Führer die Versammlung.

20.04.40: Heute waren alle wehrfähigen und wehrtauglichen Männer im Alter von 18 - 45 Jahren aus Gülpe und den umliegenden Orten nach Rhinow (Schulhof) befohlen worden, wo die SA die Wehrmannschaften zur vormilitärischen Ausbildung aufstellte. Für die Wehrmannschaft aus Prietzen, Wolsier und Gülpe ist der erste Dienst am Sonntag, den 05. Mai, in Prietzen.

Die Wasserstände der Elbe am:

	20.04.40	23.04.40	24.04.40
Aussig	3,80 m	3,16 m	3,20 m
Dresden	2,85 m	2,71 m	2,67 m
Torgau	4,20 m	4,21 m	4,04 m
Barby	4,00 m	3,97 m	3,83 m
Wittenberg	4,23 m	4,16 m	4,10 m
Magdeburg	3,28 m	3,21 m	3,10 m

Ein Umgraben des Gartens ist nicht möglich, der Boden ist noch zu naß.

24.04.40: Heute ist der Soldat Otto Friesicke auf Urlaub gekommen.

Die Wasserstände der Elbe am:

	25.04.40	26.04.40	29.04.40
Aussig	3,22 m	3,23 m	2,72 m
Dresden	2,69 m	2,65 m	2,20 m
Torgau	4,08 m	4,04 m	3,66 m
Barby	3,76 m	3,66 m	3,56 m
Wittenberg	4,00 m	4,02 m	3,88 m
Magdeburg	,04 m	2,95 m	2,89 m

28.04.40: Die erste Sammlung für das Deutsche Rote Kreuz in der Ortsgruppe Gülpe hatte ein hervorragendes Ergebnis. Es kamen: 240,65 RM ein.
Davon brachte der Ort Wolsier:
172,50 RM auf,
womit er wohl im Kreis Westhavelland an der Spitze stehen würde.
Der Ort Gülpe spendete den Betrag von:
68,15 RM.
Die Metallspende zum Geburtstag des Führers brachte in Gülpe ein erfreuliches Ergebnis: 136,00 kg.

Am Dienstagabend versammelten sich die Frauen der hiesigen NS Frauenschaft in der Schule zum letzten Gemeinschaftsabend vor der Sommerpause. Die Ortsfrauenschaftsleiterin eröffnete die Versammlung mit einem Spruch, dann folgte ein gemeinsam gesungenes Lied. Nach der Erledigung des geschäftlichen Teiles sprach der Ortsschulungsleiter über den Einsatz unserer Truppen in Norwegen. Unter seiner Leitung sangen die Frauen noch einige Lieder.

30.04.40: Heute ist der Soldat August Görn zum ersten Mal auf Urlaub gekommen. Er kommt vom Westen.

03.05.40: Heute Sonnabend besuchte Herr Schulrat Höhne die Schule. Der Besuch war nur kurz und schloß sich einem Besuch in Wolsier (wegen eines Umbaus oder Neubaus der dortigen Schule) an.

04.05.40: Der Soldat August Görn ist bis auf weiteres beurlaubt.

11.05.40: Die Soldaten Ernst Rösicke (Arbeiter) und Fritz Busch sind auf Urlaub gekommen. der Soldat Ernst Rösicke hat nur Pflichturlaub erhalten.

16.05.40: Seit dem 16.05. (Wiederbeginn des Unterrichts nach den Pfingstferien) übernimmt der hiesige Lehrer auch den Unterricht in Wolsier mit. Koll. Fiedler aus Spaatz ist zum Heeresdienst nach Stralsund (Flak) einberufen worden. Koll. Uhlig in Wolsier übernimmt die Vertretung. Er hielt jeden Tag die ersten vier Stunden in Spaatz Unterricht (wegen der vielen Kinder), die letzte Stunde hielt er in Wolsier für die Kleinen. Die Großen mußten immer mit nach Spaatz fahren. Diese Regelung sagte dem Wolsierer Schulvorstand aber nicht zu und er setzte folgende Regelung beim Schulrat durch:
- Koll. Uhlig übernimmt allein Spaatz
- Lehrer Horbel aus Gülpe unterrichtet an
   3 Tagen in Gülpe und an
   3 Tagen in Wolsier.

Ich habe nun folgenden Plan aufgestellt:
Unterricht in Gülpe: in Wolsier:
Montag   Dienstag
Mittwoch   Donnerstag
Freitag   Sonnabend

19.05.40: Sonntag, ist der Soldat (Arbeiter) Erich Wunderlich aus Wünsdorf bei Zossen ist auf Sonntagsurlaub gekommen.

Die Jahrgänge 1900 - 1903 müssen sich am Sonnabend, den 26.05.40 beim Bürgermeister wegen der Aufnahme einer Wehrstammrolle melden.

Dazu gehören aus Gülpe:
    Paul Ziemann
    Hermann Horbel
    Fritz Klare
    Arnold Schönemann.

19.05.40: Das Ergebnis der 2. Sammlung für das Deutsche Rote Kreuz in der Ortsgruppe Gülpe übertrifft das der ersten ganz beträchtlich.
Der Spendenbeitrag stieg auf:
                        407,20 RM.
Der Ort Gülpe opferte diesmal mit:
                        198,20 RM
beinahe das Dreifache des ersten Betrages.

23.05.40: Heute kam der Soldat Fritz Busch auf Urlaub, anschließend soll er, wie erzählt wird, nach Holland kommen.

25.05.40: Heute Abend kam der Gastwirt Arthur Rösicke von Polen über Straußberg nach Hause. Er erzählte, 4 Tage Urlaub erhalten zu haben, um dann entlassen zu werden. Gleichzeitig wurde auch der Soldat Wilhelm Ballerstedt entlassen, der gemeinsam mit dem Soldaten Arthur Rösicke in Polen Dienst getan hatte.

31.05.40: Aufgeboten sind der Arbeiter Karl Gustav Otto Ritter von hier und Arbeiterin Elfriede Emma Gaede aus Magdeburg.

Der Spendensonntag am 1. und 2. Juni brachte in der Ortsgruppe Gülpe eine:
- Einnahme von insgesamt: <u>403,30 RM</u>
- Gülpe verbesserte sich weiter auf
                        233,80 RM
- Wolsier spendete   169,50 RM
Am Sonntag fand in Gülpe eine Werbeveranstaltung des Deutschen Roten Kreuzes statt. Im Saal des Pg. Arthur Rösicke sprach der DRK Hauptführer Dr. Richter, Plaue. Die Leitung des neugegründeten Ortsringes übernahm Robert Schulz und

Frau Martha Zimmermann. Es konnten 28 Mitglieder geworben werden.

07.06.40: Heute, Freitag, früh ist der Arbeiter Paul Görn nach Freienwalde abgereist, um als Soldat Dienst zu tun. Der Arbeiter Otto Brose, der mit ihm zusammen Soldat werden sollte, ist von seiner Arbeitsstelle (Hanffabrik Rhinow) bis zum 31. Juli reklamiert[114] worden.

09.06.40: der Arbeiter Erich Wunderlich ist erneut auf Sonntagsurlaub gekommen.

15.06.40: Der Arbeiter Otto Kehrberg muß heute (Sonnabend) nach Luckenwalde als Soldat.

16.06.40: Heute (Sonntag) war die Trauung des Arbeiters Karl Gustav Otto Ritter mit Elfriede Emma Gaede in der Gülper Kirche. Die Traurede hielt Pastor Ebeling aus Rhinow. Vera Franke, Gerda Franke, Elfriede Ballerstedt und Gertrud Franke (2. Stimme) sangen 2- stimmig „Ein getreues Herze wissen". Die Braut bringt ein einjähriges Kind mit in die Ehe.

17.06.40: Heute (Montag) hat sich die Enkeltochter unseres Schmiedemeisters Adolf Glimm, Helga Lorenz aus Havelberg, hier wieder in der Schule angemeldet. Damit beträgt die Schülerzahl augenblicklich 11 Kinder.

Folgende Gülper müssen zu den Soldaten:
- Sonnabend 23.06.40 Paul Paproth
- Montag   24.06.40 Karl Hünemörder

Paul Paproth hatte erst mittags Bescheid bekommen, er kam daher zu spät in Berlin an. Die anderen waren bereits nach Hannover verladen worden, von wo sie nach Holland zur Besatzung sollten. Paul Paproth kehrte daher wieder nach Gülpe zurück.

23.06.40: Die erste Reichsstraßensammlung für das Deutsche Rote Kreuz in der Ortsgruppe Gülpe ergab einen Betrag von insgesamt: 128,43 RM
- davon von Gülpe: 62,43 RM
- davon von Wolsier: 66,00 RM

24.06.40 Montag, Aufgebot: Elektromeister Wilhelm, Harry Zacharias[115] aus Werder / Havel und Luise Alma Anna Gerwig, von hier.

27.06.40: Donnerstag Soldat wurde der Gülper Karl Ritter. Alfred Ziemann soll geschrieben haben, daß er sich bald mit den Italienern die Hand geben kann. Er stand an der Westfront.

Der Soldat Ernst Rösicke soll geschrieben haben, daß er im Westen mit Potsdamern zusammengetroffen sei, aber den Kameraden Alfred Ziemann sei er nicht begegnet.

31.06.40: Der Soldat Erich Wunderlich war wieder auf Sonntagsurlaub.

Polnische Gefangene, die bisher in Rhinow (Hanffabrik) im Lager waren, wurden auf die Bauernhöfe verteilt, um bei der Ernte zu helfen. Landjahrsmädchen aus dem Landjahrlager Prietzen kommen nach hier, um von 8 Uhr - ½14 Uhr bei den Bauern gegen einen Entgelt von 20 Pfg. pro Tag bei Frühstück und Mittagbrot zu helfen. Nach 14 Tagen werden die Mädel gewechselt. Wer 14 Tage auswärts

---

[114] reklamiert   lat. zurückfordern

[115] Harry und Luise Zacharias   Eltern von Dieter Zacharias

war, muß 14 Tage im Lager verbringen und umgekehrt.

Der Soldat Karl Hünemörder soll in Wilhelmshaven sein. Wegen seines Bruches ist er operiert worden.

06.07.40 und 07.07.40: Das Ergebnis der Spendensammlung für das Deutsche Rote Kreuz in der Ortsgruppe Gülpe beträgt:
- insgesamt   350,00 RM
- davon Gülpe   193,00 RM
- davon Wolsier   157,00 RM

12.07.40: Am Freitag, den 12.07.40 ließen sich Elektromeister Wilhelm Harry Zacharias aus Werder / Havel und Luise Alma Anna Gerwig von hier in Werder standesamtlich trauen. Um 5 Uhr nachmittags trafen sie mit der Bahn in Spaatz ein, wo sie vom Kaufmann Ernst Rösicke mit dem Auto abgeholt wurden.
In Gülpe fand nur eine kleine Familienfeier statt, wozu:
        Hannchen Winter
        Paula Bollmann
        Gerda Franke
        Edmund Rösicke
        Irma Franke
        Ursula Rösicke
und andere eingeladen waren.

14.07.40: Der Soldat Erich Wunderlich (Wünsdorf bei Berlin) hat wieder Sonntagsurlaub.

17.07.40: Heute verließ Albert Wilke Gülpe, um nach Königsberg in der Neumark zu fahren, wo er seinen Dienst als Freiwilliger der Luftwaffe antritt.

18.07.40: Donnerstag wurden in Gülpe Paul Ziemann, Arnold Schönemann, Fritz Klare und der Lehrer Horbel morgens 7 Uhr in Rhinow gemustert. Es handelt sich um die Jahrgänge 1900 bis 1903.

Wegen der besonderen Tapferkeit vor dem Feind bei den Kämpfen im Westen wurde der Sohn unseres Schmiedemeisters Adolf Glimm, Feldwebel Otto Glimm mit dem EK[116] I und dem Panzerkampfabzeichen ausgezeichnet. Bereits im Polenfeldzug hatte er das EK II erhalten.

20.07.40: Am Sonnabend begannen die diesjährigen Sommerferien. Die Schule beginnt in diesem Jahr am Montag, den 19. August.

Der Soldat Otto Kehrberg aus Luckenwalde kam zu ersten Mal auf Urlaub. Er traf am Sonnabend hier ein und muß am Sonntag wieder fort.

21.07.40: Sonntagsurlaub hatte wieder der Soldat Erich Wunderlich aus Wünsdorf bei Berlin. Es war diesmal kein Sonntagsurlaub, sondern er betrug diesmal eine Woche.

22.07.40: Am heutigen Montag kam der Maler Albert Otto aus dem Westen zum ersten Mal auf Urlaub, der dafür auch 3 Wochen beträgt.

24.07.40: Dieser Tage ist auch der Soldat, Oberfeldwebel Alfred Ziemann auf Urlaub gekommen, der bis zum 12. August dauert. Sein Truppenteil war zuletzt an der Schweizer Grenze.

25.07.40: Heute (Donnerstag) Abend ist nun auch der Sanitäter Ernst Schulz, der Sohn des Schuhmachermeisters Robert

---

[116] EK I oder II   Orden „Eisernes Kreuz"
                              Erster oder zweiter Klasse

Schulz, für 3 Wochen auf Urlaub gekommen. Es ist das zweite Mal während des Krieges. den ersten Urlaub hatte er Anfang Dezember 1939

26.07.40: Heute (Freitag) ist auch der Soldat Erwin Jeckstedt für 3 Wochen auf Urlaub gekommen. Er soll zuletzt in der Gegend von Verdun gewesen sein.

28.07.40: Auf Urlaub gekommen ist auch der Soldat Fritz Busch. Auch der Soldat Hermann Mangelsdorf soll auf Urlaub gekommen sein. Es scheint die große Urlaubszeit gekommen zu sein.

Der Fußballer Herbert Franke hat nun endlich von der Sporthilfe für seinen Unfall am 28.08.1938 eine Unterstützung von 44,00 RM erhalten. Von der Aggippina (Versicherung der Hitlerjugend) hat er nach lange Schreibereien 90,00 RM erhalten. deswegen lag auch der Antrag bei der Sporthilfe so lange. Ein anderer Fußballer hatte für seinen Unfall von der Sporthilfe 20,00 RM erhalten (Karl Ritter Knieverletzung am 05.06.1938 der 1. Pfingstfeiertag).

03.08.40: Der Soldat Karl Hünemörder ist zum ersten Mal auf Urlaub gekommen.

04.08.40: Sonntagsurlaub hat wieder der Soldat Erich Wunderlich, der überhaupt in Urlaubssachen am besten abgeschnitten hat.
Die am 03. und 04.08.40 durchgeführten Spendensammlungen für das Deutsche Rote Kreuz zeitigten in der Ortsgruppe folgendes Ergebnis:
Block Gülpe: 207,20 RM
Block Wolsier: <u>166,00 RM</u>
insgesamt: 373,20 RM

Auf Urlaub war übrigens auch der Schwiegersohn unseres Schmiedemeisters Glimm, Lorenz aus Havelberg. Er hatte 3 Wochen Urlaub.

08.08.40: Am heutigen Donnerstag ist der Soldat Paul Görn zum ersten Mal für 14 Tage auf Urlaub gekommen. Auf Urlaub gekommen ist auch Erich Wunderlich (eine Woche).

Armin Gerloff, dessen Vater seinen Besitz in Gülpe verkaufte und zu Verwandten zog, ist in Gülpe und will voraussichtlich in Gülpe, seinem Geburtsort, bleiben.

Heute, Montag, den 12.08.40, ist der Soldat Fritz Busch aus dem Heeresdienst entlassen worden.
18.08.40: Der Soldat Karl Ritter hatte heute Sonntagsurlaub.

Das Ergebnis der letzten Reichsstraßensammlung für das Deutsche Rote Kreuz in der Ortsgruppe Gülpe beträgt:
- Block Gülpe 75,78 RM
- Block Wolsier <u>41.97 RM</u>
- insgesamt: 117,17 RM

24.08.40: Heute, Sonnabend, ist der Soldat Otto Kehrberg wieder auf Sonntagsurlaub gekommen. Auch der Soldat Erich Wunderlich war auf Sonntagsurlaub. Heute kam der Gülper Otto Schatz zu den Soldaten. Er fuhr nach Berlin.

Die Wehrmacht hat Gülpe vier Pferde zur Verfügung gestellt:
- zwei Pferde hat Baars und
- zwei Pferde hat Paul Bollmann übernommen.
Zwei Soldaten sind zur Pflege mitgekommen:

Am 27.08.40 - Dienstagabend, nahm der Fußballclub seine Turnabende mit den Männern wieder auf. Martin Friesicke fuhr mit seinem Arm durch das Fenster und schnitt sich die Haut am Arm durch. Der Arzt (Dr. Schreber) brachte die Rißstelle mit drei Klammern wieder zusammen und legte einen Verband an.

30.08.40: Die Schülerin Helga Lorenz meldete sich heute wieder ab. Sie fährt mit der Mutter und den Geschwistern nach Havelberg zurück. Der Vater soll von den Soldaten entlassen werden. Er war zuletzt in Fohrde.
Der Schulbesuch der Schülerin Helga Lorenz dauerte vom 17.06.40 - 31.08.40

30.08.40: Der Bauer Ernst Gerwig hat heute eine Traktormaschine bekommen. Drei Ferienkinder sind in diesem Jahr in unserem Ort aufgenommen worden:

- ein Junge bei   Baars
- ein Mädchen bei Mangelsdorf
- ein Mädchen bei Ernst Rösicke.
Die Kinder sind aus Köln gekommen.

Der Soldat Otto Kehrberg ist wieder auf Urlaub gekommen bis Donnerstag.

Das Wasser der Havel ist durch den dauernden Regen gestiegen. Es steigt über die Ufer. Die Landsleute müssen die Nachmahd zum Teil aus dem Wasser holen. Das war überhaupt der regenreichste Sommer im Jahre 1940. Kaum ein Tag verging ohne Regen. Besonders warm war es auch nicht.

03.09.40: - Heute muß der Bauer Ernst Schmidt zu den Soldaten.

08.09.40: - Sonntagsurlaub hatten wieder der Soldat Otto Kehrberg und Erich Wunderlich.

In diesem Jahr beginnt das Winterhilfswerk bereits im September. Am ersten Opfersonntag des zweiten Kriegswinterhilfswerkes wurde von der Ortsgruppe mit den beiden Ortschaften Gülpe und Wolsier insgesamt: 247,80 RM aufgebracht.

17.09.40: - Heute ertrank dem Bauern Wilhelm Leinemann in der Kleinen Havel ein Pferd. Während der Bauer Frau Hünemörder mit dem Kahn übersetzten wollte, wollte der Pole mit dem Gespann durch die Havel fahren, wie er das bei der Furt bei Otto Wunderlich gewöhnt war beim Heu holen von Leinemann`s Wiese. Dabei ertrank das Pferd, weil es hier erheblich tiefer ist, was der Pole jedoch nicht wußte.

21.09.40: Heute begannen die Herbstferien, die diesmal fünf Wochen dauern.

Der Unterricht beginnt wieder am 28.10.40: Die Kinder erhielten zum ersten Mal Halbjahreszeugnisse.

Ende der Eintragungen

Dr. Gudrun Auert, erinnert sich, wie sie als Siebenjährige den dem Lehrer H. Horbel nachfolgenden Lehrer erlebt hat:

„Nach kurzer Zeit kam Lehrer A. I., der mit seiner Familie das Schulhaus bezog. Er war sehr streng und verhaute die Jungen mit dem Rohrstock. Ich selbst musste meine Hände öffnen und bekam mit dem Rohrstock einen Schlag hinein, weil ich mich umgesehen hatte, als es hinten im Klassenraum an die Tür geklopft hatte.

In seinem Wohnzimmer mussten wir das „Host-Wessel-Lied" und andere Lieder singen.

Am Unterrichtsende stellten wir uns alle an der Tür auf und hoben die Hand zum Hitlergruß. Waren nicht alle Hände gleichzeitig in der Höhe, wurde solange geübt bis es klappte und erst dann durften wir nach Hause.

Ich hatte einmal an der Schnalle meines Ranzens nur den Stift durch das Loch des Lederriemens gesteckt, nicht aber durch den zweiten Metallriegel, deshalb musste ich nachsitzen. Begegneten wir Herrn A. I. im Dorf außerhalb der Schulzeit, mussten wir jedes Mal „Heil Hitler" mit erhobener Hand sagen." (Auszug aus „Mitten am Rande" /12/, Seiten 59 und 60)".

Ich füge das hier ein, weil es m. E. die aus dem Text zum Gliederungspunkt 6. indirekt bereits hervorgehende gedankliche Situation der Bevölkerung für den Leser noch direkt weiter aufhellt.

Im vorgenannten Buch berichtet Luise Zacharias detailliert aus unmittelbarem persönlichem Erleben heraus über die letzten Tage des Krieges, über die Besetzung des Ortes Gülpe durch polnische und russische Truppen und die Wochen danach. Damit füllt sie auf den Punkt genau den bedeutsamsten Zeitabschnitt in der Lücke zwischen dem letzten Horbel-Eintrag und den vom Lehrer E. Eipert dokumentierten Anfangsmonaten des Jahres 1945.

„Mitten am Rande" in diese Chronik komplett zu übernehmen erübrigt sich, da /12/ bereits in Buchform vorliegt und damit für jeden Interessenten über den Buchhandel wie übers Internet problemlos zugänglich ist.

Um jedoch in dieser Chronik den roten Faden zwischen dem auf Gülpe bezogen dokumentierten Geschehen in Deutschland auf dem Höhepunkt des Nationalsozialismus und dem Beginn eines Neuaufbaus unter völlig gewandelten geschichtlichen Bedingungen nicht abreißen zu lassen, habe ich mich entschieden, ausgewählte hautnahe Kurzabschnitte aus „Mitten am Rande" hier einzufügen.

Der Schwerpunkt liegt dabei auf Textstellen, die zu den drei Wochen von Ende April bis Mitte Mai 1945 aussagen.

7. Gülpe April -Mai 1945

Auszug aus dem Buch „Mitten am Rande"

Luise Zacharias /12/

„Im Ort gibt es im April 1945 elf mittelgroße Bauernhöfe sowie mehrere kleine landwirtschaftliche Betriebe. An Handwerkern sind ansässig: ein Schmied, ein Schuhmacher, zwei Müller, ein Barbier, vier Fischer, ein Kaufmann, drei Gaststätten. Des Weiteren gibt eine Holländer Windmühle … Zur Mühle gehört eine Brotbäckerei …

Dem Arbeitskräftemangel abzuhelfen, arbeiten in Gülpe im April 45 auf den Bauernhöfen und bei den Handwerkern noch etwa 15 bis 20 Kriegsgefangene sowie mehr als 20 Fremdarbeiter, Männer und auch Frauen. Einige Frauen sind mit ihren Kindern hier. …

Für die Kriegsgefangenen ist mitten im Ort auf dem Gehöft von F. S.in einer Scheune mit angrenzendem Stall eine Unterkunft hergerichtet, die mit Betten und einfachem Mobiliar ausgestattet ist.

Am Tage arbeiten sie auf den Höfen oder auf den Feldern der Bauern; von diesen werden sie auch verpflegt. Abends müssen sie sich zu festgelegter Zeit in der Gemeinschaftsunterkunft einfinden, die über Nacht abgeschlossen wird. …

Die Russen sind schon kurz vor Rathenow. …

Aus Angst, dass die Russen unsere Wertsachen mitnehmen, haben wir einige Gruben hinter dem Stall ausgehoben und Geschirr (Rosenthaler Porzellan), Silberbestecke und Kleidungsstücke vergraben und mit Kohlengrus bedeckt.

Auch im Mühlengarten haben wir was vergraben und Salat darauf gepflanzt.

An einem schönen Tag pflanzen wir noch schnell auf unserem Acker, der ½ Stunde Weg vom Ort entfernt ist, Kartoffeln. So waren sie auch erst einmal vergraben, und wir hoffen, dass wir im Herbst, wenn alles ruhiger geworden sein müsste, wenigstens Kartoffeln zu essen haben. …

Immer mehr zivile Flüchtlinge machen Station in Gülpe und bringen so viele Schauergeschichten mit, dass uns allen immer mehr Bange wird. Einige Flüchtlinge versuchen, noch über die Havel und Elbe zu kommen, weil die Amerikaner schon in Havelberg und Sandau sein sollen, aber genau weiß das niemand. …

Vater backt am Nachmittag nochmals Brot.

Gegen Abend ziehen wir noch einigermaßen gute Kleidung an und stellen uns auf die vordere Haustreppe. Vater steht unten am Hausgartenzaun. Nachbar F. G., links gegenüber von unserem Haus, steht an seinem Hoftor, und F. M., rechts gegenüber, hat eine Büchse Fleisch in der Hand und steht auch bei sich am Gartentor. …

Bei F. G. kommt der erste fremde Soldat um die Hausecke. Es ist kein Russe, es ist ein Pole. Er geht zu F. G. hin, und die ersten Worte die wir vernehmen, sind Uri-Uri-Uri, und Nachbars Uhr verschwindet für immer.

Mein Vater, der das beobachtet hat, versteckt seine Uhr blitzschnell zwischen Hose und Unterhose, und wir Frauen bringen unsere Eheringe in Sicherheit.

F. M. gibt seine Fleischbüchse ab, schaut zu uns rüber und sagt: "Ihr braucht keine Angst zu haben, Frauen und Kindern tun sie nichts. Sie suchen nur, ob sich im Ort noch Soldaten versteckt halten." ...

... so um ½ 1 Uhr nachts geht die Schießerei los. ...

Wir sind in Angst und Verzweiflung. ...

Und dann ist die Nacht zu Ende. Alle treffen wir uns, außer Mutter, die aber noch lebt, in der Küche und warten, was nun weiter geschehen wird. ...

Es hat einige Tote gegeben. ...

Zunächst einmal L. P. ... Kopfschuss; sie war auf der Stelle tot.

Ein Mann, G. R., hatte sich erhängt, ebenso eine junge Frau A. F., die belästigt worden war.

Der damalige Ortsgruppenführer der NSDAP, der in Wolsier wohnte, wurde nach Gülpe getrieben. Einwohner von Gülpe fanden seine Leiche am nächsten Tag im Lauen, dem Weidengebüsch am Ortsrand. Lediglich an der Kleidung hat man ihn erkannt.

Ebenso kam H. S. ums Leben. Ihn hatten, ob die nunmehr freien Kriegsgefangenen oder Fremdarbeiter oder beide - ich weiß es nicht - abends aus dem Wohnhaus geholt. ...

... die Umsiedlerin A. H. Soldaten hatten sie mitgenommen; sie war spurlos verschwunden, kam aber nach einigen Tagen wieder. Danach versteckten sie die Eltern im Stall, in der Futterkrippe.

M. L. war auf ein Auto gezogen und nach Spaatz geschleppt worden. Unterwegs wohl schon, und auch in Spaatz ist sie mehrfach vergewaltigt worden. ...

Im Ergebnis war sie geschlechtskrank. Der Arzt in Rhinow hat sie behandelt und ausgeheilt.

E. Z. wurde im Ergebnis der Vergewaltigung schwanger. Deutsche Ärzte, die auch hier im Ort als Flüchtlinge waren, halfen ihr in ihrer Not. ...

Zwei Frauen aus dem Ort, H. F. und M. W., arrangieren sich jeweils mit einem der neu eingerückten russischen Offiziere. Diese blocken sie vor anderen Soldaten ab. Die Frauen haben ihre Ruhe und immer gut zu essen.
Eine dieser Verbindungen ist dann wohl zu einer echten Liebe geworden ... Eine aus dieser Verbindung hervorgegangene Tochter hat Jahre danach mit offizieller Unterstützung russischer Behörden vergeblich versucht, ihren Vater zu finden. ...

Im Stall halten wir zwei Schweine. Eines davon erkrankt, liegt kraftlos in der Ecke und schafft den Weg zum Futtertrog nicht mehr. Da gehe ich mehrere Tage mit einer Schüssel voll Grießbrei zu ihm und füttere es.

Plötzlich wird die Tür aufgestoßen. Herein in den Stall springt der dicke Unteroffizier mit einer Pistole in der Hand, die er auf mich gerichtet hält. Erregt schaut er sich um. Er sieht, dass ich vor dem Schwein knie, stößt ein paar Worte hervor, die ich nicht verstehe und verschwindet.

Am nächsten Tag erfahre ich von den beiden Backgehilfen, dass der Unteroffizier registriert hatte, wie ich mehrfach mit Nahrung in den Stall gegangen bin. Seine Schlussfolgerung: „Die bringt einem versteckten Soldaten zu essen".

Das wollte er unterbinden. Natürlich musste er, dies vorausgesetzt, zum Eigenschutz mit gezogener Pistole vorgehen.

Das ist mir heute klar. Damals jedoch habe ich wie gebannt auf die Pistolenmündung geschaut.

Ich war unfähig, mich zu rühren. Ich wusste ja nicht, was er wollte und habe nur immer gedacht: „Warum schießt er nicht? … Soll er doch schießen, dann hat das alles hier ein Ende, … soll er doch schießen. … "
Jetzt, im Nachhinein bin ich immer wieder überrascht, wie ruhig und unbeteiligt ich innerlich geblieben war, so, als wenn mich das alles gar nichts angeht. …

Es geht auf den Sommer zu. Eines Tages erhalten die Polen Marschbefehl. Sie werden von russischen Soldaten abgelöst.

Mit den bei uns im Haus einquartierten Polen hatten wir uns zwischenzeitlich arrangiert. Der Offizier und mein Sohn waren Freunde geworden. Zum Abschied erhielt mein Sohn von ihm eine Trillerpfeife, die er bis heute aufgehoben hat."

Soweit zum Bericht von L. Zacharias. Aus dem von Dr. Gudrun Auert in „Mitten am Rande" eingefügten Bericht erfahren wir u.a.:

„Nach einem großen Bombenangriff am 4. Dezember 1943 auf Leipzig kam meine Mutter (Hanna Voigt) mit uns zwei Kindern Dorothea (geb. 27.01.1935) und Gudrun (geb. 24.02.1937) in Gülpe bei unserer Großmutter Minna Voigt an. …

Wenn Fliegeralarm war, ging unsere Mutter mit uns Kindern in den Keller. Onkel Arnold Zander (einziger Sohn von Tante Emma) lachte unsere Mutter immer wegen ihrer Ängstlichkeit aus (er ist später in Dänemark gefallen).

Unsere Mutter zeigte uns am Himmel, wie „Christbäume" auf Berlin abgeworfen wurden.

Wir sammelten silberne breite Streifen, die von Flugzeugen auf die Wiesen abgeworfen worden waren, da wir kein Lametta für unseren Weihnachtsbaum besaßen.
…
Es kam ein deutscher Soldat auf einem Motorrad und hielt an unserem Haus an und sagte zu unserer Mutter: „Hisst die weiße Fahne! Ich blute wie ein Schwein, im kleinen Wäldchen bin ich beschossen worden! Wie komme ich zur Elbe?"

Unsere Mutter ging auf den Boden und hing ein weißes Handtuch zum Fenster hinaus, G.Z. (er, Vater des Ritterkreuzträgers A.Z., wollte noch einige Tage vorher unsere Mutter beim Werwolf anzeigen wegen ihrer nazifeindlichen Äußerungen) hängte jetzt auch ein weißes Tuch hinaus.
…

132

Gegen Abend kamen ins Dorf Polen herein gerannt. Sie schoben dunkelgrüne Schubkarren (wahrscheinlich Gerätewagen für Waffen) vor sich her. Einige blieben an unserem Haus stehen, vor dem unsere Mutter, wir und andere Leute standen.

Die Polen zeigten auf die Uhr unserer Mutter, die sie ihr sofort wegnahmen, ebenso eine Akku-Taschenlampe.

Der Schmied H.S. hatte wohl öfter Kriegsgefangene misshandelt. Er soll spät abends gefesselt durchs Dorf getrieben worden sein, er habe geschrien wie am Spieß.

Am nächsten Tag fanden Dorothea und wir Kinder ihn tot in den Weiden, im blauen Arbeitsanzug mit schweren schwarzen Schuhen an den Füßen und neben seinem Kopf lagen die ausgestochenen Augen, ich sehe noch heute die weißen „Kugeln" vor mir. …

Bei Bollmanns lebte ein polnisches Ehepaar mit einem Mädchen Wascha und einem zweijährigen Sohn Johann in einer Knecht-Kammer auf dem Hof. Als dieser Junge eine Lungenentzündung bekam, hat unsere Mutter in der Krise die ganze Nacht an seinem Bett gesessen und ihm ihren letzten Bohnenkaffee zu seiner Herzstärkung gegeben.

Seine Eltern waren unserer Mutter so dankbar, so dass sie ihr geholfen haben, als die polnischen Soldaten kamen. …

In die rechte Hälfte von Omas Haus (Zimmer und Kammer) zogen … polnische Soldaten ein, unsere Mutter, Dorothea und ich mussten in die linke Hälfte des Hauses umziehen zu unserer Oma, außerdem zogen noch Frau F. O. und ihre zwei Kinder G. O. und I. O. ein (sie waren in einem Nachbarhaus von uns untergebracht gewesen und sind von den Polen aus ihrem Zimmer vertrieben worden). …

Wir vier Kinder schliefen auf Militärkisten in der Kammer neben dem Zimmer unserer Oma. Hier schliefen Oma, Frau F.O. und unsere Mutter. …

Im Sand neben der Chaussee lag der Inhalt von vielen Schubladen, der von den Soldaten aus den Kommoden der anliegenden Häuser ausgeschüttet worden war (Geldscheine, Porzellan u. a.). Dorothea und ich haben uns nicht getraut, etwas aufzuheben.

Dorothea und ich nahmen eine Decke und unsere Puppen und setzten uns auf die Wiese neben den Gräbern auf dem Friedhof und spielten dort, unserem Haus gegenüber.

Um uns herum lagen Tassen, Geschirr und Knochen, die durch das Graben der Russen nach verstecktem Besitz herausgegraben worden waren.
Wir spielten auch in den Weiden und sammelten weggeworfene Patronengürtel mit leeren Patronen (ich denke, sie waren alle leer, denn es ist uns nichts passiert). …

Auf dem Dorfplatz vor unserem Haus stand eine nach 1933 gepflanzte „Hitler – Eiche". Sie wurde wegen Ihres Namens gefällt. Stattdessen wurde ein Turnreck aufgestellt, an dem die Russen turnten. …

Im September 1945 verließ unsere Mutter mit Dorothea und mir Gülpe. Herr H.N.

brachte uns mit unserem Handwagen, der mit unserem Gepäck beladen war, mit einem Kahn über die Havel. Wir kamen über Tangermünde in Stendal an, wo wir den nur 1-mal wöchentlich fahrenden Zug nach Leipzig erreichten."

8. Fortführung der Schulchronik in der Zeit vom 15.02.45 bis 11.09.50

Lehrer E. Eipert /10/

Das Jahr 1945

15.02.45: Der Schulbetrieb wurde eingestellt. Lehrer Schneider arbeitet auf der Bürgermeisterei.

01.10.45: Wiedereröffnung des Unterrichts nach den neuen Grundsätzen der Demokratischen Schule.

01.12.45: Erkrankung des Lehrers. Der Unterricht wird an 3 Wochentagen vertretungsweise von Schulamtsbewerber Schmidt (Wolsier) übernommen.

Weitere Ereignisse 1945

02.05. und 03.05.45: Polnische Soldaten umstellen Gülpe und marschieren in Gülpe ein. Von Gülpe aus wird Strodehne beschossen.

Im Krieg sind folgende Gülper gefallen:
Willi Ballerstedt   August Görn
Paul Paproth   Otto Brose
Otto Görn   Alfred Ritter
Otto Busch   Otto Görne
Ernst Schmidt   Martin Friesicke
Ernst Komnick   Ernst Schulz
Willi Friesicke   Fritz Mangelsdorf
Otto Glimm   Erich Wunderlich
H. Mangelsdorf   Otto Zander
Lieschen Paproth   (in Gülpe durch ein
                   Geschoß tödlich getroffen)

Die polnischen Soldaten werden von russischen Verbänden abgelöst.

Viele junge Frauen und Mädchen entzogen sich dem Zugriff der Russen durch Verstecken in Ortschaften westlich der Havel und an Stellen ungewöhnlicher Art. Doch größer als die Furcht vor den Russen war die Verbundenheit mit der Heimat, so daß schon kurze Zeit nach der Besetzung Gülpes sich seine Bewohner frei im Dorf und dann auch in der Feldmark bewegen und arbeiten konnten. Natürlich musste die Bevölkerung Platz für die Besatzung schaffen und enger zusammenrücken. Die russischen Soldaten hinterließen bei ihrem baldigen Abzug in ihren Quartieren schließlich eine große Unordnung. Von den Viehbeständen haben sie nur für ihren unmittelbaren Bedarf geschlachtet. Es wurde aber nichts fortgetrieben, wie es an anderen Orten geschehen ist.

Für den Brückenbau über die Havel werden die Lichtmasten abgesägt.

Ende Mai: Die Zahl der Einwohner stieg auf fast das Doppelte (ca. 400 Einwohner) durch die Aus- und Umsiedler. Es waren Schwarzmeerdeutsche und Schlesier.

Sommer 45:
Die russischen Truppen mähen Gras. Alle Bauern werden zur Mitarbeit verpflichtet. Verwendet wurde das Heu zur Versorgung der russischen Truppen.

Abgabenpflicht für landwirtschaftliche Erzeugnisse bestand noch nicht. Die Milch wurde selbst verarbeitet und direkt verkauft.

Die Preise für Lebensmittel stiegen stark an. Alles was entbehrt werden konnte wurde in Lebensmittel umgewandelt.

Schwarzschlachten und -brennen wurde allgemein durchgeführt.

Enteignungen wurden in Gülpe nicht vorgenommen.

Bauernwirtschaften im Ort waren:
- P. Ziemann   - A. Zander
- W. Baars   - P. Bollmann
- W. Leinemann   - E. Winter
- Ernst Gerwig   - W. Rösicke
- A. Bollmann   - E. Schulenburg

Verpachtet waren die Höfe:
- A. Zander und
  Repke

Je Bauernhof gab es ca. 10 Kühe. Sie sind unversehrt über das Kriegsende gekommen. Die Schweinezucht wurde vorwiegend durch eigene Sauen gesichert (vorher durch Aufkauf).

Durch die Besatzungsmacht wird Hermann Ritter zum Bürgermeister. Er löst den langjährigen Bürgermeister Ernst Rösicke (Pg.) ab. Die Büroräume bleiben im Haus.

Die Parteiarbeit wird von Wilhelm Wiggert (Flüchtling nach Rathenow) übernommen. Stellvertreter über viele Jahre wird Paul Freund.

Die Pferde wurden von der Sowjetarmee ausgemustert, da sie die verschiedensten Macken und Leiden hatten

Anfang August zogen die Schwarzmeerdeutschen weiter.

In Gülpe gibt es 3 Kneipen, davon 2 mit Saal.

* Über die letzten Tage des Krieges und kurz danach berichtet Luise Zacharias in ihrem Buch "Mitten am Rande" Sie schrieb ihre Erinnerungen mit 89 Jahren.

Das Jahr 1946
Weitere Ereignisse 1946

Im Sommer gab es ein großes Hochwasser

Oktober 1946: Arnold Schröder wird bis 1953 Bürgermeister.

25.10.46: Geheiratet haben Paul Oeter und Frau Luise. Es waren über 100 Gäste anwesend

18.10.46: Köpke Richard und Frau Hertha Schulenburg heiraten. Er hat sich in die Wirtschaft eingeheiratet.

Eine Genehmigung zum Schlachten eines Schweins wurde nicht (generell nicht) gegeben.

Das Hauptgericht für einfache Arbeiter war Pellkartoffeln und Stippe.

Der Bauer aß nach der Kneipe seine Schlackwurst.

Zum Jahreswechsel 1946 / 47 mußte der Schnaps in Milchkannen von Herr Wichert aus Friesack. geholt werden.

Das Jahr 1947

20.03.47: Der Lehrer Schneider ist auf Grund eines Herzleidens gestorben. Schulamtsbewerber Schmidt (Wolsier) führt den Unterricht in der oben angegebenen Weise weiter fort.

18.04.47: Auf Anordnung der Landesregierung übernimmt Schulamtsbewerber Kaecke die Schule.

26.06.47: Schulbesichtigung durch Schulrat Queckenfeld. Er stellte fest, daß die Schule jahrelang vernachlässigt wurde.

03.08.47: Ende des Schuljahres. Schulentlassungsfeier.

01.09.47: Beginn des neuen Schuljahres, Aufnahme der schulpflichtigen Kinder und der neu eingetroffenen Umsiedlerkinder.

16.09.47: Eintritt der Schulamtsbewerberin Ingrid Schneider. Sie übernimmt die 1. bis 4. Klasse und in der 5. bis 8. Klasse den Geschichtsunterricht und den Unterricht in der russischen Sprache.

05.10.47: Erntedankfest. Die Schule führt einen bunten Nachmittag durch.

20.11.47: Fräulein Schneider erhält auf eigenen Antrag die Erlaubnis den Unterricht in der russischen Sprache einzustellen.

22.12.47: Schulweihnachtsfeier. Es wurden Gedichte aufgesagt und kleinere Bühnenstücke aufgeführt. Es waren alle Klassen beteiligt.

Weitere Ereignisse 1947
Die Kapelle Kernbach (Rundfunktanzorchester) gastierte in Gülpe. Die Musikanten übernachteten bei den Bauern.

Das Jahr 1948

17.03.48: Schulfeierstunde zum Gedenken an die Revolution von 1848.

18.03.48: Schulfeier aus dem gleichen Grunde.

Das Jahr 1949

01.05.49: Schulamtsbewerber Jürgen Hagemann wurde im Auftrag der Landesregierung von Strodehne nach Gülpe versetzt und trat am 02.05.49 den Dienst an.

16.06.49: Die Klassen 5 bis 8 unternehmen mit den Eltern und Freunden der Schule eine Dampferfahrt nach Havelberg. Es wurden die Stadt, das Museum und der Dom besichtigt.

20.10.49: Das Klassenzimmer wurde renoviert. Der Maler Albert Otto übernahm die künstlerische Ausgestaltung. Es wurde angestrebt, das Klassenzimmer in einen freundlichen und stilvollen Raum umzugestalten. Aus diesem Grunde wurden, auf die bisher kahlen und grauen Stellen, Bilder aus der Heimat gemalt (Havelberger Dom, Rathenower Kirche, Gülper Landschaft). Auf der Fensterseite erhielt die Wand einen Spruch von Goethe:
„Über allen Tugenden steht eins: das beständige Streben nach oben,

das Ringen mit sich selbst, das unersättliche Verlangen nach größter Reinheit, Weisheit, Güte und Liebe"

21.10.49: Einweihungsfeier des renovierten Klassenzimmers mit den Eltern und Freunden der Schule.
Programm:
- 1. Menuett für 2 Flöten von Händel
- 2. Kanon: „Alles schweigt" von Mozart
- 3. Ansprache des Schulleiters
- 4. Zwei Lieder von Schubert
    (Ausführende:
    Pfarrer Wolf und
    Frau aus Strodehne)
- 5. Gedicht:
    „Worte des Glaubens"
    von Schiller
- 6. Gavotte von Gluck für Flöte und Klavier
- 7. Volkslieder (Gülper Singegruppe)
- 8. Gedicht „An den Mond" von Goethe
- 9. Musik für 2 Flöten und Gitarre (Ausführende:
    Schulamtsbewerber
    Hagemann und
    Eipert,
    Schulamtsbewerberin
    Schneider
- 10. Gedicht „Monolog des Blinden" von Kästner
- 11. Kanon: „Abendstille überall..."
    (Singegruppe)

18.12.49: Weihnachtsfeier im Gasthaus A. Rösicke

Das Jahr 1950

01.01.50: Auf Anordnung des Schulrates des Kreises Westhavelland übernahm Herr. E. Eipert den Schuldienst in Gülpe.

03.02.50: Erweiterung der Blockflötengruppe auf fünf.

18.02.50: Nach fünf Stunden Prüfung bestand Herr Eipert die 1. Lehrerprüfung mit dem Prädikat „gut".

25.02.50: Unterhandlung mit der Wohnungskommission:
Für die beiden Lehrer ist zu viel Wohnraum vorhanden. Frau Schneider soll das Zimmer (Ausbau) räumen und in das Erdgeschoß ziehen. Wegen der Unheizbarkeit des einen Zimmers (Lage Straße) willigte Frau Schneider nicht ein.

13.03.50: Bürgermeister Schröder und die Wohnungskommission nahmen eine Zwangsbesetzung der Schule vor. Familie Kath bewohnte nun das große Zimmer zum Hof und die Küche. Herr Eipert wurde in das kleine Zimmer am Giebel gesteckt und Frau Schneider durfte in „ihrem Zimmer" Straßenseite bleiben. Herr Eipert stellte auf Grund dieser Zustände an den Schulrat einen Antrag auf Versetzung. Die Eltern stellten einen Antrag wegen Herstellung der alten Zustände. Sie wollten Herrn Eipert nicht missen. Der Kampf dauerte 6 Wochen. Erst später wurde die Schule, auf Grund der bestehenden Regierungsverordnung, geräumt.

20.05.50: Schulbegehung. Man beschloß alles in Ordnung zu bringen.

24.06.50: Heirat des Koll. Eipert und Ingrid Schneider. Die Strodehner und Gülper Kinder sangen zur Umrahmung der Feier mit Gesang und Vorträgen usw.

25.06.50: Kienbergfest auf dem Berge zu Prietzen. Die Schulen Prietzen, Gülpe, Wolsier und Spaatz beteiligten sich daran. Gesang, sportliche Wettkämpfe, Spiele.

27.07.50: Schulentlassungsfeier und Bachfeier. Es wurde folgendes Programm geboten:
- 1. „Trara es blasen die Jäger"
- 2. Bauernmarsch (Blockflötengruppe)
- 3. Gedicht
- 4. „Nicht betteln" Lied
- 5. Trompetenweise (Bläser)
- 6. Gedicht
- 7. „Im Frühtau zu Berge"
- 8. Menuett von J. S. Bach (Bläser)
- 9. Gedicht
- 10. „Oh Abendklang" (Lied)
- weiter: Bauernkantate von J. S. Bach
  Theaterstück. „In die weite Welt"
  Fackelumzug

31.08.50: Das Ehepaar Eipert wurde nach Nennhausen versetzt (Zentralschule)

11.04.50: Von Pritzerbe wurde ich nach Gülpe versetzt. Ich habe hier vom April 1950. bis September 1950 Unterricht erteilt und zwar für das:
1. bis 4. Schuljahr aus Gülpe und das
3. bis 4. Schuljahr aus Wolsier.
4x in der Woche mußte ich nach Wolsier und das 5. bis 8. Schuljahr aus Gülpe, Wolsier und Prietzen unterrichten.

09.09.50: Es erfolgte meine Rückversetzung nach Pritzerbe an die dortige Zentralschule.

11.09.50 bis 04.10.50: Ich habe vertretungsweise Unterricht erteilt.

04.10.50: Koll. Scheder hat als Nachfolger meinen Dienst angetreten

Unterschrift: E. Eipert

Ende der Eintragung

9. Chronik von 1945 bis 2017

Elfriede und Hans Keller /5/
Dieter Zacharias

Das Jahr 1950

14.08.50 Der Familie Arnold Gerwig wurde eine Tochter, Monika genannt, geboren.

Das Jahr 1953

Durch die Diktatur der sowjetischen Besatzungsmacht geschahen in Gülpe wie in allen anderen Orten der Ostzone radikale Veränderungen. In den wirtschaftlichen Verhältnissen der Landwirtschaft waren es die Bestimmungen über abzuliefernde Mengen an Getreide, Tieren und Fischen zu stark differenzierten Größenordnungen bei Benachteiligung der großen Wirtschaften. Ablieferungssoll und freie Spitzen waren bedeutungsvolle Begriffe. Da in Gülpe keine Wirtschaft größer als 100 ha war, gab es dort durch die Bodenreform keine Enteignungen. Jedoch wurde die Bildung von landwirtschaftlichen Produktionsgenossenschaften (LPG) von den Bauern als Zwangskollektivierung angesehen. Das ein Zwang auf die Durchsetzung der Beschlüsse zur Umgestaltung der Landwirtschaft und Druck auf große Teile der Landbevölkerung ausgeübt wurden, kann nicht bestritten werden. Wegen dieser Verhältnisse verließen Gülpe mit Ziel Westzone die Familien der Landwirte:

- Arnold Gerwig
- Walter Rösicke
- Wilhelm Leinemann
- Fritz Schaar
- Ferdinand Schatz
- Arnold Schröder
- Erich Mangelsdorf
- Paul Ziemann
- der Bürgermeister
- der ledige Landwirt Fritz Busch.

Ballhaus wird Bürgermeister in Gülpe.

VEB Bau wird Patenbetrieb Versorgung (Konsum).

Die Brücke über die Havel bei Strodehne wird gebaut.

17. Juni 1953 ein denkwürdiger Tag auch in Gülpe. Ein Aufbäumen der Massen gegen die politischen und wirtschaftlichen Verhältnisse geht durch die Bevölkerung. Es werden verhaftet und zu langjähriger sehr harter Freiheitsstrafe verurteilt:
- Ernst Gerwig und
- Max Leinemann.

Da diese Urteile als politische Willkür galten wurden sie nach der Wende aufgehoben und die Beschuldigten rehabilitiert.

Die Ereignisse führten schließlich in der sowjetischen Besatzungszone zu einer gemäßigteren Politik. Nur die Familie Schatz kehrte nach Gülpe zurück, obwohl alle, die Gülpe zuvor verlassen hatten, angeschrieben wurden, straffrei zurückzukommen.
Erst viel später kam Erich Mangelsdorf nach Gülpe zurück.

Der Besitz der Familien, die Gülpe für immer verlassen hatten, wurde in Volkseigentum überführt. Erst nach der Wende 1990 erhielten sie auf Grund des Einigungsvertrages Artikel 41 ihre Besitzungen weitgehend zurück.

In das von Arnold Gerwig verlassene Gehöft begann die LPG (damals noch ÖLB[117]) mit ihrem Betrieb. Erster Vorsitzender wird Robert Ballhaus (Fischer und Optiker) abgelöst von A. Kleinert.

Die LPG brachte für die verbliebenen landwirtschaftlichen Kräfte Erleichterungen durch technischen Fortschritt und im allgemeinen auch einen bescheidenen Wohlstand trotz einer vielseitigen Mangelwirtschaft. Wegen der geringen Bodenwertigkeit konnten jedoch die Gülper Bauern keine Reichtümer erarbeiten.

Das Jahr 1954
Josef Raudnitschka wird bis 1978 Bürgermeister der Gemeinde.

Das Jahr 1955
Im Sommer gab es ein großes Hochwasser. Alle Einwohner halfen beim Bergen des gemähten Grases und brachten es an höher gelegene Stellen (Deiche). Was heute geräumt war, war am nächsten Tag Morgen unter Wasser.

Das Jahr 1957
In Gülpe wird das Straßennetz erweitert. Die bisherigen unbefestigten Straßen
-Straße am Neubau
- Gartenstraße
- Pareyer Straße werden befestigt.

Gülpe 1957, die Pareyer Straße wird befestigt

Gleichzeitig wird für die gesamte Gemeinde eine Kanalisation gebaut. Gülpe ist damit die erste von einigen wenigen kleinen Gemeinden, die eine Kanalisation erhält

Das Jahr 1959
Durch das Fischereigesetz der DDR werden die Rechte der Fischereieigentümer desorganisiert, in dem sie in den Grundbüchern gelöscht wurden und die Inhaber ihre privaten Fischereirechte mit verschiedenen Nachweisen zur Registrierung anmelden sollten.

Vorsitzender der LPG Gülpe wird H. Schmock.

Die LPG baut:- eine Schweinemastanlage
- einen Rinderstall.

Das Jahr 1961
In Berlin wird am 13. August die Mauer gebaut. Ein Weg in den Westen ist verbaut worden.
Gülpe wird vollgenossenschaftlich bewirtschaftet. Vorsitzender der LPG wird bis 1969 Richard Köpke.

---

[117] ÖLB   *Abk.* Örtlich geleiteter Landwirtschaftsbetrieb

Das Jahr 1963
Ein Pionierbatallion der NVA baut im Auftrag der Gemeinde und im Zusammenhang mit einer Truppenübung eine Holzbrücke über die Havel. Die Brücke löst eine Seilfähre ab, welche verkauft wird.
Bei den Bauarbeiten verunglückte ein Soldat schwer. Er sprang mit einem Kopfsprung von der Brücke. Da das Wasser an dieser Stelle extrem flach war schlug er mit dem Kopf auf den Grund auf und brach sich die Wirbelsäule. Er war somit vom Kopf ab querschnittsgelähmt.

Gülpe 1963 - Brückeneinweihung

Das Jahr 1964
Von der LPG werden zwei große Rinderställe erbaut.

Das Jahr 1968
Die Kooperative Abteilung Pflanzenproduktion (KAP) Hohennauen – Spaatz wird gegründet. Zu ihr gehören die Gemeinden:
- Gülpe   - Wolsier
- Spaatz   - Hohennauen
- Parey   - Wassersuppe und
- Witzke.

Die landwirtschaftliche Nutzfläche umfasste jetzt 6.563 ha. Die Waldflächen wurden vom staatlichen Forstwirtschaftsbetrieb verwaltet. Das führte nach der Wende 1990 zu rechtlichen Unstimmigkeiten bei der Rückübertragung.

Das Jahr 1969
Vorsitzender der LPG wird bis 1973 Werner Schröder. Er baut den vierten großen Rinderstall der LPG.

Das Jahr 1970
Die LPG Wolsier – Prietzen vereinigte sich mit der LPG Gülpe zur LPGT (LPG - Tierproduktion). Der Sitz war in Gülpe, das Büro im Gehöft der ehemaligen Gastwirtschaft Alfred Ziemann (heute befindet sich das Büro des Nachfolgebetriebes im ehemaligen Haus der Familie Schaar.)
Die Vorsitzenden dieser LPG-T waren der Reihe nach:
    Werner Schröder
    Egon Göhner

Die LPG-T war mit 113 Beschäftigten ein wichtiger Arbeitgeber dieser Region geworden.

Gülpe - Winter 1970 - Pareyer Straße

Das Jahr 1971
Luise Zacharias wird zwischenzeitlich bis 1972 die erste Bürgermeisterin von Gülpe.

Das Jahr 1972
Am 13. November zieht binnen weniger Stunden ein Orkan seine Bahn durch das Ländchen Rhinow.

Das Ergebnis seiner Verwüstung ist:
- 65.000 Festmeter Holz liegen als Windbruch in den Wäldern,
- unzählige abgedeckte Dächer und
- zerstörte Strom- und Telefonleitungen.

Zur Schadenminderung in der Forstwirtschaft rückten Genossenschaftsbauern dem Sturmschaden zu Leibe. Täglich waren 10 Arbeitskräfte der LPG mit der Aufarbeitung des Holzes beschäftigt.

Das Jahr 1974
Die LPG errichtet einen großen Läuferstall.

Das Jahr 1975
Lothar Görne wird Vorsitzender der LPGT (Er ist heute noch Vorsitzender der Agrargenossenschaft Gülpe)

Am 6. September wurde anlässlich des 30. Jahrestages der Bodenreform das Meliorationsprojekt „Große Grabenniederung", eine umfangreiche Maßnahme, an die LPGT Gülpe übergeben. Über den Nutzen dieser Maßnahme gibt es noch immer geteilte Meinungen, zumal die Unterhaltskosten nicht mehr aufgebracht werden können.

Das Jahr 1978
Sieglinde Bewersdorf ist Bürgermeisterin der Gemeinde bis 1982.

Das Jahr 1979
Trotz der geringen Produktivität der landwirtschaftlichen Betriebe gelang es der LPG Gülpe einen jährlichen Überschuss von 1,8 bis 2,0 Millionen Mark zu erwirtschaften der dem Staatshaushalt zugeführt werden musste.
Trotz dieser Überschüsse, (die nach der Wende nicht angerechnet wurden) steht die Agrargenossenschaft 1999 mit Altschulden da.
Die Vergütung lag bei Übererfüllung der Vorgaben zwischen 3.000 bis 4.000 Mark Jahresendprämie. Das jährliche Einkommen (ohne vorgenannte Prämie) einer Arbeitskraft in der Landwirtschaft betrug zwischen 6.500 und 11.000 Mark.

Das Jahr 1982
Ilona Walsleben ist Bürgermeisterin bis 1993.

In diesem Jahr erfolgte in Gülpe die Trennung der Produktionsvorgänge von „Tier" und „Pflanze". Es entstanden die juristisch völlig selbständigen Einheiten LPG(T) und LPG(P). Diese Trennung brachte naturbedingt erhebliche Nachteile mit sich.

Das Jahr 1984
In der DBZ[118] Nr. 48 steht folgender Artikel über Gülpe:
„Ist etwa das Meckern einer Ziege eine unzumutbare Belästigung? Das fragte Herr Thomas Ritter aus Gülpe, Kreis Rathenow. Einer seiner Nachbarn hatte deswegen eine Eingabe gemacht. Daraufhin beauflagte der Rat der Gemeinde Herrn Ritter, das Ziegenmeckern abzustellen. Dies ergäbe sich aus §8 der Gemeindeordnung, wonach durch das Halten von Tieren andere Bürger nicht unzumutbar belästigt werden dürfen.
Uns erschien der Entscheid in diesem Fall bedenklich. Der Bürgermeister reagierte sofort und stimmte uns zu, dass durch Tiere verursachte Geräusche auf dem Dorf normal seien und im allgemeinen keine unzumutbare Belästigung darstellen. „Ich danke Ihnen auch dafür, dass Sie öfter über solche Probleme schreiben. Eine Aussprache mit Familie Ritter ist bereits erfolgt, der Einwand wurde somit vom Rat zurückgezogen"
Zitat Ende

Das Jahr 1989
Die LPG-T besitzt zurzeit ca.:
    950   Kühe,
1.000   Jungrinder,
7.000   Schweine
die von 140 Arbeitskräften versorgt werden.

Das Jahr 1993
Siegfried Mangelsdorf wird Bürgermeister von Gülpe.

---

[118] DBZ Zeitschrift „Deutsche Bauernzeitung"

Die Agrargenossenschaft versorgt zu diesem Zeitpunkt:
    450   Kühe,
1.000   Jungrinder,
    900   Schweine
versorgt von 20 Arbeitskräften.

In der Pflanzenproduktion reduzierte sich die Zahl von:
1989   25 Beschäftigte auf
1993   15 Beschäftigte.
Neben der Landwirtschaft betreibt die Genossenschaft eine kleine Fleischerei. Sie war zuerst im Ort untergebracht. Wegen der großen Nachfrage war die Verkaufseinrichtung bald zu klein und zog nach Wolsier um Hier wurde ein Objekt zum Verkauf ausgebaut. Filialen gibt es auch in Rhinow und Rathenow. Zahlreiche Kunden aus der näheren und weiteren Entfernung nutzen diese Dienstleistungen.

Das Jahr 2006
Die im Jahre 1963 gebaute Holzbrücke wurde im Laufe der Jahre 2-mal durch Eisgang zerstört. Von den in Rathenow stationierten sowjetischen Soldaten wurde sie jedes Mal neu errichtet. Als der Eisgang sie nach der Wende erneut zerstörte, fehlte das Geld zum Neubau.
In diesem Jahr wurden die Mittel für einen stabilen Brückenbau genehmigt. Die Brücke über die Havel wurde gebaut. Die Einmündung der Pirre in die Havel wurde neu gestaltet.

Eine Auffahrt auf die Brücke ist bei hohem Wasserstand nicht möglich, da die Anfahrt zur Brücke nicht angehoben wurde.

Gülpe April 2008 - Havelbrücke

Das Jahr 2014

Das Dorf Gülpe wird am 10.02.2014 durch die Ernennung des „Naturpark Westhavelland" mit einer Fläche von ca. 1.315 km² Schutzgebiet in Brandenburg weltweit bekannt. Der Naturpark, insbesondere Gülpe, zählt zu den dunkelsten Orten Deutschlands, vergleichbar mit Namibia. Neben der Milchstraße können Sternengucker auch den sogenannten Airglow beobachten, ein schwaches Leuchten höherer Atmosphärenschichten, das heutzutage üblicherweise durch künstliches Streulicht überstrahlt wird. Gülpe wird mit dem Titel „Sternenpark" ausgezeichnet.

Das Markenzeichen „Sternenpark" kurbelt schon jetzt den Tourismus an. Ein Flyer informiert über den nächtlichen Himmel und enthält Tipps, wo die Sterne am schönsten strahlen. Natur und Landschaftsführer organisieren Sternenwanderungen, und Gülpe wird 2014 erneut Gastgeber für den westhavelländischen Astrotreff sein.

13.06.2014
Das Jahr wird für die Gülper zur „Rückkehr des verschwundenen Adlers"

Gülpe - Juni 2014 - Kriegerdenkmal mit Adler

Der kurz vor der Wende vom Kriegerdenkmal entwendete Adler wurde durch aufmerksames Handeln von Dr. Burghard Zacharias wiedergefunden und auf besondere Initiative des Ortsvorstehers Wolfgang Radtke nach sorgfältiger, umfangreicher fachgerechter Restaurierung am 13.06.2014 an seinen alten Stammplatz zurückgebracht.

Die recht hohen Renovierungskosten hat die Gemeinde über zielgerichtet gesammelte Spendengelder finanziert. Viele Einwohner wohnten der Neueinweihung des Kriegerdenkmals bei.

Die verblasste Inschrift des Denkmals war bereits einige Jahre zuvor dank eines von der PC POINT Computer- und Datendienst GmbH gespendeter Betrages von einer Rathenower Firma wieder lesbar gemacht worden.

10. Die Provinz Preußen um 1727

Harms Märkischer Heimatatlas /6/

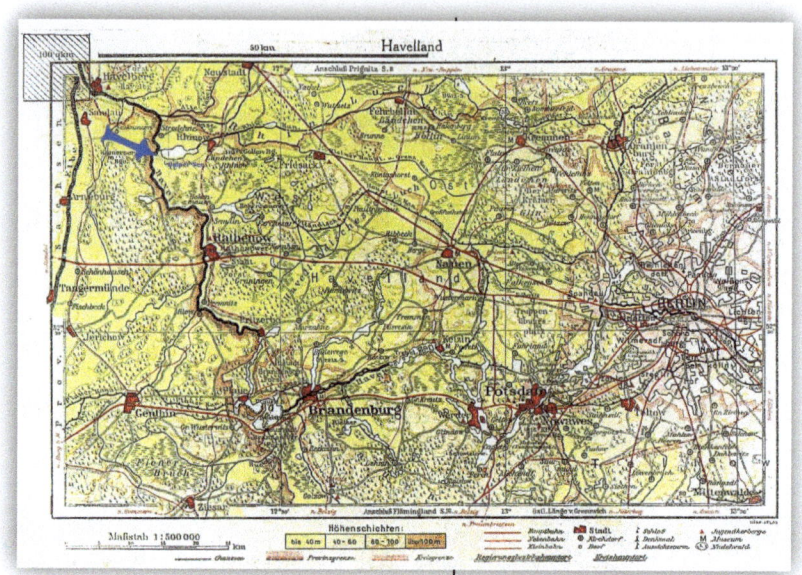

Abbildung 1 Karte vom Havelland

Größe der Provinz Brandenburg
Die Provinz Brandenburg ist 1925
      39,0   Tsd. qkm groß
Der Regierungsbezirk Potsdam
      19,8   Tsd. qkm groß
Der Regierungsbezirk Frankfurt
      19,2   Tsd. qkm groß
Die Stadt Stadt Berlin
      0,878 Tsd. qkm groß

Größe des Deutschen Reiches
   um 1913   540,0   Tsd. qkm groß
   um 1925   470,0   Tsd. qkm groß

Bevölkerung 1925
Provinz Brandenburg   2,6 Mill. Einw.
Reg.-Bezirk Potsdam   1,3 Mill. Einw.
Reg.-Bezirk Frankfurt   1,3 Mill. Einw.
Stadt Berlin   4,0 Mill. Einw.
Das Deutsche Reich um 1910*
      57,8 Mill. Einw.
Das Deutsche Reich um 1925
      63,1 Mill. Einw.

*Die Angaben aus der Vorkriegszeit sind immer auf den heutigen Gebietstand des Deutschen Reiches berechnet

Auf 1 qkm wohnen durchschnittlich:
in der Prov. Brandenb. 1910   62 Einwohner
in der Prov. Brandenb. 1925   66 Einwohner
im deutschen Reich   1925   134 Einwohner
in der Stadt Berlin   1925   4581 Einwohner
Reg.-Bezirk Potsdam 1925   65 Einwohner
Reg.-Bezirk Frankfurt 1925   67 Einwohner

Das Wachstum der Bevölkerung
Brandenburg hat
    1816   1,0 Mill. Einw.
    1864   1,9 Mill. Einw.
Berlin hat
    1864   200 Tsd. Einw.
    1864   633 Tsd. Einw.
Berlin und Brandenburg
    1910   6,0 Mill. Einw.
    1925   6,5 Mill. Einw.

Stadt und Land
Brandenburg hat:
in den Städten   17,67 von Tsd. Geborene
auf dem Lande   21,71 von Tsd. Geborene
Brandenburg hat:
in den Städten   2,12 von Tsd. Geburten Überschuß
auf dem Lande   9,45 von Tsd. Geburten Überschuß

Sterbefälle auf 1.000 Einwohner
in Brandenburg
in den Städten   14,75
auf dem Lande   11,51
Stadt Berlin   11,37

Säuglingssterblichkeit 1925
Auf 100 Lebendgeborene sterben im 1. Lebensjahr
in Brandenburg
    in den Städten   11,16
    auf dem Lande   12,57
Stadt Berlin   9,07

Verkehr in der Mark
Vollspurige Eisenbahnen:
Berlin und Brandenburg im Eigentum der
Reichsbahn: 2.570 km Hauptbahnen
    1.176 km Nebenbahnen
zusammen   3.746 km Bahnnetz
im Eigentum von Privatbahnen:
    2 km Hauptbahnen
    625 km Nebenbahnen
zusammen   327 km Bahnnetz
Insgesamt   4.373 km Bahnnetz
Das ist auf 100 qkm Grundfläche 110 km
    100.000 Einwohner   66 km
Das Deutsche Reich hat im Eigentum der
Reichsbahn:
    30.316 km Hauptbahnen
    21.972 km Nebenbahnen
zusammen   52.288 km Bahnnetz
Im Eigentum von Privatbahnen:
    217 km Hauptbahnen
    3.494 km Nebenbahnen
zusammen   3.712 km Bahnnetz
Insgesamt   56.000 km Bahnnetz
Das ist auf: 100 qkm Grundfläche   119,5 km
    100.000 Einwohner   89,0 km

Kraftfahrzeuge am 1. Juli 1927
im Reg.-Bez.: Potsdam   4.528 Personenwagen
    1.593 Lastwagen
im Reg.-Bez.: Frankfurt   4.215 Personenwagen
    1.043 Lastwagen

im Reg.-Bez.: Potsdam   7.541 Krafträder
    1.594 Kleinkrafträder
im Reg.-Bez.: Frankfurt   7.446 Krafträder
    1.318 Kleinkrafträder
im Deutschen Reich gab es:
    1925   174.665 Personenwagen
    1926   206.487 Personenwagen
    1927   267.774 Personenwagen
    1925:   80.363 Lastwagen
    161.508 Krafträder
    1926:   90.029 Lastwagen
    236.411 Krafträder
    26.934 Kleinkrafträder

1927   100.969 Lastwagen
        495.186 Krafträder
        44.040 Kleinkrafträder

Die Märkische Landwirtschaft
Brandenburg hat:
1907: 242.200 landw. Betriebe auf 32,1 Tsd. qkm
1925: 279.800 landw. Betriebe auf 31,6 Tsd. qkm
1907:   1.970 landw. Betriebe auf mit über 100 ha
1925:   2.025 landw. Betriebe auf mit über 100 ha
1907: 7,7 v. H. der landw. Genutzten Reichsfläche
1925: 8,0 v. H. der landw. Genutzten Reichsfläche
beschäftigt im Juni 1925:
    416.200 männl.   Personen
    399.700 weibl.   Personen
zusammen 815.900   Personen
Hauptarten der Bodennutzung 1927
Auf je 100 ha der Gesamtfläche entfallen:
    56,6 ha Acker,
    34,4 ha Forst,
    2,4 ha Ödland,
    2,4 ha Gewässer,
    4,2 ha Höfe, Hausgrundstücke,
        Wege usw.

Ackerbestellung und Ernteertrag 1927
In Brandenburg
Roggen: 592.600 ha = 801.000 t = 13,5 dz je ha
Weizen: 78.600 ha = 136.800 t = 17,4 dz je ha
Gerste: 86.110 ha = 57.500 t = 18,3 dz je ha
Hafer: 226.033 ha = 426.900 t = 18,9 dz je ha
Kartoffeln:
       311.900 ha = 4.222.500 t = 135,4 dz je ha
Zuckerrüben:
        24.600 ha = 562.700 t = 228,4 dz je ha
(Wiesen) Heu:
       404.300 ha = 1.523.300 t = 37,7 dz je ha

Vergleichszahlen
Im Deutschen Reich wurde geerntet:
im Jahr	1913	1922	1927
Roggen	10,1	5,2	6,8 Mill. t
Weizen	4,0	1,9	3,2 Mill. t
Gerste	3,0	1,6	2,7 Mill. t
Hafer	8,6	4,0	6,3 Mill. t
Kartoffeln	44,0	40,0	37,5 Mill. t

Siedlungstätigkeit
Brandenburg 1919 bis 1925
48.700 ha Land erworben
2.900 Neusiedlungen auf   20.700 ha
1.400 Anliegersiedlungen auf   2.200 ha

Die Deutsche Landwirtschaft
Zahl der Betriebe:
1907   4.640.000 auf   372 Tsd. qkm
1925   5.096.534 auf   367 Tsd. qkm
1907 sind: 18.900 Betriebe über 100 ha
1925 sind: 18.600 Betriebe über 100 ha
Beschäftigte Personen:
Juni 1907
14,3 Mill., davon   7,1 Mill. weiblich
Juni 1925
12,8 Mill., davon   7,1 Mill. weiblich

Hauptarten der Bodennutzung:
im Deutschen Reich entfallen auf je 100 ha
    62,7 ha Ackerland
    27,1 ha Forsten
    3,1 ha Ödland
    7,1 ha Gewässer, Höfe, Wege
        Hausgrundstücke,
        Friedhöfe usw.

Ackerbestellung und Ertrag im Deutschen Reich:

	Tsd. qkm	Mill. t	dz auf 1 ha
Roggen	48,6	6,8	14,5
Weizen	17,4	3,2	18,8
Gerste	14,7	2,7	18,5
Hafer	34,7	6,3	18,3
Kartoffeln	27,9	37,5	134,1
Zuckerrüben	4,3	10,8	250,0
Wiesenheu	5,4	23,9	43,6

Gewerbsmäßig genutzter Gemüse- und Gartenbau: 1,1 Tsd. qkm.

Weinbau im Deutschen Reich
	Tsd. ha	hl	im Wert von Mill. M
1913	78,9	824.000	41,9
1922	74,3	3.406.000	(Inflation)
1927	72,7	1.427.000	145,8

Siedlungstätigkeit
Deutsches Reich 1919 bis 1925
- 292.300 ha Land erworben
- 16.800 Neusiedlungen auf 146.700 ha
- 44.900 Ansiedlungen auf 52.000 ha

Märkische Viehzucht in Brandenburg

	1907 - 1912	1921 - 1927
Pferde	361.000	291.500
Rindvieh	891.000	856.600
Schweine	1.179.800	1.389.100
Schafe	256.300	374.100
Ziegen	212.900	217.800
Federvieh	5.278.800	5.112.000
Bienenstöcke	117.000	95.000

Deutsche Viehzucht
Deutsches Reich (in Mill.)

	1907	1913	1921	1927
Pferde	4,3	3,8	3,6	3,8
Rindvieh	21,0	18,4	16,7	18,0
Schweine	22,0	22,5	15,8	22,8
Schafe	7,7	4,9	5,8	3,8
Ziegen	3,5	3,1	4,2	3,2
Federvieh	77,1	71,9	67,7	79,4
Bienenstöcke	2,5	2,2	1,9	1,6

Viehhaltung nach der Größenklasse der landwirtschaftlichen Betriebe auf je 100 ha

ha.	Pferd	Rind	Schwein	Ziege	Federv.
bis 2	4,3	75,0	192,0	x.x.	1.504,0
2 - 5	9,0	98,0	70,0	12,0	402,0
5 - 20	16,0	80,0	51,0	4,0	243,0
20 - 100	17,0	55,0	38,0	0,8	146,0
über 100	12,0	34,0	17,0	0,1	43,0

Vergleichszahlen in Mill.:

	1913*	1921	1927
- Pferde	3,8	3,6	3,8
- Rindvieh	18,4	16,7	18,0
- Schweine	22,5	15,8	22,8
- Schafe	4,9	5,8	3,8
- Ziegen	3,1	4,2	3,2
- Federvieh	71,9	67,7	79,4

*In der Zeit von 1914 bis 1920 (bzw. 1921) haben keine Erhebungen stattgefunden

Bergbau und Industrie
Wert der Bergbauerzeugnisse in Deutschland 1925

1. Steinsalz, Schw., Kies, Erdöl, Asphalt, Graphit — 22 Mill. RM
2. Zink-, Silber-, Gold-, Kupfererz — 50 Mill. RM
3. Eisenerze — 59 Mill. RM
4. Kainit, Kalisalze — 94 Mill. RM
5. Braunkohle — 389 Mill. RM
6. Steinkohle — 1.903 Mill. RM

Die Mark Brandenburg hat kein Steinkohlebergwerk URRA

Braunkohlen - Bergbau
Anteil des Niederlausitzer Bezirks an der Gesamtförderung in Deutschland 1925
139 Mill. t im Werte von 387,8 Mill. RM) = 22,4%.
Vorhandene Bergbaubetriebe mit zus.
je 2 - Tsd. Vollarbeiter in den Kreisen:
Luckau, Kalau, Spremberg
je 1 - 2 Tsd. Vollarbeiter i. d. Kreise:
Sorau

Zechen mit einer Förderung von über 2 Mill. t und Brikettfabr. m. e. Produkt. v. ü. 200 Tsd. t in den Orten:

    Grube Ilse, Senftenberg

    Zschornegosda= Bockwit, Welzow.

Erzvorkommen, Salz* und Kali hat Brandenburg nicht.

*S. Bem. Korrektur d. Kartenblatt „Industrien" S. 9

Die Großindustrie
Roheisen Gewinnung:
Nur in den Kreisen:

    Osthavelland,

    Stadtkr. Brandenburg

mit Betrieben von zusammen je:

    500 – 1.000 Arbeiter

    Berlin keine

Eisenverarbeitung:
(insbesondere Lokomotiven= und Waggonbau):

Betriebe mit zusammen je 6.000 – 7.000 Arbeitern in den Kreisen Osthavelland, Teltow.

Berlin über 10.000 Arbeiter, führend in Deutschland.

Maschinenindustrie
(die Kreise nach der Zahl der Großbetriebe geordnet):

Guben (10 – 20 Großbetriebe.)

- .Ober Barnim   Königsberg
- .Cottbus   Zauch
- .Belzig   Friedeberg
- .Forst   Sorau
- .Lebus   Jüterb. – Luckenwalde
- ..Landsberg   Brandenburg
- .Westhavelland   Nieder Barnim
- .Spremberg

Berlin über 150 Großbetriebe, führend in Deutschland.

Zur Erzeugung landwirtschaftlicher Maschinen und Geräte sind beschäftigt:

im Reg. Bez. Potsdam:
    1.000 – 2.000 Vollarbeiter
im Reg. Bez. Frankfurt:
    2.000 – 3.000 Vollarbeiter

Industrie für Musikinstrumente
In den Kreisen Jüterbog – Luckenwalde über 200 Arbeiter
Brandenburg Havel, Frankfurt / Oder, Forst, Sorau.
Berlin   über 400 Arbeiter führend in Deutschland.

Präzisions Mechanik
(physik. optische Instrumente) Kreis Westhavelland.
Berlin führend in Deutschland.

Textil = Industrie
Berlin mit 10 – 20.000 Arbeitern von mittlerer Bedeutung für Deutschland.

Betriebe mit zusammen je 7 – 10.000 Arbeiter
    Kreis Cottbus
Betriebe mit zusammen je 5 – 7.000 Arbeiter
    Kreis Brandenburg, Landsberg, Züllch = Schwerin, Krossen, Guben, Forst, Sorau, Spremberg, Luckau, Jüterb. = Luckenwalde.
Betriebe mit zusammen je 1 – 5.000 Arbeiter
    Kreis Potsdam, Nieder Barnim, Ober Barnim, Lebus, Königsberg.
Betriebe mit zusammen über 1.000 Arbeiter
    Kreis Ost Sternberg, Lübben, Kalau, Osthavel., Ruppin, Frankfurt / Oder.
Betriebe mit zusammen unter 1.000 Arbeiter
    Kreis Westhavelland.

Zweige der Textilindustrie
1. Baumwoll = Verarbeitung
    Kreise: Ruppin, Potsdam, Guben, Sorau
        Berlin keine
2. Schafwoll = Industrie der südlichen Mark
    Tuchfabriken in den Orten:

Forst 269 Tuch-
fabriken
Cottbus 64 Tuchfabriken
Spremberg 29 Tuchfabriken
Luckenwalde, Finsterwalde, Guben,
Sommerfeld, Dahme, Schwiebus
unter 20 Tuchfabriken

Seidenverarbeitung
Kreise: Nieder Barnim, Ost-Sternberg, Teltow
Leinen - Weberei
In den Orten: Sorau, Seifersdorf, Schönwalde, Kunzendorf, Sommerfeld, Christianstadt, Droskau
Berlin keine

Andere Industrien:
Flachs Zwirnerei: Sorau.
Bekleidungsindustrie:
Kreis Guben 3 - 5.000 Arbeiter
mit Jüterbog, Königsberg, Ober Barnim, Brandenburg, Cottbus, Frankfurt / Oder.
Berlin weit überragend in Deutschland
40 - 50.000 Arbeiter.
Hutfabrikation: in den Orten:
Guben (3.500 - 4.000 Arbeiter, führend in Deutschland) Jüterbog, Potsdam, Brandenburg, Königsberg.
Berlin führend in Deutschland
3.500 - 4.000 Arbeiter.
Zucker: in den Kreisen:
Prenzlau, Arnswalde, Brandenburg, Frankfurt Guben.
Berlin keine.
Mühlen: Kreise:
Westhavelland, Ost Prignitz, Ober Barnim, Landsberg, Cottbus.
Berlin führend in Deutschland.
Tabak: Kreise:
Angermünde, Frankfurt / Oder, Cottbus, Landsberg, Luckau, Jüterbog-Luckenwalde,

Spremberg, Friedberg, Königsberg, Lübben, Guben, Züllch-Schwerin.
Berlin hervorragend in Deutschland.

Sägewerke: Kreise:
Königsberg, Angermünde, Sorau, Nieder Barnim, Spremberg, Friedeberg, Templin.
Berlin hervorragend in Deutschland
Gesamtzahl der Sägewerke:
in Brandenburg 550,
in Pommern 300,
in Grenzmark 100,
in Hannover 1.000,
Gesamtpreußen 5.200,
Berlin 80

Holzverarbeitung:
Kreis Landsberg, Lebus.
Berlin führend in Deutschland

Papierindustrie:
West Sternberg, Ober Barnim, Kreise der Lausitz und des Havellandes.
Berlin hervorragend in Deutschland

Papier Verarbeitung:
Nieder Barnim, Königsberg, Frankfurt / Oder, Jüterbog - Luckenwalde, Cottbus.
Berlin führend in Deutschland

Druckgewerbe:
durchweg vertreten; besonders hervortretend:
Teltow, Ober Barnim, Frankfurt / Oder, Königsberg, Cottbus.
Berlin überragend in Deutschland

Chemische Industrie: hervortretend:
Nieder Barnim, Ost-Havelland, Teltow
Berlin führend in Deutschland.

Stickstoff- und Düngemittel - Industrie:
Nieder Barnim, Sorau
Berlin unbedeutend.

Öl- und Pflanzenfett - Industrie:
    West Prignitz.
                Berlin keine.

Glas - Industrie: Kreise:
    Sorau, Kalau, Spremberg, Guben, Lebus,
    Jüterbog - Luckenwalde, Luckau u. a.
                Berlin unbedeutend.

Orte der Lausitzer Glasindustrie:
1. Hohlglashütten:
    Groß Kölzig, Döbern, Welzow,
    Neu Petershain, Dreblau,
    Groß Räschen, Finsterwalde,
    Heidemühl, Kunzendorf.
2. Tafelglashütten:
    Döbern, Triebel, Kunzendorf,
    Teuplitz, Zilmsdorf, Groß Kölzig.
3. Flaschenhütten:
    Groß Räschen, Senftenberg.
4. Glasbearbeitung:
    Groß Kölzig, Cottbus, Finsterwalde,
    Forst, Dobrilugk
                Berlin unbedeutend.

Keramische Industrie:
Porzellan:
    Ost Havelland, Sorau, Teltow.
                Berlin keine.
Steingut:
    Frankfurt, Friedeberg, Ruppin.
    Berlin von mittlerer Bedeutung in
    Deutschland.

Leder Industrie:
Gerbereien:
    Luckau, Brandenburg, Beeskow,
    Guben, Ruppin.
                Berlin bedeutend in Deutschland.
Lederverarbeitung:
    West Havelland, West Sternberg, Lebus,
                Berlin bedeutend in Deutschland.

Gummi Industrie:
    Nieder Barnim, Luckau, Sorau.
                Berlin bedeutend in Deutschland
Ziegel Erzeugung:
    Kreis Templin, Sorau, Kalau, Teltow,
    Nieder Barnim, Ober Barnim, Landsberg,
    Zauch - Belzig, Krossen
                Berlin keine.
Zementerzeugung:
    Reg. Bezirk Potsdam von
    hervorragender Bedeutung in
    Deutschland.

Allgemeines:
Zahl der Kleinbetriebe: (weniger als 50 Arbeiter)
Berlin   22.000,
    Bezirk Potsdam   7.000,
    Bezirk Frankfurt   7.000.
Zahl der Großbetriebe (mehr als 50 Arbeiter)
    Berlin   3.300
    Bezirk Potsdam   450,
    Bezirk Frankfurt   625.
Zahl der Industriearbeiter in den Kreisen:
Kalau über   30.000 Arbeiter,
Brandenburg über   20.000 Arbeiter,
Teltow über   10.000 Arbeiter,
Cottbus AAAs, Forst, Sorau, Guben und
Westhavelland über   5.000 Arbeiter.
Jüterbog - Luckenwalde   nicht genannt.

11. Die Brandenburger Hymne
von Gustav Büchsenschütz /13/

Ein Lied, das mich alle Jahre bis heute begleitet hat und mir nicht mehr aus den Kopf geht, ist die Brandenburger Hymne. Meine Mutter hat es mir als Kind in Gülpe oft vorgesungen. Ich möchte es hiermit an Sie, liebe Leser, weitergeben.

Brandenburger Hymne

Märkische Heide, märkischer Sand
Text und Melodie von Gustav Büchsenschütz

Märkische Heide

Märkische Heide, märkischer Sand
sind des Märkers Freude, sind sein Heimatland, sind sein Heimatland!
Steige hoch, du roter Adler, hoch über Sumpf und Sand,
hoch über dunkle Kiefernwälder!
Heil dir, mein Brandenburger Land! Hoch Land!

Uralte Eichen, dunkler Buchenhain,
grünende Birken stehn am Wiesenrain, stehn am Wiesenrain.
Steige hoch, du roter Adler, hoch über Sumpf und Sand
hoch über dunkle Kiefernwälder!
Heil dir, mein Brandenburger Land! Hoch Land!

Bauern und Bürger vom märkischem Geschlecht
hielten stets zur Heimat in märkischer Treue fest, Treue fest.
Steige hoch, du roter Adler, hoch über Sumpf und Sand
hoch über dunkle Kiefernwälder!
Heil dir, mein Brandenburger Land! Hoch Land!

„Hie Brandenburg allwege" sei unser Losungswort,
der Heimat die Treue, in allen Zeiten fort ‚Zeiten fort.
Steige hoch, du roter Adler, hoch über Sumpf und Sand
hoch über dunkle Kiefernwälder!
Heil dir, mein Brandenburger Land! Hoch Land!

12. Quellen- und Literatur- und Bildverzeichnis

/1/ Schoßregister bei Fidicin, Landbuch Seite 336
Schoßkataster von 1624 (geheimes Staatsarchiv) Lehnkopiar (geheimes Staatsarchiv)
Register des Bischofs von Brandenburg 1527 bis 1529

/2/ KLÖDEN, K. F.; Die Mark Brandenburg unter Kaiser Karl VI. bis zu ihren ersten Hohenzollern Regenten Die Quitzows und Ihre Zeit, Erschienen 1836/ 37

/3/ SCHUCHARDT; Aufzeichnungen von 1883 – 1890 in Prietzen, gestützt auf gesammelte Aufzeichnungen des Pastors LUCKE; Hie guet Brandenburg allewege von 1780 – 1831

/4/ SPECHT, W. und LAHN, W.; Blätter für Heimatkunde, Anfang 1900 in Druck gegeben

/5/ KELLER Elfriede und Hans; Aus der alten Heimat, eine Chronik. vom 17.09.1996 und als Geschenk Monika Hirzel übergeben

/6/ HARMS, H.; Märkischer Heimatatlas, Herausgegeben und bearbeitet vom Lehrerverband der Provinz Brandenburg e.V – Leipzig: List & von Bressendorf um 1930
Domstiftarchiv bzw. Domstiftbibliothek , „Harms": Signatur D 705, „Blätter für Heimatkunde": Signatur D 2248

/7/ Die Provinz Brandenburg - westliche Hälfte: „Märkischer Heimatatlas"

/8/ JUNG, R.; Das nasse Jahr 1926, Ruppiener Kreiskalender von 1928

/9/ HORBEL, H.; Schulchronik der Schule zu Gülpe von 1934 bis 1940

/10/ EIPERT, E.; Fortführung der Schulchronik in der Zeit vom 15.02.45 bis 11.09.50

/11/ BROMMAUER, A.; Naturschutzgebiet Gülper See, Heimatkalender von 1971

/12/ ZACHARIAS, L.; Mitten am Rande, 3. Auflage, Verlag BoD, Norderstedt 2016

/13/ BADER, W.; Steige hoch du roter Adler - Welthits aus Märkischem Sand, 4. Auflage, Seite 131, Lutz Ahrens WESTKREUZ-VERLAG GmbH, Berlin 2009

Bildmaterial
    Dieter Zacharias - 67227 Frankenthal
    Dr. Burghard Zacharias - 14715 Gülpe

13. Impressionen einer wunderbaren Landschaft

Gülpe - Schwäne an der Havel (Aquarell)

Gülpe - Von der Natur geformt

Gülpe - Sommer an der Havel

Gülpe - Herbst an der Havel

Gülpe - Winter an der Havel

Gülpe – Willkommensgruß zum Erntefest 2016

Gülpe - Uralter Weidenwald

Gülpe – Sternenpark – Auf dem Gelände

Gülpe – Sternenpark – Im Vortragszelt

Bücher, die Sie auch interessieren könnten!

Wes Herz ist voll, des Mund läuft über. Im Familienkreis hat meine Mutter über Ereignisse im Jahre 1945 erzählt. Es fiel ihr schwer, aber manches musste sie einfach loswerden.

„Schreib es auf Mutter", habe ich immer wieder gesagt, „schreib das auf, so wie es Dir in die Feder kommt – ohne Wenn und Aber, ohne Kommentar. Lass einfach die Tatsachen sprechen.

Lass wer immer es will, sich auch mit Kenntnis Deiner Gedankensplitter seinen Vers auf die Ereignisse machen."

Im November 2003 hat Mutter tatsächlich mit dem Aufschreiben begonnen.

Luise Zacharias; Mitten am Rande.
Erschienen 2016 in der 3. Auflage bei BoD Books on Demand (ISBN 9783739223070).

Erhältlich über den einschlägigen Buchhandel und übers Internet.

Ein Welthit aus märkischem Sand und seine Geschichte werden lebendig: „Märkische Heide, märkischer Sand"; ein Volkslied millionenfach auf Platten gepresst, von Generationen gesungen: in der Schule, zu Hause, bei Festen, beim Wandern und in der damaligen Wehrmacht von Norwegen bis nach Nordafrika und heute in der Bundeswehr. Ein Lied, das zur „Nationalhymne" der Märker geworden ist. Wo immer sie leben, in der Heimat oder in der Fremde, sie singen es mit Herz.

In seinem Buch „Steige hoch du roter Adler" schildert Werner Bader, selbst Märker aus Leidenschaft und Bundessprecher der Landsmannschaft Berlin Mark Brandenburg, die kaum bekannte Entstehungsgeschichte, und – eine kostbare Besonderheit – er lässt den Schöpfer des Liedes, Gustav Büchsenschütz, seine Story selbst erzählen.

Werner Bader; Steige hoch du roter Adler – Welthits aus Märkischem Sand. Erschienen 2009 in der 4. Auflage im Lutz Ahrens WESTKREUZ-VERLAG GmbH Töpchiner Weg 198/200 in 12309 Berlin (ISBN 978-3-939721-14-7).

Erhältlich über den einschlägigen Buchhandel und übers Internet.